宋庄当代艺术年鉴（2008）

THE CONTEMPRARY ART ANNALS OF SONGZHUANG CHINA

图书在版编目（CIP）数据

宋庄当代艺术年鉴.2008/洪峰主编.—北京：华艺出版社，2009.9
ISBN 978-7-80252-080-6

Ⅰ.宋… Ⅱ.洪… Ⅲ.艺术—通州区—2008—年鉴 Ⅳ.J12-54

中国版本图书馆CIP数据核字（2009）第159330号

宋 庄 当 代 艺 术 年 鉴
THE CONTEMPRARY ART ANNALS OF SONGZHUANG CHINA

主　　编：洪　峰
责任编辑：吴黎浪
出版发行：华艺出版社
社　　址：北京海淀区北四环中路229号海泰大厦10层
电　　话：010-82885151
邮　　编：100083
电子信箱：huayip@vip.sina.com
网　　站：www.huayicbs.com
印　　刷：北京经典盛世印刷有限公司
开　　本：787 × 1092　1/16
字　　数：317千字
印　　张：21.75
版　　次：2009年9月北京第一版
印　　次：2009年9月北京第一次印刷
书　　号：ISBN 978-7-80252-080-6
定　　价：598.00元（共3本/套）

年鉴编委会

宋庄艺术促进会出品

学术支持：北京大学中国现代艺术档案

编　　委：洪　峰
朱青生
杨　卫
吴黎浪
滕宇宁
陈晓峰
马陌上
王盼盼
黄维扬

主　　编：洪　峰

责任编辑：吴黎浪

书籍装帧：邢　毅
鞠　秀

目 录

宋庄 | One

2008年关于宋庄的重点文摘 | Two

2008年宋庄艺术节 | Three

2008年展览 | Four

艺术机构 | Five

2008年宋庄报道 | Six

宋庄来访记录 | Seven

宋庄二会 | Eight

宋庄 | One

宋庄方式

文/马陌上

抛开众所周知的那一套漂亮说辞，今天，我们怎样理解宋庄？

一个漕运码头上的古老村镇？一个被绑上GDP战车的镇域经济体？一个庞大而声名远播的艺术群落？一个刺探当代中国的全知窗口？或者，一个艺术诱拐农业的非典型个案？

情况如此复杂，以至于任何企图定义宋庄的行为都表现得小心翼翼。宋庄每走一步，也总会招致各种疑虑与争议，而统辖一切疑虑与争议的，是这样一个看似更为根本的问题：艺术，还是商业？

受制于某种隐秘的清贫律令、某种更为隐秘的寻求农业庇护的传统，宋庄——至少从最初的自发路径来看，她是古老的道家精神的隐秘传人。考察15年前率先来到宋庄的艺术大佬们的动机，这一点清楚无误。我们不大乐于提到“隐居”这个词，是因为表面看起来，它会削弱或者抵消宋庄艺术的“当代性”——作为一种文化筹码，当代性是宋庄最不愿丢弃的艺术制式。从这个角度来看，艺术与商业之争，其实质是当代性的解释权之争。

那么，什么才是当代的？只有搞清楚这个问题，宋庄的下一个15年才会明晰而果敢，才会被行动与实践的力量所浇铸，而不是深陷思辨的泥潭，坐观其大。

当代艺术空降宋庄纯属偶然。15年来，宋庄土著居民以及代表土著居民利益的基层政权对奇装异服、行为放诞、十个有九个都以梵高自诩的艺术狂人们，由最初的犹疑、不信任，到现在的包容、共生与合作，这一显见的变化源于观念的革新吗？

是的，我们说中国社会正在进步，而这一进步的最明显表征是：逐渐弱化甚至取消了对意识形态的考量。在这样的大背景下，不是宋庄的艺术家改造了农民，也不是农民同化了艺术家，而是经济这一最为有效的润滑剂让他们最终和解。

原创艺术博展中心

这容易理解，怀揣巨款的收藏家来到宋庄，农民也希望分到一杯羹。他们的方式只能是间接的：15年来，仅仅从地理概念上讲，“画家村”早已突破小堡，而遍含大兴庄、辛店村、喇嘛庄、任庄、白庙村等宋庄40多个村落。当地居民揣摩着艺术家的趣味，一遍又一遍翻修着可用来出租的房舍。

随着国际热钱在中国当代艺术领域的风起云涌，这一生态链看起来简单、明晰而美妙。数字最能说明问题：常驻宋庄的艺术家已突破3000人，画廊66家，美术馆12座，以此为基础，或紧密或松散地捆绑在这个生态链上的更广泛意义上的艺术从业者——从批评家到画材店老板、从三轮车夫到艺术观光客、从酒店经营者到小食店主厨、从专营艺术品运输的物流企业到泥瓦匠、从艺术小报记者到媒体大鳄、从政府官员到纪录片资助人……不可胜数。他们都在建设并分享着宋庄。

这有什么问题吗？

有！

大洋彼岸的世界经济打一个喷嚏，中国当代艺术就会伤风感冒——尽管不完全是这样，但2008年爆发的世界范围内的经济危机，则显著影响了当代艺术的成交额。我们不得不重新打量这一自发组织的生态链：它是顽强的，也是盲目而脆弱的。因其顽强，它总在调适与寻找；因其盲目，它总显出某种投机性。正如百年不遇的经济危机让凯恩斯主义重绽魅力一样，宋

宋庄艺术大道

庄当前遇到的问题，让我们重拾宏观调控这一旧话题。

是的，我们需要资源共享。

是的，我们需要风险共担。

是的，宋庄必须成为一个共同体，必须摈弃流派与门户之见——而促成这一共识的，只能是我们共同的理想与抱负、共同的处境以及最低限度的利他主义和团结。从这个意义上讲，艺术促进会的成立与存在是必要的。为了维护其公信力与号召力，正如栗宪庭先生所言，它必须是学术、公益、非盈利的。事实上，艺术促进会努力保持着这一传统，每年一届的宋庄文化艺术节，正成为促进会彰显其公益价值的最大舞台。经由这一路径，我们必须确保宋庄艺术的当代性、原创性、前沿性与生态性（宋庄艺术促进会会长洪峰语），并最终成为中国乃至世界艺术、思想与灵感的策源地。

但同时，我们需要将艺术产业化。又回到本文开头“那个看似更为根本的问题”：艺术，还是商业？我们早已习惯将艺术与商业对立，事实上，这是完全错误的。艺术的反面只能是非艺术，而不是商业。商业只是一种传播型态。经由这一路径，我们能够确保当代艺术与公众最大限度的沟通，并以此反哺艺术的独立性与纯粹性。

这是宋庄对艺术与商业之争的回应。

这是一种宋庄方式。

正是基于这样的理解，宋庄提出了“文化造镇”，并在此战略统辖下，朝着大创意产业的方向坚定迈进。

我们有理由相信，用两条腿走路，宋庄必将以宋庄方式令世界侧目。

宋庄艺术家进驻时间表
(1993-2008)

1994年

张惠平 （北京）
方力钧 （河北）
岳敏君 （黑龙江）
栗宪庭 （河北）
刘炜 （北京）
王强 （北京）
高惠君 （河北）
姚俊忠 （河北）
廖雯 （北京） （女）
边学 （黑龙江）
边红 （黑龙江） （女）
杨少斌 （河北唐山）
张民强 （江苏）
王秋人 （上海）
陈光武 （广西）
邵逸农 （青海西宁）
幕辰 （辽宁丹东）（女）
严宇 （黑龙江）

1995年

刘枫桦 （河北）
高玉林 （河北）
张鉴强 （新疆）
李书英 （北京） （女）
索探 （河北）
鹿林 （山东）
陈 （贵州）
马子恒 （江苏）
任戎 （江苏）
张国龙 （江苏）
段英梅 （黑龙江） （女）

1996年

常宗贤 （河南）
张湘 （湖南长沙）（女）
李胡勇 （四川）
王能涛 （黑龙江）
郎小杞 （江苏）（女）
饶松青 （湖北）
徐志伟 （北京）
刘国强 （河北沧州）
师若夫 （陕西乾县）
王群 （湖南长沙）
王琰 （湖北武汉）
杨卫 （湖南益阳）
仲兆麟 （辽宁大连）
周斌 （陕西）
魏野 （吉林）
方子 （美国）
四毛 （贵州）

1997年

黄永玉 （湖南）
鲍智明 （安徽合肥）
刘丽 （河南） （女）
伊德尔 （呼和浩特）
杨大咮 （河南）
杨春白雪 （河南）（女）
晨艺（陈庆华）（新疆） （女）
魏林 （新疆）
胡向东 （江苏）
刘瑾 （江苏）
王峰 （山西）
王庆松 （湖北）
杨茂源 （大连）
张东 （福建永泰）
罗氏兄弟 （广西）
廖邦铭 （四川）

1998年

何大桥 （黑龙江）
孟凯 （河南）
殷小林 （北京）
尹坤 （四川德阳）
吴雪 （陕西绥德）（女）
马野 （陕西绥德）
贺天 （湖南）
陈秋池 （吉林德惠）
周策 （黑龙江海林）
王雪林 （江苏徐州）
刘桐 （贵州贵阳）（女）
片山 （贵州贵阳）
杜婕 （女）
刘海舟 （湖北襄樊）
石立峰 （河北石家庄）
李佳 （河北泳州）（女）
马越 （吉林）
林红 （吉林） （女）
成立 （甘肃兰州）
李勇哲 （吉林）
刘伟 （黑龙江牡丹江）
孟祥龙 （河北）
汪为新 （江西永新）
王音 （山东济南）
张海鹰 （山东寿光）
张慧可 （宁夏银川）（女）
赵彤海 （西安）
张涛 （黑龙江）
林天苗 （北京） （女）
郭俊杰 （山东） （女）
林天放 （黑龙江） （女）
王功新 （北京）

1999年

黄有维 （湖南临湘）
张湘 （河南郑州）（女）
李光林 （辽宁辽阳）
刘勇 （辽宁沈阳）（女）
单智 （吉林辽源）
于生文 （黑龙江）
王殿森 （辽宁）
任杰 （北京）
齐中华 （青海）
吴红梅 （山东） （女）
迟世云 （山东）
李伟 （安徽）
杨文胜 （陕西）
肖国富 （贵州）
岳蒙 （吉林）
陶涛 （浙江）
雪儿 （台湾）
童爱臣 （辽宁）
赵鲁军 （山东）
杜撼 （江西抚州）
潘雪云 （浙江玉环）（女）

周洋明　（浙江临海）
孙光华　（北京）
赵光臣　（吉林松原）
刘峥　（河北保定）
朴光燮　（吉林延边）
唐城　（山西安泽）
魏猛　（北京）
夏小万　（北京）
于远庭　（河北张家口）
赵禄　（山东邹县）
邝老五　（四川阿坝）
吉凯　（黑龙江牡丹）

2000年

秦剑　（陕西）
刘作瑞　（广西桂林）（女）
母军　（河北秦皇岛）
王飞　（山西大同）
吴德武　（河北）
唐建英　（河北石家庄）
申云　（河北邯郸）
李大鹏　（河北唐山）
张学海　（北京）
原国镭　（京）
张骞文　（浙江定海）
张海涛　（湖北宜昌）
董久平　（湖北襄樊）
冯国东　（广东）
李彦修　（河北深津）
梁长胜　（北京）
刘劲松　（北京）
刘纯海　（黑龙江）
刘立业　（山东）
刘毅　（甘肃兰州）
陆晋生
马晗　（湖南株洲）
张德峰　（北京）
张戈
张国平　（江苏）
张义旺　（天津）
郑学武　（黑龙江）
万岭　（河北）
小飞　（新疆）
扎扎　（新疆）
日出　（北京）
付尔康　（德国）
冯兮　（北京）
白新成　（北京）
刘耀先　（内蒙）
吕顺　（江苏）
张起田　（湖北）
李云　（河北）
沉波　（山西）
肖翔　（河北）
班学俭　（宁夏）
黄文锋　（广西）
黄京哲　（吉林）
詹帙简　（湖北）
董炎　（湖北）
薛耀辉　（江苏）

2001年

杨钊　（北京）
宋广麦　（安徽合肥）
陶思睿　（新疆喀什）（女）
王世君　（北京）
陈剑锋　（四川简阳）
王钧　（安徽淮南）
薛利铭　（河北承德）
张世君　（四川凉山州）
哈世友　（甘肃）
张建俊　（陕西渭南）
刘旭东　（湖南浏阳）
卫保刚　（湖北黄石）
张路桥　（吉林松原）
杨洮　（山东临沂）
邢波　（吉林松原）
何学升　（宁夏吴忠）
朱久洋　（陕西洛川）
戈溢　（山东）
王时雨　（新疆）
叶丕祥　（湖南）
刑宛　（海南）
刘柳　（湖南）
刘金梁　（北京）
吕上　（河南）
何必　（湖南）
李雳　（河北）　（女）
李凌村　（山西）　（女）
杨斌　（湖北）
单竹兰　（江苏）　（女）
范蕴蕴　（天津）
钟瑶　（辽宁）　（女）
徐晖　（内蒙古）
殷霄云　（北京）
崔宝珊　（北京）
梁国安　（湖南）
薛明　（河北）

2002年

周祁　（黑龙江）
王继光　（甘肃兰州）
王思丁　（安徽阜阳）（女）
魏超　（山东临沂）
金宇　（北京）
孙涛　（四川绵阳）
刘港顺　（湖北黄石）
谭小勋　（湖南涟源）
刘海　（广西南宁）
鲁一凡　（湖北黄石）
张庭群　（福建福州）
周燕　（四川西昌）（女）
郭利众　（北京）
龄子　（吉林长春）（女）
张东红　（吉林长春）
窦金军　（山东陵县）
傅玉玺　（内蒙古通辽）
熊涛　（中国香港）
李玉兰　（河北邯郸）（女）
江得农　（浙江）
马上　（河北）
马鸣　（山东）（女）
王无际　（安徽）
关旨越　（福建）
冯峰　（沈阳）
毕小波　（河北）
李庆军　（陕西）
李明铸　（天津）
林林兮　（福建）
纹子　（河北）
陈建国　（河北）
郑东生　（安徽）
音达　（新疆）
秘金明　（北京）
康耀南　（台湾）
黄志琼　（湖北）
黄金哲　（吉林）
黄耿忠　（福建）
蔡卫东　（甘肃）

2003年

笠泽　（海南海口）
邢鹏　（陕西高洛）
于建涛　（山东文登）
赵磊　（甘肃平凉）
张北云　（甘肃兰州）
李继森　（天津）
杨媚　（天津）　（女）
刘保民　（陕西西安）
邬金梅　（浙江桐乡）
刘思昂　（内蒙古）
武海龙　（河北石家庄）

张伦　(山西太原)
子真　(北京)(女)
宋绪军　(山东泰安)
赵映岚　(河北张家口)(女)
高杨　(内蒙古包头)
姜进　(江苏如皋)
李鹤峰　(内蒙古包头)
王鹏杰　(内蒙古乌海)
李凤　(山东青岛)(女)
李伦　(湖北)
刘润君　(河北唐山)
李云通　(河北大城)
孙齐　(吉林白山)
王鹏　(北京)
姜涛　(北京)
魏葆利　(山东青岛)
文科　(河北三河)
万军　(北京)
万里英　(山东)
万里雅　(山东)
王琪　(山东)
王胜先　(甘肃)
王继先　(甘肃)
王笠刚　(陕西)
天青　(山西)　(女)
皮文涯　(湖北)
包书彰　(贵州)
孙芙蓉　(河北)　(女)
宋广利　(吉林)
张帆　(黑龙江)
张巍　(陕西)
张林海　(河北)
李云　(山东)　(女)
李秀芳　(广西)　(女)
杨小四　(云南)　(女)
陈超　(河南)
龄子　(吉林)　(女)
季大海　(北京)
赵俊涛　(甘肃)　(女)
赵映岚　(河北)　(女)
骆驼　(内蒙)
徐晓燕　(河北)　(女)
栗胜春　(河北)
戚梦光　(河北)
韩旭成　(河北)
荣晗　(河北)　(女)
廖建华　(湖南)

2004年

朱国强　(辽宁锦州)
钟天兵　(甘肃兰州)
赵俊海　(吉林)
张柏涛　(黑龙江大兴安岭)
袁兴刚　(北京)
于建刚　(山东海博)
俞成浩　(吉林龙井)
伊贤彬　(福建三明)3
一牛　(北京)
杨小兵　(甘肃天水)
杨明炀　(北京)
杨放　(新疆哈密)
徐弘滨　(河南遂平)
韦仝　(四川重庆)
王琪　(北京)　(女)
王霁昕　(黑龙江大庆)
王浩　(河北平顶山)
王海霞　(山东临沂)(女)
王浩　(吉林)
苏梓寒　(安徽滁州)
盛东　(山东)
任峥锋　(山西)
冉令欣　(辽宁抚顺)
宁方涛　(山东青州)
苗壮　(吉林长春)
马东民　(黑龙江大庆)
李卫明　(北京)
李刚　(甘肃兰州)
锦衣鸿　(四川)
姜永杰　(山东青岛)
江树海　(辽宁沈阳)
江会武　(贵州贵阳)
何树海　(黑龙江讷河)
关健　(辽宁兴城)
龚顺　(广州中山)
冬宁　(四川重庆)(女)
陈志平　(甘肃临洮)
陈沿青　(河北邯郸)
陈活活　(广西北海)(女)
白野夫　(河北石家庄)
赵德伟　(山东青岛)
杜丹　(辽宁营口)
大麦子　(陕西)
马嫣泠　(湖北)　(女)
王振玲　(山东)　(女)
叶观望　(广西)
田小赤　(吉林)
安毅　(甘肃)
纪晓峰　(山东)　(女)
张婉　(辽宁)　(女)
李天涧　(甘肃)
汪得农　(浙江)
迟树艺　(吉林)
陈剑青　(山东)
罗海　(广西)
侯庆　(湖北)
赵丽　(山东)　(女)
赵跃　(四川)
索予彤　(河南)　(女)
海波　(吉林)
郭季军　(甘肃)
高伟刚　(黑龙江)
崔涛　(山东)
郭金逸　(新疆)
野雪　(甘肃)
焦可川　(陕西)
谢仁辉　(福建)
潘洵　(吉林)
魏葆莉　(山东)
黎丽　(法国)

2005年

朱赤
张莹禹　(吉林长春)
崔男　(河北邯郸)
张建龙　(甘肃兰州)
张建军　(山东潍坊)
张慧荣　(山西太原)(女)
曾建阳　(福建泉州)
尹俊　(四川德阳)
于若　(河北)
杨九云　(上海)
伍礼　(湖南湘潭)
陶永升　(黑龙江)
王成城　(贵州贵阳)
王新　(河北邢台)
王默　(山西太原)
王俊彪
任战芳　(河北邢台)
让·刘峥　(北京)
曲伟　(河南郑州)
祁百成　(天津)
梅子　(四川西昌)(女)
刘新歌　(山西)
林志聪　(台湾嘉义)
李雄　(陕西)
李欣　(北京)
贾见罡　(山西原平)
黄金宝　(吉林磐石)
黄继德　(北京)
华继明　(湖北)
胡月朋　(辽宁锦州)
胡建涛　(河南濮阳)
洪帆　(河北三河)(女)
红树　(山东潍坊)(女)

贺洪志　（重庆）
郭仁杰　（山东平邑）
郭波　（四川成都）
宫昌鸿　（黑龙江哈尔滨）
高海艺　（天津）
高琦　（山东）
丰野秋　（内蒙古）
房辉　（辽宁沈阳）
邓彬　（湖南冷水江）
成宇　（辽宁沈阳）
陈鱼　（河南濮阳）（女）
陈宏　（河北）
陈道纯　（北京）
陈百明　（黑龙江）
蔡富军　（广西桂林）
阿西　（广西南宁）
赵燕峰　（北京）
贾穹　（北京）
马修　（瑞士）
马杰　（菲律宾）
尹恩江　（天津）
王风　（山东）
王兵　（湖北）
王洪　（陕西）
王觉　（河北）
王卿　（河北）
王琦
王江丽　（吉林）（女）
王宝明　（河北）
叶植盛　（广东）
老木　（湖北）
任辉　（江苏）
刑明
刘军　（黑龙江）
刘君　（吉林）
刘峰
刘惠　（四川）（女）
刘伟利
刘富春　（吉林）
孙侃　（吉林）
孙毅　（辽宁）
朱拂梅　（四川）（女）
权学俊　（吉林）
何杰
宋小鸿　（河北）
张彦　（山东）（女）
张方白　（湖南）
张建民　（河北）
张谧诠　（吉林）
李勇　（陕西）
李玉英　（山东）
李志宏　（河北）

李修祥　（江苏）
李恒彪　（四川）
李常生
李常宝　（吉林）
杨久云
邹操　（吉林）
阿兰　（加拿大）
陈玫霏　（海南）
麦子　（陕西）
若瑟林　（马来西亚）
南超　（吉林）
柳庄　（黑龙江）
赵刚
赵树林　（河北）
赵燕峰　（北京）（女）
郝梦竹　（加拿大）
徐若涛　（辽宁）
海上　（上海）
袁辉
高栋　（甘肃）
高德华　（陕西）
梁建平　（河北）
覃余　（广西）

2006年

赵智寰　（山东）（女）
包筱瑜　（浙江乐清）（女）
毕雨　（河北石家庄）（女）
蔡志勇　（广东梅州）
车波　（吉林白山）
程伟　（吉林吉林）
崔爱民　（河北邯郸）
崔晓梅　（河北沧州）（女）
崔秀男　（吉林延吉）
窦子　（山东临沂）
封瑞昌　（河北怀来）
高粱　（山东定陶）
关葳　（辽宁大连）（女）
韩燕　（四川内江）（女）
何秉华　（天津）
何宏伟　（呼和浩特）
虹灵　（辽宁葫芦岛）（女）
胡军强　（云南昆明）
胡书鹏　（江西瑞金）
花哥　（四川雅安）
华军　（北京）
黄国良　（江西黎州）
寇占山　（辽宁辽阳）
况枢锋　（山东胶州）
赖小平　（四川德阳）
李高　（陕西西安）

李林　（四川重庆）
李磊　（辽宁盘锦）（女）
李树桥　（辽宁辽阳）
李锡钧　（天津）
李雪瑞　（河北邯郸）（女）
李一丙　（河北邯郸）
李玉峰　（山东济宁）
李岳洋　（天津）
李志强　（河北邯郸）
林剑峰　（浙江温州）
刘华　（青海西宁）
刘征　（河北保定）
刘贵全　（河北三河）
刘休　（湖南永州）
刘正勇　（湖南株州）
刘志强　（山东青州）
柳叶刀　（山东济南）
卢曦　（陕西西安）（女）
罗利　（女）
罗艺　（四川彭州）
罗华江　（福建龙岩）
马鸣　（广西北海）（女）
马燕翔　（北京）
孟凡江　（北京）
米娅　（山东烟台）（女）
穆道明　（吉林吉林）
欧阳　（福建南安）
钱盛　（浙江金华）
沈俊杰　（江苏海门）
孙狄　（安徽宿州）（女）
孙广义　（辽宁盖州）
索秀　（河北邯郸）（女）
谈一峰　（江苏南京）
王赛　（辽宁沈阳）
王保龙　（山东临沂）
王楚禹　（陕西高洛）
王芳芳　（陕西西安）（女）
王建明　（山东淄博）
王小腾　（河北保定）
文菁　（湖南长沙）（女）
吴悠　（四川眉山）
吴文萍　（四川自贡）（女）
吴震寰　（广东湛江）
武嘉慧　（河北邯郸）（女）
武文成　（甘肃兰州）
武小会　（内蒙古）　（女）
夏莹　（天津）（女）
肖千　（黑龙江海林）
谢雁　（山西大同）（女）
谢媛　（山西大同）（女）
雪浪　（山西河津）
阎成林　（天津）

阎卫东 （重庆）
杨海平 （黑龙江牡丹江）
杨玉芳 （河南鹤壁）（女）
叶力萌 （浙江温州）
伊灵 （上海）
袁克华 （北京）
张彪 （云南）
张谷 （贵州贵阳）
张霞 （北京）（女）
张敬 （浙江桐乡）
张聪 （吉林吉林）（女）
张国超 （黑龙江大庆）
张纪海 （山东临沂）
张继生 （北京）
张开兴 （天津）
张利平 （河北石家庄）
张清源 （安徽淮北）（女）
张秋荣 （福建三明）（女）
张晓红 （河北任丘）（女）
张英楠 （陕西宝鸡）
张永平 （黑龙江海林）（女）
张照会 （河南平顶）（女）
赵默 （黑龙江安达）（女）
赵浥 （湖北襄樊）（女）
赵巧云 （山西阳泉）（女）
赵学敏 （河南洛阳）
赵振岩 （吉林松原）
赵志刚 （吉林长春）
甄伟
郑伯敏 （广东珠海）
郑益民 （江西九江）
支子 （黑龙江大庆）
朱岩 （河北唐山）
朱岩 （湖北）
卓玛 （辽宁营口）（女）
王兴刚 （辽宁）
万力 （湖南）
也宁
于建刚 （山东）
马东钦 （河北）
马若宇 （云南） （女）
云芸 （天津） （女）
亢新路 （河南）
元新路
毛珺 （河北）
王飞 （山西）
王卉
王军 （北京） （女）
王匡 （河南）
王芳 （陕西）
王默
王山山 （山东） （女）

王志平 （河北）
王俊标 （山西）
王南飞 （北京） （女）
王浩强 （山东）
李玉峰 （山东济宁）
王斌华 （福建） （女）
王智伟 （美国）
付满乐 （河北）
冯路敏 （辽宁）
田会增 （黑龙江）
白夜 （陕西）
白龙云 （辽宁）
白进梅 （云南）
亚力山大 （英国）
任芝田 （湖北）
伊林春 （福建）
刘志 （吉林）
刘浪 （吉林）
刘大顺 （辽宁）
刘天国 （北京）
刘存瑞 （辽宁）
刘剑霞 （河北） （女）
吉晓美 （湖北）
吕彤 （河北）
杜曼 （河北）
孙金虎 （山东）
安石榴 （广东）
朱小梅 （河北） （女）
毕雨
江洪 （山东）
江丽丽 （河北） （女）
许洪淘 （黑龙江）
余峰 （安徽）
余留群
吴家高 （江苏）
库雪明 （北京）
张建军 （山东） （女）
张继晟 （山东）
李汉 （山东）
李磊 （辽宁） （女）
李广玉 （辽宁）
李广明 （安徽）
李宗阳 （山东）
肖千 （黑龙江）
肖昱 （内蒙古）
苏志强 （广东）
阿平 （内蒙古） （女）
陆莹 （澳门） （女）
陈美 （四川） （女）
陈士斌 （安徽）
陈晓峰 （福建）
庞勇 （辽宁）

庞宏伟 （河北）
枝林风 （黑龙江）
武孟春 （吉林）
金春鹤 （吉林）
姜旗 （美国）
姜晓梅 （辽宁） （女）
赵光武 （吉林）
赵红梅 （黑龙江） （女）
赵碧琴 （福建） （女）
闻竹 （河北）
唐群 （吉林）
敖月 （湖南） （女）
贾宇然 （黑龙江）
高旋 （辽宁） （女）
崔龙虎 （吉林）
梅子 （四川） （女）
蔡一了 （北京） （女）
黄娣 （辽宁） （女）
寒嘶 （浙江）
斯巴斯詹 （法国）
曾良 （福建）
曾龙飞 （湖南）
董青源 （山东）
董洒东 （广东）
蒋亮
韩金英 （北京） （女）
韩淑英 （山东） （女）
漠子 （安徽）
蒙蒙 （新疆）
燕子 （湖北） （女）
薛铜山 （河北）
小骆 （西安）
谭慰萱 （湖南）

2007年

安垄 （江苏绿州）
白海涛 （内蒙古）
白琳 （辽宁营口）
白涛 （哈尔滨）
白文勇 （内蒙兴安盟）
白息海 （山东省）
白子 （辽宁沈阳）
柏青 （北京）
包治国 （新疆昌吉）
毕芳芳 （浙江省临海）
毕小波 （河北）
卞京明 （山东青岛）
卞相男 （吉林）
蔡汉森 （湖南常德）
曹操 （山西太原）
曹帆 （山东淄博）

曹宗田　（山东滨州博兴）
柴睿　（内蒙古）（女）
陈冬青　（辽宁大连）
陈华　（重庆）（女）
陈军义　（甘肃白银）
陈玲　（广东省兴宁）（女）
陈庆山　（山东临沂）
陈柔媚　（广西来宾）（女）
陈羲　（湖北黄石）
陈义　（湖北黄石）
陈雨　（广东）
陈增慧　（山东青岛）
陈卓　（江苏南京）（女）
池益圻　（福建厦门）
迟大平　（吉林省长春）
崔贵龙　（天津市迎宾）
崔龙虎　（北京市西城）
崔强　（河南郑州）
崔正植　（河北省三河）
刀　（贵州）
大丛　（辽宁营口）
邓晓红　（内蒙古呼和浩特）（女）
邓玉兰　（香港）（女）
丁万新　（辽宁营口）
董斌　（辽宁鞍山）
董春江　（黑龙江海林）
董国宏　（陕西渭南）
董海鹏　（辽宁省开原）
董梦娟　（湖北省黄石）（女）
董芮　（河北保定）（女）
杜江岩　（乌鲁木齐）
杜可　（安徽池州）
杜可春　（安徽池州）
杜可西　（安徽池州）
杜书宝　（湖北省荆门）
杜树杰　（山东济南）
杜唯　（河南）
段文波　（河北石家庄）
方浩
方慧生　（福建漳州）
房之皓　（山东临沂）
费佑明　（河北唐山路北）
风清　（北京）（女）
冯健慈　（安徽合肥）
冯丽涛　（北京）（女）
冯文秀　（辽宁抚顺）
付山丁　（河北石家庄）
高广春　（甘肃嘉峪关）
高焓　（天津）
葛霞　（河北泊头）（女）
古振宇　（辽宁海城）
郭贵君　（北京）（女）

郭金平　（山西长治）
郭俊贤　（山西原平市）
郭亮　（河北衡水）
郭辛辛　（上海市闸北）
郭自刚　（辽宁省开原）
哈哈　（宁夏）
哈世友　（河北省辛集）
韩光烈　（吉林省松原）
韩佳宪　（吉林辽源）（女）
韩铺天　（黑龙江省北安）
韩兴刚　（西藏阿里地区）
韩羽良　（河北石家庄）
韩志峰　（山西）
郝岩　（吉林珲春）
郝媛　（宁夏）（女）
何俊兰　（四川省广元）（女）
何昕　（山西大同）
洪伟　（湖北武汉）
胡燃　（湖南永州）
胡生美　（河北）
胡廷武　（湖北省武汉）
胡馨洋　（辽宁沈阳）（女）
胡学夫　（天津）
胡志伟
华绪为　（北京）
黄冰　（四川省成都）
黄晓云　（福建三明）
惠大洪　（湖北南漳）
吉晓美　（湖北襄樊）
纪龙波　（山东泰安）
贾春雷　（吉林市）
贾和震　（浙江东阳）
贾立龙　（黑龙江市哈尔滨）
江远强　（广东河源）
姜询　（山东济南）
姜旗　（天津）
姜义涛　（内蒙古省牙克石）
蒋殿栏　（辽宁省锦州）
解成伟　（黑龙江哈尔滨）
金宝　（山东青岛）
金典　（北京）
金光新　（河北邯郸）
玖佰　（陕西）
凯勋　（吉林）
康桂梅　（呼和浩特）（女）
柯楚瑛　（广东省汕头）
库雪明　（北京朝阳）
匡雅明　（北京）
琅琅　（宁夏）
乐和平　（内蒙古）
雷柔芳　（江西省）
黎克佑　（重庆）

李波　（内蒙古呼和浩特）
李聪　（青海市东都）
李国瑞　（山东青岛）
李贺　（辽宁省抚顺）
李鸿阳　（甘肃天水）
李会昌　（辽宁抚顺）
李津　（天津）
李晶　（陕西西安）（女）
李景　（河北唐山）
李军豪　（吉林省延吉）
李俊军　（河南巩义）（女）
李凯文
李堃　（湖北省黄冈）（女）
李垒　（宁夏银川）
李明禹　（湖北省兰州）
李铭盛　（台北）
李强　（辽宁抚顺）
李秦　（新疆库尔勒）
李森　（山东菏泽）
李思源　（辽宁本溪）
李松山　（北京西城）
李文龙　（河北）
李曦源　（陕西宝鸡）
李旭　（吉林白山）
李亚平　（山东省东明）
李亚松　（呼和浩特）（女）
李岩　（陕西西安）
李薏　（山东潍坊）
李涌　（北京）
李莜茜　（北京）（女）
李月领　（河北石家庄）
李跃国　（重庆）
李云枫　（河北石家庄）
李云云　（广西省桂林）（女）
李占洋　（吉林省长春）
李昭光　（陕西大荔）
李志强　（山西大同）
李宗阳　（山东济南）
梁伟言　（香港）
梁园安　（湖南岳阳）
廖鹏　（江西省新余）
林春岩　（北京）
林江东　（北京）（女）
林江岩　（新疆乌鲁木齐）
林力　（天津）
林茂源　（辽宁省大连）
刘爱国
刘冰　（河北邯郸）
刘达岩　（吉林辽源）
刘德维　（山东青岛）
刘鸿　（吉林白山）
刘鸿燕　（河北石家庄）（女）

刘辉 （河北沧州）
刘吉弟 （黑龙江哈尔滨）
刘继仙 （澳大利亚）
刘劲松 （四川省广安）
刘俊彪 （山西省忻州）
刘磊 （陕西省延安）
刘立足 （湖南邵阳）
刘路喜 （湖北宜昌）
刘牧 （柳林）
刘佩丽 （山东）（女）
刘维明 （青海西宁）
刘文都 （湖北黄石）
刘曦 （江西赣州）
刘险峰 （湖南武冈）
刘晓 （河北省衡水）
刘晓亮 （山东省淮坊）
刘亚一 （辽宁大连）（女）
刘永斌 （河北石家庄）
柳巍巍 （天津）
卢莹 （天津） （女）
芦殿臣 （辽宁锦州）
鲁迪 （美国）
陆佩 （湖南冷水江）
陆新华 （江西景德镇）
吕贯刚 （安徽省淮南）
吕广磊 （天津）
吕杰晓 （山东省海阳）
吕凯 （宁夏银川）
吕宗平 （湖北）
罗锋 （吉林抚松）
罗广军 （吉林抚松）
罗辉 （云南昆明）
罗庆发 （湖南永州）
马奔 （河北张家口）
马海山 （吉林白山）
马维山 （黑龙江大庆）
马潇文 （河北省保定）
马修 （瑞士）
马衍斌 （山东省菏泽市巨野）
马一平 （山东招远）
玛祖 （陕西西安）（女）
麦子 （陕西兴平）
猫 （内蒙古）
梅雪 （山东济南）（女）
梅谷 （山西运城）
梅明亮 （吉林白山）
妙佳 （四川内江）
明丽华 （黑龙江大庆）（女）
牟展琳 （山东烟台）
聂孟芳 （江西丰城）（女）
宁浩翔 （湖南衡阳）
牛见青 （山东省济南）
牛玉召 （河南）
傩 （宁波）
欧京海 （山东青岛）
潘凯章 （浙江杭州）
彭旭 （陕西省西安）
彭渊 （贵州省剑河）
平野昌史 （日本）
齐求实 （北京市海淀）
乔力成
秦保成 （山西太原）
秦风 （乌鲁木齐）
邱宇 （北京）
全镇港 （北京市朝阳区）
人然 （江苏南京）
仁志强 （山东省济南）
任重远 （山东青岛）
任子千 （黑龙江省齐齐哈尔
三毛 （内蒙古）
山川一青 （日本）
沈志 （吉林）
师芳 （陕西）
石谷 （四川）
石萍萍 （广西南宁）（女）
史力如 （内蒙古乌海）
史又春 （甘肃）
宋文 （北京）
宋一川 （河北石家庄）
宋昱 （山东枣庄）
苏华英 （呼和浩特）
苏武立 （辽宁）
苏玉明 （四川重庆）（女）
孙吉祥 （陕西汉中）
孙文九 （北京）
孙文新 （辽宁沈阳）
孙艺 （辽宁省大连）
孙毅 （天津）
孙月民 （北京延庆）
孙振鹏 （山东胶州）
谭海山 （广西南宁新城）
谭惠玉 （广西省南宁）（女）
唐涛 （山东青岛）
唐文涛 （陕西西安）
唐学东 （内蒙古省包头）
陶宝春 （辽宁沈阳）
滕莹 （山东临沂）（女）
田汉权 （广东省普宁）
田宏林 （山东省临沂）
童爱臣 （辽宁省抚顺）
汪俊峰 （江西省宜丰）
汪凌 （新疆乌鲁木齐）
汪任民 （四川）
王葆峰 （山东青岛）
王彩伦 （内蒙古满洲里）
王春生 （山西运城）
王存玉
王大海 （黑龙江鹤岗）
王丹丹 （北京）（女）
王殿鑫 （辽宁鞍山）
王东 （内蒙古）（女）
王东彪 （辽宁抚顺）
王栋 （北京）
王飞 （山东临沂）
王海鹏 （吉林白山）
王海鹰 （黑龙江哈尔滨）（女）
王昊 （吉林大安市惠阳）
王红彬 （山西）
王会丽 （内蒙古甘河）（女）
王及夫 （广东省广州）
王建军 （河北省邯郸）
王建中 （河北任丘）
王江扬 （四川省广元）
王磊 （湖北武汉）
王蕾 （河北石家庄）（女）
王连生 （辽宁抚顺）
王琳 （河北石家庄）（女）
王美 （湖南永州）（女）
王奇志 （湖北省宜昌）（女）
王荣 （山西大同）
王荣强 （北京东城）
王瑞清 （山东荷泽）
王瑞祥 （吉林省大安市惠阳）
王韶晖 （江苏徐州）
王胜利 （山东临沂）（女）
王涛 （山东临沂）
王天呈 （辽宁大连）
王晓珂 （青海西宁）（女）
王晓璐 （四川省乐山）（女）
王晓蓉 （陕西绥德）（女）
王兴杰 （辽宁抚顺）
王耀华 （辽宁沈阳）
王艺锦 （内蒙古包头）（女）
王毅 （河南郑州）
王永顶 （湖南常德）
王勇 （江苏徐州）
王云邦 （辽宁抚顺）
王云枫 （北京东城）
王珍 （湖南省湘乡）（女）
韦晓天 （甘肃陇西）
未平 （江苏常州）（女）
尉迟大平 （吉林长春）
魏辛艺 （福建）
温瑞雪 （河南省新乡）女）
文蒂 （法国）（女）
文芳 （北京海淀（女）

吴加高　(江苏省滨海)
吴琼　(北京)
武鑫　(北京)
夏俭宁　(江西九江)
夏书智　(黑龙江省大兴安岭)
成兰光　(山东临沂)
萧富元　(台湾)
肖波　(四川省遂宁)
谢俊领　(天津)
邢存富　(山西大同)
修建华　(辽宁朝阳)
徐凤龄　(江苏)(女)
徐华州　(辽宁大连)
徐晖　(内蒙古市赤峰)
徐江强　(北京朝阳)
徐若涛　(辽宁沈阳)
徐志伟　(沈阳市和平)
徐志伟　(河北石家庄)
许晗瑶　(湖南岳阳)
薛昌河　(内蒙古)
薛志峰　(山东省泰安)
闫大智　(甘肃)
闰忠生　(吉林辽源)
严超　(河北衡水)
杨翠芝　(吉林省临江)(女)
杨凡　(北京海淀)
杨峰　(广东普宁)
杨光　(湖南常德)
杨家本　(北京崇文)
杨金山　(福建厦门)
杨力宏　(内蒙古)(女)
杨鹏　(北京)
杨青松　(湖南省株河)
杨涛　(山东临沂)
杨文胜　(陕西省洛川)
杨新德　(湖北随州)
杨洋　(北京)
杨毅达　(湖南株洲)
杨子勇　(河北省巨鹿)
伊火根　(福建三明)
伊茹罕　(呼和浩特)(女)
衣广成　(辽宁阜新)
亦云　(辽宁沈阳)(女)
易明豪　(福建莆田)
阴法明　(哈尔滨)
殷铭　(湖南娄底)
尹和平　(辽宁思图)
尹鹏飞　(湖北武汉)
尤劲东　(北京市朝阳)
游敏　(湖北省武汉)
于季至　(黑龙江哈尔滨)
于建明　(山东淄博)
于来　(山东威海)
于仁平　(北京)
于世涛　(河北石家庄)
余慧　(湖南岳阳)
余孝奎　(河南省光山)
俞蔓　(黑龙江大庆)(女)
雨失　(山东烟台)
玉盛彬　(北京朝阳)
岳铁华　(湖北黄石)
卓儿(杨莉)　(湖南益阳)(女)
泽艺
张长明　(广西)
张朝阳　(吉林)
张代祥　(吉林抚松)
张东发　(黑龙江黑河)
张光泉　(湖北省)
张国栋　(内蒙古)
张皓　(山东省济南)
张惠平　(北京海淀)
张建中　(甘肃)
张杰　(山东省济南)(女)
张静　(陕西省西安)(女)
张静　(乌鲁木齐)(女)
张岚　(河北石家庄)(女)
张连云　(黑龙江牡丹江)
张柃祥　(湖南省湘潭)
张玲　(江西樟树)(女)
张淼　(湖南湘潭)
张强
张蓉　(广东省中山市试岐)(女)
张胜利　(山西大同)(女)
张石生　(河北石家庄)
张士群　(河北唐山)
张守泽　(四川德阳)
张素华　(河北邢台)(女)
张铁英　(内蒙乌合浩特)
张微　(陕西省西安)
张微洲　(山东省济南)
张小华　(河北三河)
张啸天　(浙江乐清)
张烨　(辽宁抚顺)(女)
张已迪　(黑龙江哈尔滨)
张志忠　(北京市海淀)
赵海　(辽宁营口)
赵海东　(陕西省榆林)
赵海龙　(陕西西安)
赵红梅　(女)
赵华东　(河南省西平)
赵金鹤　(黑龙江海林)
赵　雷　(河北省石家庄)
赵　立　(陕西西安)
赵利民　(内蒙古赤峰)
赵美玲　(河北承德)(女)
赵师鲁　(辽宁营口)
赵　朔　(陕西西安)
赵新政　(新疆吐鲁番)
赵政武　(北京)
甄　嵘　(山西大同)
郑　晨　(河北省唐山)
郑贵男　(吉林)
郑吉男　(吉林四平)
周海陶　(河北石家庄)
周红　(辽宁沈阳)(女)
周丽　(湖北鄂州)(女)
周苗英　(浙江)(女)
周晓东　(北京)
周宜杰　(山东省青岛)
周永阳　(北京)
周远　(安徽黄山)
周震　(吉林通化)
朱宏君　(哈尔滨)
朱加合　(陕西榆林)
朱立波　(河北石家庄)
朱梦薇　(河北邢台)(女)
朱乒　(湖北省黄石)(女)
朱日坤　(广东省博罗)
朱神光　(江苏省苏州)
朱维彬　(北京)
朱晔　(山东省济南)(女)
祝林恩　(哈尔滨市道里)
祝万水　(山东胶州)
庄保林　(江苏徐州)

2008年

敖月月　(甘肃省天水市)(女)
白秀贤　(西安市)(女)
包布和　(内蒙通辽)
鲍成福　(辽宁省葫芦岛)
卞同华　(山东省济南市)
曹辉　(黑龙江省佳木斯)
曹向华　(山东省淄博市)
常津铭　(湖南省衡南县)
陈刚　(山东省即墨市)
陈红忠　(甘肃省武威市)
陈灵刚　(吉林省九台市)
陈牧　(贵州省)
陈西冰　(河北省邢台)
陈镇华　(山东省东营市)
陈庄庄　(北京)(女)
成败　(江苏无锡)
程天良　(山西省长治市)

程显峰　（黑龙江省哈尔滨）
迟海翔　（福建省三明市）
楚峰　（北京）
崔国臣　（黑龙江省海林市）
崔君　（黑龙江哈尔滨市）
戴忠　（重庆市涪陵）
党保华　（山东省）
文汉　（北京市西城区）
邓玉梅　（吉林省）　（女）
邸峰　（辽宁省营口市）
咚凯英　（辽宁省营口市）
董国宏　（河北省石家庄）（女）
董墨　（河南省开封市）
董青源　（山东省菏泽市）
董天宝　（山西省侯马市）
杜鸿斌　（河北省邯郸市）
杜建中　（河北省）
杜戎　（甘肃省白银市）（女）
杜亚伟　（河南省）（女）
段昌春　（河北省张家口）
鄂金忠　（北京市朝阳区）
范思和　（北京市海淀区）
方蕾　（江苏省南京市）（女）
方玉华　（上海市长宁县）（女）
丰文明　（山东省莱芜市）
夫子　（内蒙古包头）
付永荣　（河北省邯郸市）（女）
付玉堂　（长春市）
高长虹　（辽宁开原市）
高强　（辽宁省大连市旅顺）
高伟　（山东省）
高元和　（辽宁本溪）
葛菲　（北京市朝阳区）
葛鹏丘　（北京市朝阳区）
耿泽峰　（内蒙古）
宫向阳　（黑龙江）
顾本　（北京市海淀区）
瓜　卜　（北京市）
关景丽　（辽宁省丹东市）（女）
管立祖　（北京）
郭丽华　（北京市房山）（女）
郭榆生　（陕西省西安市）
郭玉成　（河南省舞阳市）
果建林　（甘肃省定西市）
韩涛　（山东省莱芜市莱城县）
韩雪璜　（山西省河曲县）
韩燕　（四川省内江市）（女）
何玲　（湖南省）
贺艳荣　（济南省）（女）
弘子　（安徽省）
洪增梅　（湖南省常德市武陵）
侯国栋　（山东省青岛市）
侯纪鸿　（山西省长治市）
侯磊　（山东省阳谷市）
侯逸仙　（江苏徐州）
胡寿宝　（山东省）
胡彤　（天津市大港区）
黄辉煌　（福建省厦门市湖里县）
黄璟　（广东省肇庆市）（女）
黄玲　（重庆市九龙坡）（女）
黄文举　（河南省）
黄晓宇　（广东省珠海市）
纪小娥　（山东省德州市）（女）
季芳君　（河南省濮阳市）（女）
贾茜兰　（成都市武侯）（女）
江豪杰　（湖南省平江市）
江满琴　（安徽省安庆市）（女）
江人言　（湖南　汨罗市）（女）
江兴永　（辽宁省沈阳市铁西县）
蒋北平　（湖南省邵阳县）
矫振明　（吉林省长春市）
金德峰　（福建省厦门市）
金光星　（吉林省省延吉市）
金铁鹤　（吉林延吉）
金玉峰　（河北省廊坊市）
金喆香　（吉林）
俊春美　（山东省巨野县）（女）
孔永谦　（北京西城区）
郎佳帅　（辽宁省抚顺市）
李宝玉　（黑龙江省鸡东县）（女）
李赤赤　（河北省）
李春遂　（四川省）
李戴军　（河北省邯郸市）
李光辉　（河北保定）
李国贵　（辽宁省抚顺市）（女）
李国美　（山西省大同市）
李虎振　（吉林省延吉市）
李华冰　（吉林省吉林市）
李晖　（北京市西城区）
李建军　（北京市市朝阳区）
李金峰　（河南省扶沟县）
李娟　（山东省菏泽市）（女）
李俊青　（河南漯河）
李科　（河北省石家庄市）
李梦　（北京市朝阳区）
李明屯　（山东省莱芜）
李娜　（山东省济宁市）（女）
李沛峰　（甘肃省白银市白银县）
李三鸣　（山东省青岛市市南区）
李尚哲　（北京市房山区）
李慎　（陕西省瑞城市）
李伟　（黑龙江鸡西市）
李文新　（山东省高密县）
李稀睿　（贵州省贵阳市）（女）
李祥　（安徽省六安市）
李晓晓　（山东省胶州市女）
李校杰　（辽宁省沈阳市大东区）
李学究　（内蒙古包头市东河）
李艳东　（黑龙江齐齐哈尔市）（女）
李易城　（辽宁抚顺）
李玉臣　（河北省保定市）
李玉麟　（黑龙江省黑河市）
李岳鹏　（内蒙古）
李泽震　（山东省聊城市）
李　哲　（天津）
李振宇　（重庆市）
李正善　（吉林省）
李志刚　（河北省廊坊市）
李志军　（河北省张家口）
李卓暄　（北京市朝阳区）（女）
李宗潮　（湖北省黄岗）
李宗华　（辽宁省大连市）
梁百庚　（山东省青岛）
梁彦达　（黑龙江齐齐哈尔市）
梁兆金　（辽宁省抚顺市）
林树恒　（山东）
林小花　（浙江省温州市）（女）
林旭辉　（浙江省温州市）
蔺婉莹　（辽宁省沈阳市）（女）
刘超华　（河北省定州市）（女）
刘春友　（河南省漯河市）
刘德仁　（吉林省）
刘东亮　（河南省高丘市）
刘懂懂　（安徽界省）
刘冠军　（辽宁省抚顺市）
刘国义　（安徽省淮南市）
刘鸿良　（河北省沧州市）
刘绘　（内蒙古　阿荣旗）
刘建华　（黑龙江省哈尔滨市）
刘杰　（北京市）
刘进兴　（河北省石家庄）
刘玲　（河南省漯河市）（女）
刘强　（辽宁省抚顺市）
刘师哲　（山东枣庄）
刘帅　（河南省高丘市）
刘索拉　（北京市　西城）（女）
刘桃　（山东省济南市）（女）
刘文章　（内蒙古包头）
刘五立　（湖南省永州市蓝山县）
刘宪军　（新疆伊宁）
刘小刚　（河北省唐山市）
刘晓东　（辽宁省抚顺市）
刘晓丽　（河南）（女）
刘雪洁　（辽宁省东港）（女）
刘亚丽　（河南省平顶山市）（女）
刘元超　（山东省即墨市）

刘兆君　(上海)
刘镇辉　(山东青岛)
龙微微　(山东省青岛市市北)
卢芳　(福建省三明市)(女)
卢剑锋　(广西省上林)
鲁人慧　(安徽省)
陆峰　(新疆省维吾尔自治区)
陆景超　(安徽省)
吕晓明　(辽宁省锦州市)
罗利　(广东省广州市)(女)
马国霞　(河北省邯郸市)(女)
马江　(云南省昭通市)
马淑涛　(内蒙古省包头市)(女)
马也　(山西省运城市)
马中文　(河北省保定市)
马宗蒂　(甘肃省庆阳市)
麦绍超　(广东省佛山)
孟令建　(江苏省淮安市清河县)
孟燕　(北京市朝阳区)(女)
孟振华　(湖南省邵阳市)
聂小林　(四川省简阳市)
欧秋红　(贵州省贵阳市)(女)
潘飞　(山东省青岛市)(女)
潘询　(黑龙江省齐齐哈尔市)
彭乐乐　(北京市朝阳区)(女)
彭玮　(新疆省维吾尔自治区)
彭熙平　(江西新余)
彭禹　(黑龙江省佳木斯(女)
彭泽勇　(四川省自贡市)
品严军　(河北省邯郸市)
齐保久　(江苏省徐州市)
齐玉洁　(山东省潍坊市奎文)
钱洪涛　(内蒙古省)
乔俊玲　(湖南省新野县)(女)
秦伟　(新疆省维吾尔自治区)
秋雨　(黑龙江)(女)
求青峰　(河北省石家庄市)
曲胜利　(吉林省吉林市)
曲岩　(北京市朝阳区)
朐振龙　(山东省滨州市)
饶有凤　(福建省厦门市女)
任洪岭　(山东省)
任尚尚　(安徽省宿州市)
阮庆祥　(山东省肥城市)
尚鸣　(辽宁省本溪市)
邵国玲　(山东省乳山市)(女)
沈家政　(江西省宜春市)
沈维太　(山东省)
石翔　(广西省桂林市)
舒斌　(四川省海阳市)
斯琴　(内蒙古省锡林郭勒西乌旗)
宋军生　(河南省许昌市)
宋士杰　(吉林省长春市)
苏力德　(内蒙古省)
苏荣　(蒙古国乌兰巴托
苏晓佳　(北京市海淀区
孙超　(河南省焦作武陵县
孙宏伟　(北京市
孙敬辟　(辽宁省丹东市
孙莉　(辽宁省沈阳市)(女)
孙其斌　(安徽省徐州市来安县)
孙桐　(河北省承德市)
孙童明　(河南省新乡市)
孙文彬　(山东省菏泽市牡丹县)
孙文新　(辽宁省)
孙伊人　(天津市)(女)
孙艺　(天津市)
孙原　(北京市朝阳)
孙泽云　(天津)
孙志安　(湖北省襄樊市)
谭贵发　(广西省桂林市雁山)
田贵中　(贵州省贵阳市云岩县)
田宏　(重庆市)
田会增　(黑龙江省海林市)
田树性　(山东省德州市)
佟凯英　(辽宁省营口市)
王博　(黑龙江省齐齐哈尔市)
王成浩　(浙江省永康市)
王春霞　(黑龙江海林市)(女)
王大治　(吉林长春)
王桂东　(山东省潍坊市)
王健群　(四川省)
王疆　(宁夏固原)
王经权　(辽宁省沈阳市)
王敬宇　(河南周口)
王连生　(辽宁省抚顺市)
王琪　(湖南省长洲市)(女)
王茜　(吉林省白山市)(女)
王寿　(山东省莱州市)
王涛　(山东省青岛市)
王文军　(河南省安阳市内道县)
王文明　(河北省廊坊市)
王献林　(河北省张家口)(女)
王翔　(辽宁省)　女
王晓培　(天津市红桥区)(女)
王晓蓉　(山东省济南市天桥区)
王雪斌　(天津)
王艳林　(河南省周口市)
王忆人　(四川省重庆市)(女)
王颖　(吉林省吉林市长邑区)(女)
王裕固　(辽宁省锦州市)
王振宇　(吉林省长春市)
王志杰　(河南省林州城关镇)
文鹏　(湖南省长洲市)
文圆圆　(陕西省西安市)(女)
吴东民　(河北省望都寺庄乡)(女)
吴光水　(安徽省巢湖市)
吴红玲　(山东省)(女)
吴金吴　(内蒙古包头)
吴魁环　(河北省秦皇岛市)(女)
吴述有　(广东省深圳市)
吴涛　(江西省广平市)
吴威　(浙江省杭州市)
吴勇　(河北省唐山市)
吴宇杭　(福建省福州市马尾县)(女)
吴岳宁　(甘肃省白银市)
伍建军　(内蒙古省呼和浩特市)
武京礼　(山东省临沂市)
武玉娟　(黑龙江省海林市)(女)
夏风　(内蒙古赤峰)
夏侯　(安徽)(女)
肖鹏　(湖南省衡阳市雁峰市)
谢仁福　(福建省连成)
谢文明　(湖北省潜江市)
行武　(河北省涿州市)
邢晨　(河北省邯郸市磁县)
邢发　(山西省)
熊二　(江西九江)
徐波　(湖北省荆州市)
徐初泽　(江西于平)
徐大正　(安徽省)
徐硕强　(广东省阳江市)
徐辛　(江苏省南京市)
许帆　(湖南省长沙市开福区)(女)
许虹　(黑龙江省哈尔滨市)(女)
许珂　(贵州)
许英　(山东省)(女)
轩辕宏伟　(内蒙古省赤峰市)
杨光市　(安徽省)
杨骅　(辽宁省)
杨继锋　(山东省章丘市)
杨铭全　(福建省)
杨青　(贵州省)
杨新锐　(浙江省)
姚尧　(广东省韶关)
叶小平　(江西省)
叶子　(山东省青岛市)(女)
叶左稻　(广东省肇庆市)
音达　(河北省石家庄长安区)
尹宪华　(黑龙江哈尔滨市)(女)
于文龙　(甘肃省)
于祖培　(辽宁省葫芦岛)
余德峰　(福建省厦门市)
余芳　(四川省绵阳市)(女)
余润　(江西省九江市)(女)
俞平　(湖北省宜昌市)(女)

俞心樵　（福建省）
袁魁　（山东省淄博市淄川）
袁育成　（黑龙江省佳木斯）
袁中洲　（河南省商永）
岳晓莉　（河南郑州）（女）
翟建　（山东济南）
翟全根　（河南省漯河市）
战乃明　（黑龙江省海林市）
张 瞰　（山东省菏泽市）
张傲　（广东省深圳市）
张宝忠　（辽宁省大石桥）
张斌　（辽宁葫芦岛）
张道富　（重庆市九龙坡）
张德权　（辽宁省铁岭市）
张芳平　（江西省万载县）
张海砚　（云南个旧）
张军　（山东省菏泽市）
张立志　（河北省邯郸市）
张乃贵　（山东省 淄博市张店）
张破　（山东潍坊）
张全　（吉林省长春市宽城县）
张少风　（河北省邯郸市）（女）
张曙光　（斯洛伐克）
张晚晴　（陕西省西安市）
张维君　（吉林省吉林市）
张伟群　（江苏）（女）
张孝革　（山东省临沂市）
张延臣　（山东省枣庄）
张延照　（黑龙江省大庆市）
张彦峰　（河南省）
张耀林　（江西樟树）
张也　（重庆市九龙坡区）（女）
张应胜　（吉林省松原市）
张英　（内蒙古省）（女）
张宇欣　（山西忻州）
张玉藩　（湖南怀化）（女）
张玉倾　（山东省）（女）
张元媛　（浙江省乐涛市）（女）
张照涛　（山东省潍坊市）
张真　（河北省张家口）
赵勃　（山东省济南市）
赵长勇　（河南省开封市）
赵芳　（山东省济南市）（女）
赵红卫　（甘肃省）
赵亚男　（甘肃省兰州市）（女）
赵一挥　（黑龙江）
赵忠夔　（黑龙江宁安）
赵壮　（山东省枣庄市）
赵子伟　（河北省邯郸市）
甄荣　（山西省广灵县）
郑梵　（辽宁省抚顺市）
郑杰　（西安市）
郑琪　（福建省厦门）
郑政煌　（台湾省彰化县）
周广涛　（山东省济南市）
周广宇　（山东省菏泽市）
周海明　（湖南省）
周丽巧　（浙江省永康市）（女）
朱付战　（黑龙江省齐齐哈尔）
朱丽　（黑龙江海林市）（女）
朱明　（湖南省长沙市）
庄希平　（河北省秦皇岛市）
邹秀梅　（黑龙江省海林市）（女）

收集工作任务艰巨，很难顾及周全，望遗漏者谅解！

现居住宋庄的艺术家名单

白庙村

笠泽 刘作瑞 秦剑 黄有维 徐弘滨 王继光 张湘 常宗贤 高枫 李伟 高鉴 刘任陆晋生 王立刚 王群 赵彤海杨永乐

小堡、艺术家大院

阿蓝 阿如那 阿斯 白野夫 包筱瑜 毕雨 蔡志勇 曹操 崔男 车波田 陈道纯 陈光武 陈活活 陈美 陈牧 陈庆山 陈义 陈增慧 成宇 程伟 崔秀男 邓彬 董斌 窦子杜江岩 杜可西 方力钧 房辉封瑞昌 付山丁 高广春 高海艺 高惠君 高梁 高杨 高玉林 宫昌鸿 龚顺 古振宇 管义 郭波 郭贵君 郭金逸 韩旭成 韩燕 郝岩 何树海 贺天 红树 侯庆 胡建涛 胡燃胡书鹏 胡月朋 花哥 黄国良 黄继德 黄晓云 贾和震贾穹 姜进 姜永杰 焦可川金宝 锦衣鸿 寇占山 况枢锋郎小杞 李大鹏 李风 李高李冠德 李鹤峰李俊军 李磊李雳 李伦 李平吉 李 秦 李庆军 李书英 李淑青 李树桥李太默 李昕潞 李雄 李秀芳 李旭 李雪瑞 李一丙 李宜宣 齐玉洁 杨光市 王成浩周丽巧 王文军 李薏 李月领李岳洋 李昭光 李志强 栗春栗胜春 栗宪庭 廖雯 梁建平 林江东 林志聪 龄子 刘冰 刘纯海 刘劲松 刘海 李宗潮 刘华 刘辉 刘吉弟 刘润君 刘桐 刘新歌 刘休 刘旭东 刘玉君 刘正勇 刘志强刘雪洁 李虎振 柳叶刀 鲁一凡 陆佩 陆新华 陆莹 鹿林 罗锋 罗广军 罗华江 罗利 罗艺 马东民 马维山 马嬿泠 马勇 梅子 孟凡江 米娅 苗壮 聂孟芳 宁方涛 欧京海 欧阳潘 雪云 片山 钱盛 饶松青 荣晗 人然 任战芳 日出 邵逸农 申云 宋绪军 宋一川 苏天强 苏志鹏苏志强 苏梓寒 孙狄 孙芙蓉孙广义 孙齐 孙文九 孙文然 索秀 覃余 谭小勋 唐群唐涛 田小赤 童子真 图布信土风 尹宪华 吴岳宁 侯国栋王大海 王殿鑫 王芳 王飞王建明 王俊标 王默 王南非王鹏 王鹏杰 王秋人 王韶晖王绍伟 王小腾 王新 王雪林王艺锦 王毅 韦晓天 卫保刚文菁 巫女 吴刚 伍礼 武海龙 武嘉慧 武文成 孙超 武小会 武鑫 夏莹 谢俊领 谢雁 谢媛 刑明 修建华 雪浪严超 阎卫东 杨放 杨金山杨京伟 杨九云 杨少斌 杨洮杨小兵 杨洋 杨玉芳 姚俊忠 叶植盛 伊德尔 伊火根伊茹罕 殷铭 尹恩江 于建刚于诺 于世涛 于小雅 俞成浩袁克华 岳敏君 泽艺 曾建阳朱明 赵壮 张柏涛 张彪 张代祥 张东红 张谷 张国超张建军 张建龙 张鉴墙 张金禹 张敬 张开兴 张乐勤 张利平 张路桥 张伦 张淼 张民强 张清源 张秋荣 张士群张守泽 张庭群 张小华 张晓红 张学海 张永平 张月 张照会 张巍峥 赵俊海 赵立赵利民 赵美玲 赵巧云赵朔赵燕峰 赵浥 赵映岚 赵政武 赵智寰 甄嵘 甄伟 郑伯敏 支子 周策 周晓东 周燕周洋明 朱赤 朱立波 朱维彬朱岩 庄保林 卓玛 子真 刘亚一 闫忠生 修建华 郝岩郑吉男 白文勇 石萍萍 亦云周红 刘曦 徐蓟 王海鹏 匡雅明 刘达岩 韩佳宪 汪任民 人然王红彬 池益圻 吕广磊 段文波 赵立 赵朔 胡学夫 谢俊领 李俊军 林江东李薏 宋一川 聂孟芳 王耀华黄晓云 伊火根 刘立足 孙吉祥 张东发 梅谷 衣广成李昭光 胡燃 杜可西 张守泽甄蝶 李秦 玛祖 马奔 武鑫贾和震 石谷 朱维彬 付山丁 高广春 赵美玲杨洋 伊茹罕 王殿鑫 刘德维 罗辉 张石生 刘鸿燕 王蕾 王琳 张岚 张素华 赵利民 康桂梅宁浩翔 刘冰 张小华 王韶晖

王毅 董斌古振宇 李强 张淼 欧京海 金宝 陈义 郭贵君 苏玉明 张连云 张代祥 阴法明 周远 罗锋 罗广军 于世涛 李铭盛 韦晓天 秦保成 马维山 周晓东 亚日 陆佩 陈增慧 陈庆山 李旭 李月领 孙文九 殷铭 王葆峰 严超 张啸天 梅明亮 于季至 李华冰 周海陶高焓 王晓蓉 妙佳 李安 玉盛彬 张玲 王艺锦 葛霞 朱宏君 张柃祥 牛见青 李国瑞 陈羲 于建明 乐和平 王瑞清 方慧生 陶宝春 明丽华 冯健慈 卞相男 陈柔媚 金典 邱宇 王栋 红土子 赵政武 李亚松 王浩强 李春燕 于来 张烨 李会昌 游敏 于仁平 李跃国 李晶 吉凯 吕晓明 李艳东 张元媛 董墨 刘桃 余芳 衣晓影 季芳君 张全 刘强 梁兆金 王茜 方玉华 杜亚伟 张乃贵 鲍成福 于祖培 党保华 张照涛 吴涛 江满琴 李华冰 陈庄庄 刘玲 李宗华 余德峰 邓玉梅 卞同华 杜戎 李梦 李三鸣 李伟 李春遂 李建军 李玉麟 张芳平 李玉臣 张应胜 秋雨 孙宏伟 付永荣 刘超华 张真 李岳鹏 张 瞰 李科 张海砚 王疆 吴宇杭 何玲 张晚晴 李校杰 刘东亮 刘帅 沈家政 马中文 侯逸仙 孟令建 周广涛 弘子 夏侯 徐大正 成败 赵子伟 晓晓 李国贵 马国霞 程天良 孙伊人 吴优 段昌春 郭玉成 卢芳 黄璟 孙志安 李祥 吴光水 赵亚男 韩燕 李慎 江兴永 田宏 陈红忠 叶子张军 张破 董国宏 李光辉 张宇欣 吴金吴 石翔 刘懂懂 马宗蒂 赵红卫 楚峰 钱洪涛 张耀林 张傲 彭熙平 王献林 周海明 高强 吴勇 金德峰 崔君 许帆 曲岩 金光星 李宝玉 曲胜利 邢晨 黄辉煌 饶有凤 徐初泽 阮庆祥 岳晓莉 张彦峰 李哲 吴魁环 品严军 高元和 郑琪 李易城 王振宇 刘建华 孔永谦 蓝犁 赵俊涛 吴文萍 陈羲

疃里

王成城 张聪 关葳 张英楠 李云蓉 海晗 索予彤 娄芳 贺中 张明伟

喇嘛庄

迟树艺 董芮 郭亮 金宇 李胡勇 刘枫华 刘君 刘勇 刘征 刘永斌 史绪 王能涛 杨明炀 袁兴刚 张方白 朱梦薇 张谧诠 张霞 朱国强 刘跃先 季大海 老付 孙侃 南超 李颜修 老杨 王蕾 刘艳华 王霞 杨宇光 刘炜 苹果

北寺

崔晓梅 丰野秋 华绪为 秘金明 冉令欣 管立祖 董天宝 叶左稻 王世君 邢鹏 杨海平 一牛 小麦子 王博 瓜卜

大兴庄

阿西 陈华 陈剑锋 陈沿青 冬宁 杜建中 杜丹 韩宝全 黄金宝 贾见罡 田树性 胡寿宝 贾茜兰 姜涛 焦向东 赖小平 李林 李亚明 李志强 刘丽 刘维里 吕凯 于文龙 贺艳荣 聂小林 谢文明 徐波 孟凯 孙振鹏 孙莉 舒斌 万力 王保龙 王楚禹 王钧 王荣 王涛 王音 王文明 王经权 王志杰 王晓培 韦仝 吴红梅 吴东民 邢一得 行武 薛利铭 阎成林 袁魁 于建涛 张北云 张慧荣 张鹏 张胜利 张世君 张莹禹 赵磊 刘海洲 刘伟 邝老五 刘潼 陶涛 张赵前 张维君 庄希平 杨键侠 李志刚 李正善 李卓暄 甄荣 咚凯英 李明屯 佟凯英 陈刚 潘飞 乔俊玲 戴忠 陈牧 朐振龙 曹大忠

大兴艺术空间

关健 何宏伟 李光林 李振宇 母军 王飞 魏超 吴悠 吴红玲 肖千 谢仁辉 张纪海

张继生 张军 王颖 朱付战 李国美 谢仁福 朱丽

丁各庄

杜树杰 王浩 鄂金忠

辛店村

傅玉玺 何学升 李刚 李佳 李卫明 李依依 李玉兰 刘贵全 马子恒 石立峰 孙光华 魏葆利 文科 熊涛 殷霄云 张起田 张骞文 赵学敏 朱久洋 林天放 毛峰 陈波 王思丁 陈庆华 陈明肃 甄雪梅 赵禄寓 陈国东 马杰 贤波 刘熊祥 张兴远 陈建华 廖华 蔡卫东 刘柳 鲍志明 任杰 张帆 李天润 张东 张涛 魏林 陶红梅 杨小四 赵刚 孙光华 马子恒 黄京哲 刘峰 杨斌 梁长胜 何必 阴霄云 唐城 大猫 王峰 陈波 叶丕祥 谭洁 刘宁 白子 余慧 杜可 潘凯章 陈卓 杜可春 赵海 许晗瑶 周宣杰 惠大洪 胡馨洋 董春江 刘文都 岳铁华 李云枫 尹鹏飞 李鸿阳 杨峰 麦子 杨鹏 刘元超 袁育成 曹辉 刘鎮辉 洪增梅 江豪杰 邸峰

任庄

大龙 杜书宝 蔡汉森 陈军义 范蕴蕴 郭金平 江树海 李锡钧 黎克佑 刘毅 朴光燮 王强 钟倩 张义旺 钟瑶 胡彤 齐中华 李津 常工 赵德昌 林红 潘洵 朱尚熹 王福 王时雨 权学俊 严宇 光彩 杨祥 杨凡 翟墨 武宏峰 马保中 卢阳 王旭东 张继生 三山 冯峰 张晓军 苏步 林虹 朴光郡 杨晓静 刘景桥 赵学俊 庞永杰 黄燎源 王宝明

宋庄

大丛 边红 边学 成力 房之皓 崔爱民 单智 郭仁杰 李玉峰 刘娟 刘吉弟 李明禹 杨新德 李景 卢曦 孙涛 王海霞 芦殿臣 李曦源 曹向华 王美 任子千 杨毅达 尹和平 冯文秀 徐华州 江远强 滕莹 咸兰光 白涛 凯勋 王连生 李春阳 索晨 王裕国 崔正植 玖佰 李聪

毕芳芳 王永顶 马一平 董海鹏 董梦娟 陈冬青 苏武立 王云邦 闫大智 朱加合 李宗阳 朱晔 赵金鹤 史力如 李思源 任重远 罗氏兄弟 刘中伟 秦利华 王俊标 王建中 王春霞 蔡春连 潘金密 战乃明 宫向阳 陈灵刚 丁军德 文鹏 许英 李娜 王裕固 彭泽勇 张宝忠 孙敬群 李文新 武京礼 邹秀梅 杨铭全 张孝革 高伟 林树恒 任洪岭 翟建 王寿 王涛 赵一挥 刘绘 杨继锋 王健群 陈镇华 包布和 张德权 俞心樵 纪小娥 谭贵发 赵长勇 齐保久 李沛峰 刘五立 苏力德 赵勃 夏风 关景丽 陈西冰 刘春友 刘亚丽 孙其斌 孙敬辟 迟海翔 李俊青 王敬宇 李娟 周广宇 王大治 俊春美 张玉倾 李戴军 张延臣 刘师哲 孟燕 任尚尚 轩辕宏伟 梁彦达 潘询 郎佳帅 刘德仁 伍建军 麦绍超 宋军生 吴威 张立志 徐顽强 徐硕强 蒋北平 侯纪鸿 尚鸣 顾本 杨新锐 郭丽华 李尚哲

艺术工厂区

白琳 杜撼 何秉华 李继森 李勇哲男 李涌 刘保民 刘港顺 刘小刚 刘思昂 马燕翔 马野 史力如 唐建英 王霁昕 邬金梅 吴德武 吴雪 夏小万 杨媚 易明豪 尹俊 尹坤 张建俊 赵德伟 赵金鹤 赵志刚 钟天兵 王俊彪 李家阳 武玉娟 张伟群 郑杰 田会增 崔国臣 许虹 曾华荣 白秀贤 金玉峰 丰文明 韩涛 邢发 翟全根 鲁人慧 文圆圆 刘晓丽 王雪斌 李国瑞

方舟艺术中心

许永学 邱 军 金春鹤 李月领 曹国红 房永江 王芳 陶勇利 蔡梅芝 李素华 刘路喜 王东甫 康桂梅 狄硕 李宇

国防工事艺术区

车永铁 陈广汉 窦金军 费佑明 丰孝军 耿泽峰 郭庆丰 郭榆生 哈世友 韩兴刚 黑羊 胡平 华涌 贾立龙 蒋文滔 李晶 李军豪 李伦 李演 李永生 李云通 梁强立 刘继先 刘懋廿 刘晓东 刘雅男 刘延明 柳国庆 尚可 师若 孙光华 孙吉祥 孙童明 唐燕山 陶宏 田宝珍 王彩伦 王春华 王琰 王子庐 王云枫 魏鼎 闻勇平 吴加高 萧达忆 肖波 徐志伟 杨凡 杨骅 叶小平 尤劲东 张海涛 张惠平 张伦 张民强 张志忠 赵海东 赵庆林 赵一鑫 郑梵 郑巍 郑政煌 钟世家 祝林恩 子禺 邹枨

原创艺术中心

亚日 矫振明 张兴旺 扎扎 杨莉 杨青 关旨越 蒙古·狼（蒙古国） 郝岩 王振宇 阿里巴路（西班牙）周卓浩 单一磊 华继明 洪帆 田芒子

左右艺术区

艾未未 方 浩 刘正刚 刘爱国 梁 威 黎 石 廖羽 李占洋 李筱茜 李凯文 李竟成 乔立辰 钱冰戈 宋文 苏华英 孙立军 田流沙 王皆 王斌 杨亘 岳伟

刑各庄

刘天国 赵光臣 马上 卢彪臣 刘国强 廖邦铭

佰富苑环岛

刘一墨 杨钊 宋广袤 陶思睿 何大桥 李小争 林旭辉 梁百庚 刘宪军

燕郊秦合城京东国际艺术区

赵险峰 李宗阳 于 达 于 兴

龙旺庄

郑学武 马 晗 冯路敏 岳梦 白也夫 李彦修 邵 奇 马明

徐辛庄

王季夏 李可克 王饶玲

新潮家园

祝讯 王瑛

通州

杨卫 张应华 董久平 马燕泠 四毛(陈牧) 解成伟 刘维明 曹宗田 柏青

武夷花园

高氏兄弟 董璐 段英梅 徐志伟 王 晋 张朝晖 燕青 陈学刚 林 兵 杨青 陈牧 扎扎 朱发东 石头 邵国玲

新华联小区

舒 阳 吴 鸿 王铁为 刘 伟

滨河小区

蔡卫东 曹小冬 曹志文 姚松涛 陈永利 荣晗 高远 关矢 纪晓峰 蒋国远 李强 刘峰植 王子 刘斌 刘孝澄 潘舒 叶恒贵 谈学斌 佟大壮 薛利 夏建国 王力 李松 王海元 肖红 杨玉萍 裘少霞 杨强 于伯公 张东亮 傅墨寒 陈卫群 赵海 宋迪非 刘斌 高长虹 张玉藩 刘鸿良 王桂东 王艳林 黄文举 袁中洲

老小学校

刘国义

六合村

范思和　侯磊　孙桐　陆景超　马江　杜鸿斌

通州东关

王忆人

翠屏北里小区

杨骅

蓝调沙龙小区

马也

四海公寓

张曙光

名录收集工作任务艰巨，很难顾及周全，望遗漏者谅解！

宋庄大事记（1994—2008）

1994

◆ 1994年 原先住在圆明园的张惠平由于不方便再住在圆明园，移居到“宋庄”，宋庄的历史就此揭开。

◆ 1994年 300多名追求梦想的画家在这里租住农宅，生活、创作，宋庄原始景观形成。艺术家方力钧、刘炜、岳敏君、杨少斌、王音和批评家栗宪庭迁移到宋庄镇居住。

1995

◆ 1995年 圆明园画家村解散，大部分先锋艺术家迁移到宋庄，并在宋庄形成了深刻的影响，形成了颇具规模并不断完善和扩大的艺术家群。

1997

◆ 1997年 部分圆明园艺术家来到宋庄，宋庄成为海内外的一个新闻关注点。此时，艺术家几乎“进驻”了宋庄镇的所有自然村，如大兴庄、辛店、喇叭庄、北寺、小杨各庄、白庙、邢各庄等。

1999

◆ 1999年9月 宋庄镇被国务院体改办正式批准为全国小城镇试点镇。

2000

◆ 2000年 方力钧1999创作的一幅作品在嘉德春季拍卖中拍出了27.5万元的高价，同年嘉德秋季拍卖专场上，王广义的《大批判—可口可乐》以33万元成为当代拍卖品的第5名，创造了中国当代艺术第一次在国内拍卖市场的辉煌。

2001

◆ 2001年9月23 唐城和张义旺在潮白河实施行为作品“2001年9月23”，去了很多人。

◆ 2001年冬 唐城、高风、陈牧在北京芥子园实施行为作品“盐”。

2002

◆ 2002年9月 由宋庄小堡、辛店和滨河小区艺术家组成的“时空现代艺术展”在北京禅0家居举行。

◆ 2002年6月28日 李勇、张建俊、李卫策划的“芯片的心”油画展在北京BS艺术车间举行。参展艺术家大多都是宋庄的艺术家。

◆ 2002年冬 王强等人策划的“宋庄现象——艺术家群落展”在中华世纪坛被封闭。

2003

◆ 2003年初 陈秋池策划的宋庄艺术家联合的“乡村制造”展，在“道谱视觉”艺术中心。

◆ 2003年5月 非典开始，各村抗击非典。

◆ 2003年6月 由居住在宋庄的著名批评家栗宪庭策划的“念珠与笔触”展在东京画廊展出。

◆ 2003年12月20号 “宋庄艺术合作社”在关辛庄成立正式对外开放。

2004

◆ 2004年4月7日 由齐中华赞助，画家马越、张鉴强主持的《热烈庆祝宋庄十周年暨国际名人签字消费品拍卖文艺联欢会》在宋庄东燕郊神州大酒店二楼举行，参加联欢会的艺术家及各界朋友近二百人。

◆ 2004年5月2日 下午14：00由宋庄画家村画廊主办的第一届宋庄艺术节在宋庄镇任庄村举行。

◆ 2004年5月5日 “人间烟火——宋庄艺术合作社视觉艺术展”在宋庄艺术合作社举行，此次展览是合作社成立以来第一次大型展览，展出的的作品包括油画、图片、行为录像、VIDEO、雕塑，大部分作品是第一次对外展示。参展艺术家共24人。合作社展厅是当时宋庄最大的展示空间，也是宋庄艺术家在宋庄首次举办最大规模的艺术展览。

◆ 2004年8月 “6959”宋庄艺术家展览在通州梨园举办。

◆ 2004年10月7日 张海涛策划的“当代权充艺术展”，在宋庄艺术合作社举办。

◆ 2004年10月16日 “尹坤十年(1995—2004)个展”在北京季节画廊（新加坡）展出。

◆ 2004年10月20日 “吃饭也是艺术”——宋庄艺术家沙龙餐厅“前哨”在宋庄小堡村成立，是宋庄第一家以展现艺术家集体面貌出现的文化、餐饮服务企业。

◆ 2004年11月28日 香港探岭画廊落户宋庄画家村。

◆ 2004年12月4日 “高风个展”在宋庄探岭画廊开幕。

◆ 2004年底诗人苏非舒发起的物主义公社在喇嘛庄成立。

◆ 2004年12月24日 由“十成十环境艺术事务所”主办，班学俭策划的“十成十——艺术家联展”在宋庄举行。参展画家有王能涛、王强、马越、尹坤、刘枫华、庞永杰、金宇、胡向东、班学俭、索探、高惠君、姚俊忠、龚顺、韩旭成。

◆ 2004年12月 李勇A著《千万别作艺术家》出版，大量资料介绍宋庄及七九八周边艺术区艺术家的生存状态。

2005

◆ 2005年5月6日 宋庄艺术合作社主办的“人间烟火——宋庄艺术合作社第二届视觉艺术展”开幕。展览共有30位艺术家参加，展出作品形式包括：油画、行为图片、装置、VIDEO、雕塑。

◆ 2005年5月14日 由宋庄艺术家张海涛策划的“暧昧•昧暧”当代艺术展展在宋庄探岭画廊举行。参加艺术家有：韩兵、杨文胜、张义旺、冯兮、沉波、唐城、蔡卫东、郑冬生、华继明、苏非舒、原国镭、张海涛、刘港顺、麦子、刘瑾。此展后不久探岭画廊搬离宋庄。

◆ 2005年5月22日 上午11时至下午3时，二十几位男女在宋庄潮白河畔裸体集会，在旷野里游泳、聚餐、晒太阳、聊天，半裸全裸都有。倡导“国际裸体日”的艺术家成力认为：“裸体日活动不是做作品，实验艺术是‘不定质艺术’，艺术与生活处在一种贴合状态中，这样也许更好。”今年的主题是“你自愿参加吗？不请求别人”。

◆ 2005年6月5日 著名评论家廖雯策划的专题展“性殇”开幕。

◆ 2005年6月15日 电视剧《画家村》摄制组走进宋庄，对当年圆明园时期的艺术家及活跃在当代艺术市场的部分艺术家进行了纪录采访。主要记录了艺术家的思想状态、生存状态及艺术主张，采访分成两个部分、两个阶段。第一部分，以访谈为主，第二部分将主要对三十名艺术家跟踪拍摄，摄制组将陪他们回到他们的故乡或者那些对他们影响至深的城市和农村，回到他们的父母、儿女及那些在他们的人生转折点上打下烙印的人们身边，回到那些温暖的、痛苦的记忆当中。第二部分在2005年内未见施行。

◆ 2005年7月 由杨卫策展的“阁”当代艺术展在宋庄艺术大本营举行，参展艺术家40位左右，该展是宋庄艺术大本营的开场展。

◆ 2005年9月 圆明园艺术家村文献编辑办公室成立。秘书长杨卫，办公室主任王强，办公室筹备小组成员：方力钧、王音、王强、伊灵、祁志龙、张洪波、迟耐、邵逸农、岳敏君、杨少斌、杨卫、徐志伟、摩根。

◆ 2005年9月6日 宋庄艺术促进会成立。会长:洪峰。副会长：栗宪庭、王能涛。秘书长：李秀兰，副秘书长：李学来，理事：栗宪庭、洪峰、杨少斌、马越、王能涛。监事长：崔大柏，监事：方力钧、岳敏君。首批宋庄艺术促进会会员60名。

◆ 2005年09月10日 “法·中当代艺术家宋庄联展 ”在宋庄画家村画廊举行，参展的中外艺术家有Bertrand Foly、Dorian Francois、凌飞、Edith Henry、Genevieve Doctobre、Henry Lavie、Julien Hardy、饶松青、严宇、伊灵、刘毅、大龙、库雪明、徐志伟、宋海曾、朱发东、Sylvain Houcke、 Roger Beugre、Van M、朱炯、朱雁光、李广明、王秋人、石头、马燕泠、马晗、阿芳、郎小杞。

◆ 2005年9月17日 雕塑家索探发起的“宋庄十年邀请展”在宋庄举行，参展艺术家近百人。该展是宋庄艺术基地的开场展，宋庄艺术基地是目前宋庄第一大的画家集中营地。

◆ 2005年9月20日 “第二届北京国际美术双年展”在中国美术馆、中华世纪坛举行，宋庄画家村参展艺术家有：张国龙“天书”（主题展）、任戎“人·植物—兵马俑”(主题展) 、纪晓峰（女）“花开的季节”(序列展)，任戎作品获本届艺术大奖。

◆ 2005年9月23日 宋庄赵鲁军(老三)在山东日照老家自

杀，英年40岁。曾为宋庄“三元里画家村食堂”老板（三元里名称的由来：三元钱四菜一汤，白酒、瓜子、茶水免费，已破产。）

◆ 2005年10月7日 “捕风捉影”当代艺术展在宋庄艺术合作社举行,展出的艺术形式为摄影图片、行为、装置、VIDEO、油画。

◆ 2005年10月 《财经时报》的各路记者耗时1个多月，以《宋庄启示录》为主题的8个版面对宋庄艺术家群落的生态现状进行了全面报道。

◆ 2005年10月 由宋庄艺术家张海涛策展的“暧昧——不确定表达”在798零工厂展出。

◆ 2005年10月18日 由水墨画家鹿林倡导的“宋庄水墨艺术家同盟”成立。该同盟以宋庄水墨艺术家为主导，将在水墨艺术领域进行学术性，艺术性的全方位研究与探索，立足于中国当代水墨艺术，放眼于各种艺术形式，共同促进，吸收，开掘，发展水墨艺术新的内涵，这是同盟之特色。

◆ 2005年10月22日 宋庄艺术促进会主办，画家马越为主编的《宋庄ART》杂志出版，这是宋庄政府首次投资的“半地下”刊物。

◆ 2005年10月24日 由政府投资的大型文化活动“首届中国宋庄文化艺术节”在宋庄小堡村举行。其中“中国当代文化艺术展——宋庄路”参展的艺术家近三百人，作品700多件，包括油画、雕塑、水墨、版画、装置等，展览一天结束。本届宋庄文化艺术节标志由宋庄画家杨洮设计。

◆ 2005年10月 由策展人吴鸿在宋庄举办的“翻手为云，覆手为雨——TS1当代艺术中心第一回展”，参展作者为宋庄著名艺术家和村外著名艺术家。该展是“宋庄一号”艺术中心落座宋庄的开场展，“宋庄一号”在当时是位于宋庄地区内最大的艺术展示空间。

◆ 2005年12月7日 晚17：00 由栗宪庭展览统筹，对比窗艺廊主办的宋庄雕塑家冯国东先生个展“一个扫地工的梦”在北京798厂艺术区开幕。晚22：20冯国东先因患癌症在北京中医医院与世长辞，英年57岁 。

◆ 2005年12月24日 《“十成十”第二届当代艺术展》在宋庄艺术大本营举行，参展艺术家有王强、王晖、王国锋、马保中、马越、尹坤、枫翎、叶恒贵、伊德尔、刘枫华、刘飞、孙光华、张方白、李路明、庞永杰、余极、张利语、金宇、何云昌、班学俭、高惠君、徐志伟、索探、童正刚。

2006

◆ 2006年 廖雯策划“花非花”展览在宋庄美术馆开幕。

◆ 2006年7月2日 宋庄艺术家张海涛策划的“当代权冲艺术展II”在北京798艺术区锦都艺术中心开幕。

◆ 2006年10月16日 栗宪庭电影基金会成立。

◆ 2006年10月2日 上上美术馆开馆展，“天光云影”水墨联展和“印迹”当代艺术展。

◆ 2006年10月6日 第二届艺术节，主题“打开宋庄”。

◆ 2006年10月6日 邱志杰策划的“新民间运动”展开幕。

◆ 2006年 宋庄美术馆开馆展，“天与地——现实主义的记忆”纪实摄影展。栗宪庭任馆长。

◆ 2006年10月6日 东区艺术区开馆展 “水墨在当代”，由刘骁纯主持。

◆ 2006年11月4日 张海涛策划的“当代权充艺术展III”在宋庄上上美术馆开幕。

◆ 2006年10月28日 栗宪庭先生在宋庄美术馆多功能厅作题为“中国百年艺术思潮”的报告。这也是宋庄美术馆将举办一系列学术讲座的开始。

◆ 2006年12月 宋庄被评为“北京文化创意产业集聚区”。

◆ 2006年12月21日 李玉兰夫妇收到宋庄法院传票，后来陆续有十几位宋庄艺术家被告，农民要求低价收回房屋。

◆ 2006年12月31日 李广明、胡月朋策划的“宋庄制造1”展览在上上美术馆开幕。

2007

◆ 2007年4月30日第四届“中国纪录片交流周”在宋庄美术馆举办。

◆ 2007年5月 “宋庄当代文化专项基金”启动。

◆ 2007年5月19日 张海涛策划的“首届主题文献展——潜默·权充Ⅳ·暧昧III”在上上美术馆开幕。

◆ 2007年6月 王楚禹策划的“六月联合”行为艺术展在宋庄实施。

◆ 2007年7月10日 “李玉兰房屋案”在北京市通州区人民法院一审结案。

◆ 2007年12月17日 “李玉兰房屋案”在北京市第二中级人民法院二审终结。

◆ 2007年7月21号 “左右开工”在左右美术馆开馆。

◆ 2007年7月28日 长风策划的“欲象”在宋庄美术馆开幕。

◆ 2007年8月30日“走出宋庄”在上海多伦多现代美术馆开幕。

◆ 2007年9月 “水墨同盟邀请展”在东区艺术区举办。

◆ 2007年11月5日“十年一觉”在“和静园美术馆”开馆展。

◆ 2007年11月8日 第三届“中国宋庄文化艺术节”开幕，主题为“艺术链接”，王林策划“底层人文”开展。2007年11月10—11日，首届中国美术批评家年会在北京通州月亮河度假村召开，本届年会作为宋庄文化艺术节的一个重要单元，本届年会邀请到了范迪安、贾方舟、刘骁纯、水天中、郎绍君、王林、殷双喜、邹跃进、皮道坚、彭德、吴鸿、李小山、黄专、陈默等当代最具影响力的美术批评家参加，会议由王林、殷双喜共同主持。

◆ 2007年11月8号 “主题与协奏”中日法德艺术家联展，在北京当代艺术馆开幕。

◆ 2007年11月8日 “宋庄制造2”在上上美术馆开幕。

◆ 2007年11月8日 小堡驿站艺术中心举办开馆展“中哈韩·韩哈中”中韩交流展。

◆ 2007年11月8日“艺术集市”在小堡村开展，这种低端价位的艺术展览吸引了大量未成名艺术家的参与，在活动期间和随后日子引起反响。

◆ 2007年11月8日“两岸当代·对照阅读”在宋庄美术馆举行。

◆ 2007年11月8日“1980年当代艺术青岛梦大型回顾展”在“宋庄一号”开幕。

◆ 2007年11月 第二届“北京独立电影论坛”在宋庄美术

馆开幕。

◆ 2007年11月8日 张海涛策划的 “07影像档案展”在宋庄北向阳光艺术空间及北京798艺术区OPEN实现当代艺术中心两地先后展出。

2008

◆ 2008年1月 李玉兰起诉马海涛，要求对方赔偿房屋现值和当初价格的差价48万元。

◆ 宋庄艺术家翟墨航海时间及抵达的城市：2008年1月10日——南非开普敦；2008年1月23日——圣赫勒拿岛；2008年2月13日——巴西福塔莱萨；2008年2月21日——法属圭亚那；2008年2月27日——委内瑞拉玛格丽塔岛；2008年3月3日——荷属安的列斯岛；2008年3月9日——哥伦比亚卡塔赫纳；2008年3月16日——巴拿马科隆；2008年3月20日——巴拿马运河；2008年4月15日——墨西哥阿卡普尔科；2008年5月16日——美国夏威夷；2008年11月28日——关岛；2008年12月14日——菲律宾；2008年12月15日——中国海。

◆ 2008年4月14日 宋庄村民诉宋庄两艺术家房产案经过法庭调解，最终达成满意结果。这次房产案涉及杨大味与王庆松两位宋庄艺术家（被告方）。在杨大味房产案中，原、被告均出席了法庭调节现场，王庆松房产案中，王庆松的代理律师与原告出席法庭调节现场。两方先前在村委会、镇镇府的调节、商量，村名与艺术家最终在让步与包容下，签订补充调解协议书。在经过法庭对补充协议书的调解下最终达成以下协议：

一、双方签订的买卖协议无效；二、被告方可以在房屋中继续居住直至房屋拆迁之日止；三、如遇房屋拆迁，地上物补偿款、搬迁费用、区位补偿款归被告所有，土地补偿款归原告所有。

◆ 2008年5月 翟墨航海抵达檀香山前，通过媒体得知了四川大地震的消息后，决定将自己的作品捐出来义卖，于5月21日在檀香山市政府举办艺术展，同时与美国红十字会合作，把义卖所得全部捐给了四川地震灾区。

◆ 2008年5月 第五届“中国记录片交流周”在宋庄美术馆举办。

◆ 2008年5月12日 四川汶川发生8.0级地震，宋庄艺术促进会积极响应，组织社会各界人士、艺术家，共筹集善款267503元。

◆ 2008年5月18日 由吉祥伯乐艺术中心发起的有情有“艺”中国宋庄艺术家赈灾义卖大型活动于5月18日下午3点30分在北京798艺术区创意广场举行，最终获得总捐款金额475032.87元。

◆ 2008年8月 由吴黎浪、郭赟、曹英、玉石参加调查策划的“生活在宋庄（三）”——宋庄及周边艺术家群落田野调查展在宋庄美术馆开幕。

◆ 2008年8月2号 “艺术奥运·欢乐在宋庄”暨“宋庄音乐”品牌成立庆典活动，在通州宋庄原创艺术博展中心举行。“宋庄音乐”品牌的成立标志着宋庄向音乐产业进军。

◆ 2008年8月24日 黄永玉荣获国际奥委会“奥林匹克艺术奖”。黄永玉荣获国际奥委会“奥林匹克艺术奖”新闻发布会在北京东郊万荷堂举行。在奥林匹克史上，“奥林匹克艺术奖”首次向中国艺术家颁发。

◆ 2008年9月26日 在北京通州新落成的上上国际美术馆于9月26日至10月30日推出“上上国际艺术年展”作为它的处女展。这一年展一次把当代水墨、传统水墨、当代艺术和其他门类，如架上油画、图片、雕塑、影像等，同时在一个平台上展出。

◆ 2008年9月19号 “高压线下”——音乐·影像·诗歌现场在宋庄艺术园区的“现象工作室”举行。

◆ 2008年10月 通州法院一审判决马海涛赔偿李玉兰18.5万元。李玉兰上诉，仍索赔48万元。

◆ 2008年10月25日 “2008第四届中国·宋庄文化艺术节——宋庄进行时”于2008年10月25日～11月25日在北京市通州区宋庄原创艺术与卡通产业集聚区举办。本届艺术节将由高端年度论坛（中国美术批评家年会、2008中国北京·宋庄国际文化产业论坛、北京新城·通州国际商务年会），学术主题展览（综合艺术展《野地穿越》、《本生故事》），公共艺术展（《众声喧哗》、《无用之用》），影像艺术展（《城市裂缝》、《我想知道》），以及各项活动（摩登天空·宋庄音乐现场、艺术机构联盟展、艺术家工作室开放展、宋庄艺术家自选作品展、宋庄艺术集市）等构成。

◆ 2008年11月25日 此届宋庄文化艺术节,宋庄艺术促进会联手摩登天空,共同打造“摩登天空·宋庄音乐现场”。音乐,作为现代艺术不可或缺的组成部分,将成为宋庄艺术发展战略的一个重要组成部分。

◆ 2008年10月26日 由中国美术批评家年会组委会和北京文化发展基金会共同发起的“第二届中国美术批评家年会”在北京通州运河人家酒店举办。水天中、郎绍君、贾方舟、王林、朱青生、邹跃进、杨卫、鲁虹、杨小彦、孙振华等20余位最具影响力的批评家参加了会议。

◆ 2008年10月28日上午 “2008北京新城·通州国际商务年会”专场活动——文化创意产业项目对接会在宋庄文化创意产业集聚区原创艺术博展中心举行。

在这次对接会上，北京市宋庄文化创意产业集聚区管委会与韩国岭南集团北京乐华世界娱乐有限公司、中国社会科学院文化研究中心、世界对华交流协会新媒体与数字技术专业委员会分别签订了中韩动漫主题乐园项目、“2008中国国际文化产业论坛”项目、世界多媒体研发孵化中心项目。三辰动漫网游产业基地项目(动漫网游类)、中唱文化产业园项目(展览演艺类)、沃天世界体育理想城项目(文化总部、休闲娱乐类)、嘉德拍卖公司项目(展示交易类)、中国对外文化集团公司(中演集团)、北京迪信通投资有限公司、北京显通信达投资担保有限公司、香港新华传媒集团有限公司、北京荣信达影视艺术有限公司、台湾大普传媒、橙天娱乐国际集团、中鼎国际拍卖有限公司等大型公司将在未来不久落户宋庄。

◆ 2008年11月18日 张海涛策划的“当代嗅觉艺术展”在上上国际美术馆开幕。

◆ 2008年11月23日 第三届“北京独立电影论坛”开幕，为期一周。

收集工作任务艰巨，很难顾及周全，望谅解!

2008年关于宋庄的重点文摘 | Two

圆明园画家村（徐志伟摄）

从圆明园到宋庄：对艺术群落人文处境的多维透视

来源/艺术评论　2008年11期

文/于长江

从福缘门到今天的通州画家村，既是一种个人经验，也是一段艺术的历程。

置身于宋庄，难免会习惯性地不断重温圆明园时期的生存状态，这倒不是为了证明今天的“我们”与圆明园之间有直系的“艺术血统”，因为即使在艺术的名义下，这种延续关系也未必能说明什么。今天，之所以频频回首圆明园，除了“传承”之外，更是为当前的经验设定一个历史坐标，因为有意无意间，圆明园已经成为先锋艺术领域里的文化遗迹和历史坐标。

一

尽管圆明园与北大、清华等热闹的思想文化中心在地图上近在咫尺，但聚居在那里的画家们与那些喧嚣的校园之间隔着

又见福缘门（吴黎浪摄）

巨大的社会壁垒，总体上并不搭界，而且少有实质性交流，并没有如今天某些读者想象的那些精神或思想关联。圆明园画家村从开始到终结的几年时间里，除了极个别画家偶尔现身校园去展示先锋艺术之外，北大、清华的师生很少有人听说过附近存在着这么一个“画家村”。从画家方面说，以冲破旧的格局为主旨的画家们聚集福缘门，并不是企图靠近北大、清华等未来精英或主流社会的宠儿，而是乐于伴着那个烧成废墟的“园子”。当时在一般的空间感觉的坐标中，静园和福缘门一带附属于北边圆明园，而清华、北大的心理重心是朝南、朝东，所以会对西北方向感到陌生而疏远。

圆明园画家与当时中国社会的这种断裂状态，与他们和西方主导的国际秩序接轨的一面形成对比。当时的画家和各大学的外籍师生及五道口的语言学院都来往甚多。但问题是，这种意义生成的过程和走向，其主导权似乎既不在主流社会，也不在画家本人，而是取决于国际关系中的权力格局。圆明园作为某种乌托邦式的艺术群落，身处其中，画家必须有足够的意志来承受这种尴尬处境所带来的种种压力。

值得关注的是，在圆明园时期，画家村的集体境遇是如何转化和体现为每个画家个体遭遇的。个性迥异的画家们，除了对一种笼统的“村”的概念产生认同感之外，对总体的和各自的境遇并没有任何有组织的“谋划”或“应对”。尽管也有所谓的“村长”称谓，但画家的性格决定了其永远是以个体为基本单位，每个人都是一个独立游移的个体。心理归属的纽带，并不能形成任何实质性的组织化雏形，甚至难以形成一点应急的串通或共谋。唯一的共同点是大家以不同的方式共同铸造了这个“圆明园”的故事，又以各自的方式承受着“圆明园”的艰辛和痛楚。声誉是共同的，牺牲则是各自承担的。但是，旁观者和主流社会的思维，会怀疑这个群落是一种命运共同体而容易造成误读。“圆明园”时代也就是在这样的错综复杂的权力格局和盲人摸象的猜测中，走到了终结。’

二

人们常常谈起，今天的东村与圆明园有“继承”关系，然而，这种人员上的某些延续性并不决定一切。作为一个群落，它毕竟经历了一次深刻的蜕变。

宋庄，尽管在地理和物理意义上远离北京市区，但它并不是像某些批评者所说的那样，是对城市及现代社会的“集体逃逸”。相反，宋庄今天的生存，与主流的社会文化的距离要近便得多。与圆明园时代相比，宋庄已经与外部世界打通并形成了稳定的沟通渠道，在制度上实现了对话和对接。当下，主流社会与画家村这种历史性的和解，并不是艺术与主流社会直接互动的结果，而是来自完全不同的领域，如旅游、会展、餐饮、广告、房地产等。这不奇怪，因为过去的十几年，中国都市化中多样性和异质性的发展，本来就不是基于人们审美、心灵和精神的启蒙演进，而是基于市场经济的诱导。直到各产业的从业人员，在自己的微观经营活动中意识到文化的多样性可以带来丰厚的效益时，才恍然发现这些原本被斥为离经叛道影响不好的“先锋”们，本来就该是小康/富强生活的应有之意。会展引进的国外先锋艺术展，可以带来丰厚的收益；房地产开发中引入各种现代艺术元素，可以制造全新概念和品牌；艺术化室内和环境设计，可以直接提升各类房产价格；各种画廊活动和艺术品销售，对来华外国人颇具吸引力；各种艺术装饰，为宾馆、餐馆、商场、娱乐等设施增色不少；而各种画家群落的存在，本身已成为人们观赏甚至参与的场景，吸引着很多游客，有利于打造“地方品牌”……

经过十几年冲撞、磨合与适应，随着社会经济发展，强势话语内部生成了对先锋艺术的善意接纳，国内主流社会与国际社会关于中国先锋艺术的认知也就趋于一致，各方关于艺术群落正当性和合法性的分歧，终于达成了一种正面的共识。

由此可见，总的来说，“市场”对于“人文”的入侵常被视为我们时代的一种遗憾甚至悲剧，但在“先锋艺术-市场-主流”这个特定的人文三角框架下，艺术与市场的合作也产生了十分积极的效果，它消除了以“创新”为目的的先锋艺术与“秩序”为基本关照的主流社会间的隔阂。 在市场经济发展的框架内找到现代艺术的一席之地，可以说是中国当代社会思想界的一个重要转折，客观上造成了特殊的效果。尽管这一点很少被人提及。

这种集体忽视，如果不是因为真正的疏忽，那就是因为这种转变中，隐含着很多使人感到遗憾和无奈的情怀。主流社会对先锋艺术态度的走向，主要不是基于文化复兴或心灵感悟，并不存在马克斯·韦伯意义上的精神演进，相反，它是通过审美之外的市场效益机制的推动——这对于艺术群落自身来说，似乎并不是一件令人自豪的事情。这种体外循环的救生机制，尽管拯救了先锋艺术，并令人欣慰地打消了艺术和主流社会之间的不信任，但也挑战和撼动着艺术本身的一些最基本原则，可能最终挤压艺术的自由空间或制约艺术家的价值取向。

三

今天的新画家村，已经摆脱圆明园时期遭受的思想观念和社会结构的双重否决，被接纳到广义市场发展话语中，成为主流的同路人。但是，画家个体的生存状态并不因此就自动优化。事实上，社会对艺术群体的态度转变只是改变了艺术群体与社会结构之间的宏观关系，为每个画家提供了新的可能性，至于每个画家的境遇，还要取决于自身的人生目标、做人准则、个性习惯、价值取向、交往能力、机遇等等。

1993年圆明园福缘门新村（徐志伟摄）

在与主流社会同步的情境下，“成功”理所当然地成为画家的基本目标。比起圆明园时代，“成功”的含义发生了微妙变化。圆明园时代所说的“成功”，其实更多暗示与常俗社会规范的某种疏离，因为它们与画家所虚拟依托的某种乌托邦之间存在着非此即彼的冲突，而对常规的否定和反叛，恰恰是大家来到画家村的基本动因。事实上，圆明园时期一个画家能放弃原有生存状态而选择进驻画家村，已经具有了成功的意义。他们冒着常规的压力和风险确立自己另类的生存状态——这种勇气，即使没有基于交换价值的世俗意义上的成功，也已经算是一种成就。

但在今天，这种成功的涵义已经大大消解。个别坚守“圆明园精神”的画家可能还有这种倾向，却已经不再是众望所归。在艺术与主流社会的和解中，主流社会的“惯习”（habitus）也在艺术领域悄然扩张，成为不言而喻的公认“标准”，它拉开了今天画家村与圆明园的文化距离。

在此背景下，画家的名望越来越建立在今天意义的“成功”上——参加某某知名画展、作品被某某博物馆收藏，甚至简单化约为作品的标价多少多少万等等……这种新的非对抗环境下的“成功”是一把双刃剑，它一方面扩展了画家的创作空间和话语权，激活了蛰伏的梦想与冲动，艺术人格由此而解放和张扬；另一方面，它几乎不可避免地要通过一种“社会化”来实现。因为所有画展、收藏、鉴赏、收售的机会，都掌

1991年，岳敏君圆明园工作室（徐志伟摄）

控在常规社会中，要想获得这些机遇，画家和作品都必须努力寻求与常规体制、人员、信息、价值等等方面的对接点，才能实现交流和对话，也才能获得社会关注和承认。这种社会化，注定是一种“常规化替代”，即以一种新的常规化来否定旧的常规，否则你就无法跟社会形成互动——它逼迫每个艺术家回答：你是否有手段进入这个社会常规的互动关系中，并获得一个制高点？

四

德国社会学家阿多诺在研究社会文化过程中，提出了“大众艺术/文化”的经典概念。阿多诺认为现代市场社会在制造物质产品的同时，把文化本身也产业化了。它将人们的精神、思想、心理等也纳入到市场体系中，从而深刻改变了“文化用品的内在经济结构”。

这种大众文化的概念很容易让人联想到各种行画公司和独立画匠，最典型的是南国“大芬村”。而北京的画家村也许以为自己与“大众文化”相距甚远。是的，从圆明园开始，所有艰辛努力，一直含有某种“反大众化”或者“非大众化”的意味，除了个别专门画行画的画家之外，画家村是完全不同的……但情况会永远这么简单吗？

今天画家村与主流社会的和解，也在于市场支持多样性。

这无疑会给先锋艺术带来好处。多样性本身就制造市场需求，扩大多样性是市场本能的一部分。多样性意味着更多的需求、更多的消费、更多的供给，也就需要更多的创新。只要没有颠覆市场秩序的危险，市场化社会是可以或者乐于接纳任何异端另类的——它的前提是，只要有需求，只要能够制造出需求。

然而，阿多诺提醒说，原本意义上的“艺术”，应该具有一种“自治”，它应该建立在“无目的”的基础上。艺术品的精华是它的“使用价值”，这种价值就是人们对它的“欣赏”，它是完全属于艺术品自身的，跟一般的社会评价体系无关，也跟“供需状况”无关，是不能用“价格”来标定的。他认为，在市场中，公众关于艺术的理解完全是一种拜物教，他们错把公众对某一个作品的“社会评价”，当成了它自身的“优点”，当成它唯一的价值，也当成人们唯一感到“享有”的东西……其实二者没有必然的联系。

艺术的这种拜物教化好像一种洗脑，使人们反过来成为市场秩序最忠实的卫士。每个人还觉得自己是自主地选择了什么，实际已经被纳入一种既定的体制，这种“伪个人主义化”时时浮现。今天，当我们向别人夸耀画家村里某某人的作品标价多少，已被某国某艺术馆博物馆争相收购时，我们是不是在支持捍卫这种“收购”的游戏规则？

如何处理这种拜物教状态，关系到现代艺术在现代社会中的“再解放”。

其实早在圆明园阶段，市场或资本的环境，已经渗透到画家村，但当时具体情景下，国内的市场势力还无法大面积介入艺术群落，国际文化产业的力量也没有“真诚地”抵达。但是，十几年后情况发生了变化，资本和市场作为一种秩序，已经悄然扩张和覆盖，甚至是收编了大部分当代艺术……资本的力量以前所未有的密集笼罩在画家村的上空。

市场并不仅仅是一种经济制度，它更重要的是一种社会范式(paradigm)，足以向整个社会散播一种类似的逻辑和秩序。

新的现实促使先锋艺术越来越成为群落内外各种社会力有意无意中达成合作的产物。艺术品本身并不能决定其自身的好坏，欣赏者、购买者、中介、同行、拥有者等等，具有共享的决定权，而且——更重要的——具有否决权！相应地，艺术家创作活动本身，仅仅是艺术过程的一个环节，艺术作品以什么

夜幕下的宋庄画家村

方式、什么形式、什么机制与社会发生联系，如何进入社会结构，如何介入交换体系，如何获得外在意义，通过什么路径抵达公众等等，都会决定一个艺术家与艺术品的命运。所以今天艺术家的生存状态，就是要不断地应付和促成这些错综复杂的合作。当年圆明园画家因为不“成功”，大多无缘插手这些操作化事务，所以有很多时间精力沉浸在艺术殉道般的宏大话语或个人生命体验的玩昧感慨之中；而今天画家村的村民，可能有更多机会体会这些具体微观层次运作的力度，也可能从中发现别有洞天，可以纵横驰骋的新天地。

五

从圆明园到宋庄，一路走来的中国先锋艺术一直在积累、释放、再积累、再释放。这方面的讨论，不妨参考文化社会学家布迪厄的“文化资本”和“象征资本”概念。布氏借鉴马克斯·韦伯关于教士/先知的分析模式，分析19世纪法国“现代派画家”和“学院派画家”之间的竞争。二者分别作为“文化的创造者”和“文化的守护者”，却屡屡陷入对立，要在“专业”和“俗人”场域中争夺“消费市场”，而这种争夺的关键，在于各自如何掌握“文化资本”和“象征资本”。

艺术在市场化场景下，不只是商业化，也会资本化。文化／象征资本与物质或经济意义上的“资本”有着实质性不同。布迪厄在分析福楼拜文艺作品的时候，曾经阐述了“波西米亚群体”的特点，认为这些人尽管十分清贫，生活窘迫，但拥有远远超出同样经济水准的其他人的“象征资本”，因为他们尽管生活贫寒困窘，但在生活趣味品位上与上流社会显贵们相接近，拥有相当多超越贫富的社会待遇，包括参与各种文化艺术活动的资格，也包括“少出钱便能混得锦衣玉食和风流韵事”。

在这种情形下，如何利用这种象征资本，成为引人注目的问题。同时，对艺术家的评议，也不仅仅取决于艺术家的名利高低，而要看文化资本的总体状况。圆明园的“资本”，依靠画家与社会主流之间持续不断的张力来维持；而今天的画家村，已经被某些社会势力视为一个文化和象征资源过剩、闲置的地带，有待开发。不管画家们自己怎么想，主流社会已经开始考虑如何“盘活”这部分资本。从旅游到房地产业到其他各种相关产业，人们从纯商业角度发现了画家村可能带来的实际收益，由此，一种新的社会价值形成机制出现了：画家们不断通过另类生活、创作、对外沟通等等方式，为自己积累名誉、关系等文化象征资本。而主流社会则要有组织地介入和利用这种文化资本。当然，主流社会的介入也包括各种投资和包装，本身也有制造艺术明星的作用，但这种投资是按照他们特定的选择标准和机制来进行，考虑的因素可能包括都市旅游、市政规划、形象工程等等。

这一切都似乎是中国艺术不可避免的命运。事实上，艺术群落和主流社会的和解过程中，双方都放弃了一些自己原来坚持的东西，也都得到了一些原来没有的机遇。在与主流社会互相承认的前提下，如果要借助主流的标准“成功”，就注定要加入其中，获取象征／文化资本，而文化资本的积累也会派生出各种社会力量。从长远来说，艺术村落面对都市社会，也是“重在参与”，参与才能沟通交流和理解，也才能传播艺术观念，才能在更多的公众中找到同感与共鸣，让更多的心灵分享或呼应艺术的呼唤。从长远来说，这是当代中国艺术不该推脱的历史责任。如果说中国先锋艺术曾经以圆明园为标志铸造了一个宏大话语的高峰，那么，下一个具有崇高感的故事，最可能是先锋艺术对中国人文精神复兴的贡献。

画家村从无到有 终成“流浪”艺术家的失乐园

来源/东方早报

依靠资源优化配置建立的画家村不一定能留住人，因为有了利益驱动必然就有了选择性，哪里更优惠画家就可以搬向哪里。这不是宋庄那种自发产生的群落，没有经历过磨难。

上世纪90年代初，“铁饭碗”被打破，一批从美院毕业的学生带着闯荡的心态来到了圆明园，与一些无名的艺术家聚集在一起，艰难、骄傲、放荡，时不时地还要被驱逐和冲散，过着游击队一样的生活。

1993年，这群“盲流”搬进了北京的一个村落——宋庄。1995年，这个偏僻的农村因“当代艺术”的叫卖而身名远扬。2005年,大大小小的“画家村”规模渐大：北有北京昌平的上苑、通州的宋庄;南有布吉大芬村；东有上海苏州河仓库、福建厦门的乌石浦；西有四川都江堰的聚源、云南昆明的创库。如今，“画家村”已经成为画家聚集地、当代艺术的名片，甚至旅游项目之一。

圆明园的“盲流”迁移宋庄

1993年，在北京圆明园福缘门村一带聚集了一些“不安分子”，他们租赁着廉价的房子，行为怪诞，被视为“异类”，这些刚刚从美术学院毕业的学生和不出名的画家们，与当时的“北漂”族一样游荡在北京，抱着闯荡的念头和艺术家的梦想。其中不乏现在已经成为“大牌”的方力钧和岳敏君等人，那是“画家村”的雏形期，虽然只有几十个人。“不过那时候人们对艺术还不理解，圆明园附近形成的画家村很快就遭到了取缔，1995年秋天，聚居在那里的艺术家被彻底地清理。大家都被冲散了，散落在北京的各个地方，偶尔能聚一聚。后来有人去了宋庄，那里人少、房子便宜，经人介绍后，不少原先在圆明园呆过的画家陆续搬了进去。”艺术评论家杨卫是那里

进入宋庄画家村的大门

的“老村民”了，他写的《历史的后花园——圆明园画家村逸事》、《中国当代艺术生态》、《宋庄艺术家》对中国的自由艺术村落(包括圆明园、宋庄、重庆501艺术区、坦克库艺术区等画家村)和宋庄的艺术家进行了系统地梳理。

那是一群抑郁、彷徨、贫穷的落寞“盲流”，当时有些人因为行为怪异常被村民视为“异类”，被称为“乱七八糟、无法接受”的一群人，好在宋庄偏僻荒大，那些奇怪的人散落在村落各处并不显眼。“刚进去那会儿都是空房子，我花了一万元买了200平方米的院子，但农民的房子是不能买卖的，所以只有‘使用权’。”杨卫作为最早入住的一批人，已经把那里当成了自己的家园。“盲流”们呼朋唤友来此处安营扎寨，到了1995年，差不多就有500人了。一直到1998年前后，宋庄已经形成规模，成堆的艺术家交杂在村落，“宋庄”成了谋生地、工作室，也是一个家。“2000年之后，知道宋庄的人越来越多，有很多毕业后不想工作的美院学生会来这里安家落户。但用不着像当初圆明园那会儿‘躲难’一样了，因为很多政策都放宽了。”杨卫说。

在上世纪90年代中期，文化、艺术市场逐渐开放，国家的宏观政策是扶持经济，对于文化艺术和创意人才也提供了相对宽松的政策环境。这些条件使“宋庄”的画家们有了稳定的环境，他们不必要担心“暂住证”，也不必担心被警察们驱赶，而像方力钧、杨少斌、岳敏君、王音、刘炜等一批艺术家的

夜幕下的宋庄画家村

“走红”，使中国当代艺术有了生存的资金动力，有一些人来到宋庄，希望能寻到宝藏。

闻风四起的类型“画家村”

2005年是有趣的一年，遍布全国的“画家村”闻风四起，规模渐大且形成各自的风格，除了“宋庄”之外，出现了昌平的上苑、望京小区的花家地、深圳大芬油画村、上海苏州河仓库、厦门的乌石浦、重庆黄桷坪坦克仓库、四川都江堰的聚源、云南昆明的创库等。

政府对“画家村”的支持态度一旦明朗化之后，资源配置就有了实施的空间。画家们的生存问题得到解决，“画家村”的文化效应让商人嗅到了“肉香”。“任何文化的发展都和经济紧密相连，当‘画家村’可以成为一种‘产业化’的事物时，亦是如此。”杨卫说。

现在居住在上海“大东方”的画家宋荣桦是今年5月入住的，年届六十的他兴奋地说：“虽然只有几个月，除了西藏和青海，全中国每个省、市的画家这里都有，甚至还有意大利人和美国人。”像他这样并非出身名校的画家有很多。楼盘开发商为了使楼盘带上点儿文化的气息，提高每平方米的价格，打出了凡艺术家皆可免费居住两年的优惠条件。但两年之后，一旦有房卖出，自然有人将被劝撤。

眼看“金融风暴”来势凶猛，地价看涨的“画家村”不再是年轻艺术家们的“避风港”，哪怕是像“宋庄”这样的“老村”也不例外，杨卫感慨道：“北京的冬天很冷，这对刚来这里的年轻艺术家来说是个难熬的‘冬天’，也许他们会选择回家‘过冬’。但对那些从上世纪90年代就开始安营扎寨的人来说，这里是他们的‘家’，除了这里，他们无处可去。”

艺术家需要“生态环境”

现在居住在“大东方”的钟世家刚刚从北京的“宋庄”搬过来，“宋庄很大，十来年的积累已经有3000多个画家住在那儿，但因为是个农村环境，实际上还是很分散的”。现年60多岁的他毕业于浙江美院的进修班，“30多年前根本没有人买画、卖画，更不会有什么画家村，有很多学美术的人都是在一些机关的宣传处工作，搞一些文化宣传。”

对于这些游离于学院和主流的艺术家，中国美院院长许江的看法是：“只要存在就有它的合理性。”从法国的巴比松画派开始，画家的群体出现一直对艺术有着良好的影响力。“作为艺术家们的一种生活方式，特别是年轻艺术家，有这样的环境对他们来说是好的，美国也有著名的‘东村’，画家村的起落是件正常的事情，好的艺术家聚集在一起自然就会形成群落，艺术家走了，画家村也就失去了本来的意义。”许江说。

画家村更像一个培养艺术的“生态环境”，按经济学的说法是“生产基地”，画廊是“销售通道”，但每个画家村都不一样。杨卫觉得宋庄是有历史渊源的一个地方，因为大家有共同的精神家园，有相似的经历，那是一种作为开拓者的情怀，谁都不会轻易离开这里，对最初进来的人来说，“家”是无法抛弃的。

当“宋庄”这个样本的产生引发了经济驱动之后，也出现了一些被“打造”的画家村，“但那不是一种生态区，而是一种谋生的方式，有很多人在那里卖画为生，比如大芬村。”实际上，每个地区的“画家村”都有他们的风格特点，而这些特点和地域、人群、经济状态都有关系，四川成都的画家村很大程度上依托了学院系统，有不少美院的老师就住在画家村里。

对于那些“变相”的画家村，杨卫觉得有利有弊，对文化艺术的传播是件好事情，但如果变成一个“项目”来操作的话，就显得急功近利。“这样的画家村不一定能留住人，因为有了利益驱动必然就有了选择性。这不是‘宋庄’那种自发的产生的群落，没有经历过磨难，它依靠的是‘资源优化配置’的经济模式。”

栗宪庭的村庄史：小堡村的文化产业模板

来源／三联生活周刊　文／舒可

对于小堡村，老栗是个闯入者。

1995年栗宪庭初到小堡的时候，村书记崔大柏只是跟他打个招呼，崔大柏作为一个地方官和栗宪庭作为一个外来自然人口，就算是认识了。通过民间和官方两个渠道的完全不同性质的信息，崔大柏对栗宪庭的认识渐渐接近了他的社会身份——1997年后，太多的人来到小堡，其中很多人是老栗带来找房子的。这些人有着过于明显的共同之处，都是艺术家，他们释放出的信息让崔大柏感受到，栗宪庭不是一个简单的艺术批评家，而是一个在艺术界有威望的人。同一阶段，上级政府、公安部门也到小堡来了解老栗的情况，这让他感到栗宪庭还是个重要人物。在艺术家中栗宪庭被叫做“老栗”，这个称呼也通行于小堡村了。当他们真正熟悉并成为朋友之后，日常的闲聊就成了他们摸索相互开发的过程。崔大柏是个有抱负的人，当然不能忽视这个特殊人物的资源，于是，如栗宪庭所说，“一个理想主义者遇到了一个‘疯子’”，在小堡村制造了中国唯一的村级美术馆，制造了世界上最大的艺术家聚集区，也制造了一个文化产业的独特模式。

小堡村是北京通州区宋庄镇47个行政村之一，西邻东六环，南面有102国道，从小堡村到市中心仅20公里。小堡村占地面积3.27平方公里，村民500多户，现在生活在小堡村的艺术家已经有近900人。以小堡村为核心，宋庄的疃里、六合、大兴庄、辛店、喇嘛庄、任庄、北寺、小杨庄、白庙、邢各庄等村庄之中，共聚集着3000多名艺术家。2004年宋庄镇适时地打出了“文化造镇”的旗帜，为此成立的艺术促进委员会是镇政府下属的一个民间色彩的机构，方力钧、杨少斌、岳敏君等数十名艺术家被请进去，老栗是名誉会长的不二人选。2006年12月8日，北京市文化创意产业领导小组把宋庄认定为“宋庄原创艺术与卡通产业集聚区”，成为北京市首批认定的“文化创意产业”聚集区。

宋庄文化创意产业的根本相对简单，就是要留住艺术家，并吸引更多艺术家聚居在此。在原房主因为房产与艺术家的官司中，村委会也尽可能关照着艺术家的利益。而老栗为小堡村一笔勾画的规划方案也迅速得到了崔大柏的认同，崔大柏要维护一方利益，而老栗的方案让他看到了一种他未曾设想过的利益资源。在他们看来，每个艺术家就是宋庄的一张名片，每个艺术家工作室就相当于一个企业，村民也能参与到相关产业配套服务中获益。现在，在这里居住的艺术家只要打个电话，所需品质的颜料、画笔就可以送上门来，有的服务部熟知很多艺术家的要求，只要知道艺术家的名字就知道他的画布要绷多紧。如此专业的服务也成了小堡作为艺术村的佳话之一。

世界各地的艺术村，虽然有几种不同的类型，其规模和所提供的服务也有很大差别，但大多数艺术区的内容都很单纯，主要在协助艺术家创作。欧洲有一种是独立运作的单位，特别为艺术家的创作所成立的组织，美国AAC的艺术区会让艺术家离开原本熟悉的环境进行创作，在一段时间为艺术家提供食宿。有的艺术区由创办者提供私有土地，有的是提供特殊设备或配备技术人员支持。科勒艺术中心就是有卫浴设备制造厂科勒公司提供工业设备、材料及技术协助，为艺术家探索更大的创作可能提供支持，它一次让一位艺术家进驻，由5位专家协助完成作品。德国的乌发生态艺术区要表达的是艺术与社会、环境的关联，吸引相同理念创作者前往。日本的阿库斯缜，则特别要求艺术家与小区的互动。

小堡村是世界上最大规模的艺术区，它完全区别于其他艺术区的特殊之处是它的原发性，是在中国改革开放30年历史的具体情境中生出的一种对应模式。在全面的社会变革中，一个毫无特点的中国村庄遭遇到的一个特殊境遇，使它与一条同样经历着变革的艺术路径相交汇。

与艺术家慢慢向小堡村聚集的横向时间相交，有一条开发创意产业的垂直线索：2000年10月，在《中共中央关于制定国民经济和社会发展第十个五年计划的建议》的第39条中，也提到了发展文化产业这一概念。2002年11月，中共“十六大”报告明确提出发展文化产业的任务和要求。到了2005年底，北京市委正式提出，要发展文化创意产业，并视之为北京经济未来发展的重要支柱之一。“创意产业”的概念最早在1998年由英

栗宪庭在新当代艺术中心（宋庄）奠基仪式上发言

国首相布莱尔提出，为了适应后工业时代的经济形势，以此继续保持英国经济的增长。这一概念很快为世界所接受。小堡村虽然不处于一个后工业时代，但它却接收了改革开放后一个现成的艺术果实——老栗及一批职业艺术家，他们的到来改变了一个村庄的发展方向，而他们所经历的是另一条改革开放的道路。

“他骂我‘书呆子’，我说我是一个理想主义者，碰上了一个‘疯子’。小堡村从1994年到今天，没有我不行，没有他也不行。”老栗这样形容他和小堡村支书崔大柏13年的合作。

万物生长：宋庄1994——2000

文／曾焱

为什么是宋庄？

在老栗的叙述里，宋庄给他的感觉，更接近19世纪中期法国画家米勒他们住过的巴黎近郊小村庄巴比松。艺术家的画室被农民的房子分散在村子的各个角落，画室大，环境安静。如同米勒他们在巴比松一样，宋庄的艺术家同样过着一种以画画为职业的生活。

几年后，宋庄艺术家里面那些成了名的，几乎每个人都遇到过同一种提问：为什么会是宋庄？老栗在他写的一篇文章《只是想住农家小院》里，其实说了他的答案：纯属偶然。“有人把艺术家的聚集和这个地区的文化和历史背景联系起来说事儿，就像当时把艺术家的聚集和圆明园的历史背景联系起来说事儿一样。但是，在我的印象里，无论是圆明园还是宋庄，艺术家聚集在这些地方纯属偶然，尤其与这些地方的文化和历史背景无关。扯上这些文化和历史的背景并不能抬高这些艺术家，如同说艺术家和聚集地的文化历史背景无关也不能贬低这些艺术家一样。”

第一批买房的人里，张惠平是近年在媒体上出现不那么多的一个，但最初这些人能到小堡村来，和他有最直接的关系。圆明园时期，张惠平画画，也开了公司，属于这帮人里经济状况比较好的，要好的几个人常去他公司食堂吃饭。老栗做完《后89》的展览后，和方力钧、刘炜等人接触很多，而方力钧和王音、杨茂源、张惠平、田彬以及杨少斌、岳敏君经常在一起吃饭聊天，离开圆明园的计划就是从那时候开始商议的。“我不知道他们是否还计划过找别的地方，我也不知道他们是怎么开始讨论这个议题的，但我知道他们一定需要大的工作室，所以只能选择郊区。离城市最近的郊区是通县，决定到宋庄，是因为张惠平的一个学生是宋庄小堡人，他提供的消息说，宋庄小堡有不少农民进城居住，村里有很多空院子，于是决定到宋庄小堡看看。”进圆明园之前，张惠平在通县师范学校教美术，那个小堡村的学生叫靳国旺。

老栗说，每一个人到宋庄都有不同的想法。最初打动老

宋庄小堡国防工事艺术区

栗的，是从北京城里去宋庄沿途的开阔河床和一望无际的黄土地，这些久违的景色唤起他对北方农村的童年记忆。他记得第一次去宋庄是1994年初春，天气还很冷，他和刘炜坐着刘炜妹夫开的一辆北京吉普，杨茂源开另一辆吉普带着杜培华、王音等人。到小堡村，他们看了不少院子，第一个印象是这里的院子可真大。老栗喜欢上了那些已经破败的院子，青砖灰瓦、白墙黑柁，深褐色的老式花格子窗户，窗前一棵弯弯曲曲的老石榴树，房顶上有荒草在风中沙沙作响，“童年生活过的环境和眼前的情景混在一起，使我的宋庄之行有了一个幻想、浪漫而怀旧的开端”。

岳敏君对自己第一次去小堡村的描述没有任何浪漫，只有现实：过完春节不久，他和几个朋友说去小堡村看看。那天得有五六级大风，村里真的是飞沙走石，尘土飞扬，给他的感觉是自然条件恶劣，到处堆有垃圾，房子大都破败不堪。但当时实在没地可去了。他和朋友之前去香山附近看过房，那片地区和他们想离开的圆明园同属一个派出所管辖，想来以后日子不会好过。也去密云看过，比宋庄离城更远，从东直门坐长途车过去得要两三个小时。比较之下，宋庄是唯一可以接受他们、也是他们可以接受的选择。

到小堡村看过房的这些人，最后决定买房的第一批是6个：方力钧、刘炜、张惠平、王强、高惠君和岳敏君。

老栗是退缩的那一个。首先他不需要大画室，倒是需要经常出现在北京城里的各种展览上。更主要的原因是，他当时失去公职，未来生计尚无着落，没有闲钱买房置地。但方力钧还是力劝他买。当时刘炜有两个院子，方力钧说，你也不给老栗一个？刘炜就把其中一个院子送给了老栗，当时的价格是5000元，老栗称之为“刘炜的厚谊”。他开始修房是1995年春天，当时他在城里的工作还很多，朱冥、马六明等艺术家都帮他监过工，朱冥还在他的院子边监工边表演作品。接近完工的时候，老栗要到美国和加拿大去讲学，方力钧就负担了工程的收尾工作，他说老栗你不用管，我来帮你收拾了。老栗在美国待了两个月，回来的时候院子长满了荒草，连大门都推不开了。

岳敏君的院子花钱多一些，1亩地大小，2万元。看房的时候，他喜欢上院子里面那几棵大树，没还价，隔天交完钱再进院子里一看，傻了——树刚被房东给放倒，正装车往外运。他的红本土地使用证也找不着了，只好让村支书崔大柏手写了一纸证明。

那年夏天，杨少斌和马子恒这些还在圆明园的人听到消息，紧跟着到小堡买了院子。杨少斌说他当时手里有卖画挣的5万元，花2.2万元买了一亩二分地——给农民1.7万元，村里在土地使用证上盖个章，收5000元。房东家三代人，他从儿子手里买的，那张宅基地图纸还是解放后土改时期划的范围。杨少斌和方力钧是同学，加上高惠君，3个人在宋庄早期来往比较多。他记得高惠君的院子是5000元买的，张惠平的房子当时修得最好。“老栗和刘炜的院子面对面。我和老栗也近，他家在前排西角，我在东角，也就五六十米距离。刚开始过得艰苦，小土坯房，床也没有，1995年春天我父母过来住，用砖头和木板搭了张床。1995年5月正式住过来，就这么在小堡村待下来了。”杨少斌说。

村支书的想象力

小堡村支书崔大柏现在谈起对宋庄、“798”艺术区、上海莫干山路和深圳大芬村的艺术市场优劣比较，可以深入浅出一口气分析半个小时。当年他可没有想过，自己的小堡村有一天会因为艺术和艺术家在全世界出了名。1999年前，村里还是以农业为主，300亩西瓜地、白菜地，200亩蔬菜大棚，600亩果树，现在一点踪迹都看不到了。

1994年开春后，村里那个叫靳国旺的学生到村委会找到他，报告家里想卖房子给画画的，他妈娘家有几个亲戚也想卖，请他在手续上签字。“靳国旺告诉我买房的人能出到5000块，我说那就赶快卖。”崔大柏说，那时候的小堡村委会对农民出租土地和卖房不干涉，只是开会定过一个底价，一水房作价1000到2000块钱，比这个数高当然更好，低了他不签字。至于卖给什么人，一概不管，“那天我只知道来买房的人是画画的，什么当代艺术，没听说过”。

“那天老崔没多问什么，也没感觉到他有为难我们一下的想法。之前为找房子也去过不少村，感觉老崔比其他村的书记有水平。”岳敏君说村委会那时还放置在老村子中间，没暖气，开个大空调，崔大柏裹个大棉袄坐在屋里。

崔大柏经常强调一个概念，那就是他和老栗、方力钧他们这些人的私人感情和信任程度是建立于上世纪90年代那个特定的历史时期，是不可再造的，所以中国也不可能再有第二个小堡村。崔大柏原来也不知道这些画画的人有多大本事，直到1999年，方力钧、岳敏君、杨少斌又来找他批地盖新的工作室，他知道这些人画卖的还真不错，“有钱盖大房子了”。再过三四年，他开始在很多报纸上都看到这些人的名字一遍遍出现，小堡村也被外国媒体不断写到文章里面，他知道，一切都不同从前了。

岳敏君说老崔这个人比他见过的其他基层干部有想象力，“他能直觉到什么对他有利。镇里警察开始都是直接来找我们，老崔就不高兴，说我们村委会也是一级政府，凭什么跳过我们。后来就是村干部带着警察来找艺术家”。岳敏君说他们那几年其实很老实，也比较紧张，基本不在宋庄搞什么艺术展览活动，也不给老崔出主意，怕给他惹麻烦，“能安稳住着就不错了”。他们去小堡村买房的时候，崔大柏并不知道有圆明园艺术村这回事。虽然圆明园被警察彻底清理是1995年的事情，但实际上在1993年、1994年，聚集在那里的流浪艺术家已经遇到了麻烦。崔大柏现在说的是，当年就算知道圆明园的事情，他也不会在意，“我不过想让村民多点收入。有人租村里房子，还不用给人中介费，这是最省事的，为什么不干？”

崔大柏自然也没有听说过栗宪庭这个在艺术界已经被有些人呼为“教父”的人。1995年他才第一次见到老栗，那时候方力钧、岳敏君他们已经进村一年多了。据他记忆是老栗去家找的他，聊了几句，时间不长，“一个挺好的老头，头发没有现在这么白”。老栗那年其实不到50岁。崔大柏说，直到2004年修建宋庄美术馆前，他和老栗见面还很少谈村里的文化项目之类，只是闲聊天，说说种树的事情，“我那时也还没看出他是那些人里面能做主的”。

1995年，小堡村这边第一批来的艺术家已经盖完房子，生活和创作都开始进入状态了，圆明园艺术村那边，警察开始彻底清理。小堡村于是陆续迎来了从圆明园出来的艺术家，警察的注意力也转移过来。老栗记得小堡村委会有段时间不准艺术家买房了，后来的人只好转向宋庄镇的其他几个村子，比如任庄、大兴庄、辛店、喇嘛庄等。1996年，镇里和区里领导开始对小堡村招画家来租地的事情关注起来。那两年，通州区定了两个治安乱点，一个是小堡，另一个是耿庄。1997年是小堡村受到压力最大的时候，崔大柏天天被叫到区里开治安会、“打招呼”，区政法委书记亲自主持。

众多艺术家出席新当代艺术中心（宋庄）奠基仪式

有关部门对小堡村这么严防死守，崔大柏说他还真没觉得有多大心理压力，用老栗的话来形容他，一个胆大包天的“疯子”。“我让村民多挣点钱怎么啦？又没有反党反社会主义。”他不怕上面撤他的职，“那时候让人当村支书，还要先做几天思想工作。我当不当这个官真的无所谓”。崔大柏1978年高中毕业回乡，当了几年大队民兵连长，1984年离开大队自己出去干泥瓦匠，1986年又回来，当上村支书。1994年画家高惠君买的那个院子，崔大柏说就是他当泥瓦匠时候盖的。他重操旧业是20年后了，现在村东头有片利用旧人防工事兴建的新艺术园区，崔大柏不请设计师，自己管了这个园区里面的全部房屋设计。

村里这些艺术家有时在家里办很热闹的聚会，有人邀请过他，他从来不去。崔大柏说自己有个“弱势”，就是不喝酒，不喜欢凑热闹，对艺术家喝多了酒之后的样子也不适应。遇到村民和艺术家有纠纷，大部分在他的民兵连长李学来那里解决掉，如果闹到他这里，他也愿意调停，但一定要听他的处理。有一次，画家王强扩建自家院子，误砍了邻居的树，村民告到村委会，崔大柏让王强赔点钱，王强觉得不公平，不认他这处理，崔大柏就命令管治安的李学来给他那个院子断电断水。僵持两天，画家气得搬到任庄去住了一段，“现在他又搬回来了，在村里东区那边起了工作室”。崔大柏说他们俩现在见面气氛也很好。李学来和王强一起吃饭，喝完酒想起那事，王强还指着他鼻子，说你当年带人掐我的电。

李学来说他平均每周处理两起纠纷，80%的村民和艺术家都认识他。村里人都知道他从前和艺术家关系不好，老打，以观念摄影成名的王庆松、罗氏兄弟，都打过，“遇上事儿，老跟你讲法律，讲民主，讲得人心烦意乱”。他的办公室在村委会办公楼一层最顶头，挂的牌子是“民兵连连部”，窗台上摆了个小泥人，是去年一个搞雕塑的艺术家送的。沙发靠背上搁了3张小油画，是他自己在今年宋庄艺术节第一届“艺术集市”上买的，花了75块钱。李学来说觉得自己和艺术家还是有共同语言，因为从前在村里做过油漆彩画，画房梁，“到哪里提崔书记和我的名字都好使，跟提老栗一样”。“范围在小堡村内。”他又补充了一句。

万物生长

爱伦堡写回忆录《人·岁月·生活》，其中一篇说到俄国诗人马雅可夫斯基1924年在巴黎的经历：诗人慕名去蒙帕纳斯艺术家的据点洛东达咖啡馆，但已经找不到那个乱糟糟、臭烘烘的咖啡馆了，而是一座“业经修缮、扩建并重新粉刷过了”的名胜，导游不断在旁边指点给游客看，谁谁曾在哪个角落，用一幅画换一杯酒。

这场景，也许会有一天在小堡村再现。如果问起宋庄最好的时期，接受采访的艺术家想一想后，多数人会或迟疑或坚决

宋庄小堡艺术园区（吴黎浪摄）

地回答：2000年以前吧。他们指向的是精神和内心状态。“艺术聚居区在宋庄早期，有自由主义的形态，但到2000年不再如此，有人找机会来了，这是一个分界线。这是任何一个艺术聚居区都面临的结果。”老栗说。

方力钧在圆明园时期就成名了，岳敏君、杨少斌等人也不是全无名气，香港和国外的一些画廊都和他们有联系了，开始卖画了。杨少斌记得他有幅1平方米大小的油画卖了500美元，很是激动了几天。正是由于早期聚集于小堡村的这批艺术家在当代艺术中的名声，使宋庄具有当代艺术的招牌性质。可老栗说，回头来看圆明园和小堡村早期的这些艺术家的状态，会有一种很强烈的感触：艺术不重要，自由的生活才是重要的事。“艺术家把职业化的生活方式作为聚集目的，这本身就是一种了不起的文化现象，它意味着作为一个艺术家决定走自由和独立的生活道路，尽管这种自由和独立不能保证其艺术品格的自由和独立，但生存方式会给艺术创造带来影响，而且整体的看艺术家的职业化趋势，必将对中国的文化管理体制起到不可估量的影响。从这种意义上看，圆明园是宣言，宋庄是试验。”

每天中午起床，骑10分钟车去燕郊吃饭，下午画画。杨少斌说，刚去头两年，村里只有一条路，一个小卖部，一家餐馆，经常停电，一到晚上无聊得很，大家就一起喝酒、打麻将，或者谁说一句“进城吧”，搭公车到三里屯泡酒吧到天亮。

老栗在2000年前不常过来，他的院子主要给几个年轻艺术家安身，先后有罗氏兄弟、郝秀丽、孙国娟、伊德尔等人住着。但每年大年三十他都回小堡来，城里还会来些朋友，三五十个人一起包饺子，每年都要包上千个，和面、和馅是老栗的活，也不让别人插手。后来老栗盖了新房子，厨房也奇大，据说最多一次有上百人用餐。

另一个日常据点是方力钧的家。有时是他父母做饭，他们到饭点就去蹭吃，老栗有时也在。2005年后没有这种日子了。艺术市场最好的时候，打电话找人，不是在英国，就是在美国，总之见面很少。早期那些小堡艺术家，现在都有不止一处工作室，大理、丽江、海南，都有。老栗说，这些工作室我没去过，他们的画展也很少参加了。

做当代摄影的艺术家海波没有经历过圆明园的生活，代表了小堡村另一类艺术村民的成分。1996年正式加入北京自由艺术家行列之后，他仿佛乍富的穷人，几乎每天都有幸福感，说觉得这么享受自由自在的生活简直是一种罪过。1994年第一批艺术家进村的时候，海波还是吉林艺术学院版画系老师，当时在他眼里，体制外艺术家都是“野战部队”，但他们的生活方式却让他十分羡慕，睡懒觉、不上班，想画什么都可以。1995年他冲着自由的生活晃到北京来了，偶尔回长春上课，直到1996年被学院除名，他彻底脱离了体制。海波买下岳敏君的老院子是在2002年，但实际上1997年他就在通州艺术区定居了，只是没有住进宋庄，和几个圆明园出来的画家一起，在通州城里的滨河小区生活了几年。他和老栗的关系，也不像早期那批小堡艺术家那么接近，但老栗在他艺术生活中体现的重要性却有同样的分量。1998年，海波带自己的“合影”作品系列参加了乌里希克设立的“中国当代艺术奖”评选，老栗是评委之一，他不认识海波，但欣赏他的作品，专门写了一篇评论文章。“他太有名了，我以前从未想过要通过什么人去认识他，但老栗的这篇文章，对我在北京能够立足很重要。”一年后，海波去看一个展览，看见老栗，过去表示了谢意。那是他和老栗的第一次正式见面。“我们现在住处相隔不远，也两三个月才见一次面。见面说的话都和艺术无关，聊聊闲书，还有我们俩都喜欢树，聊怎么种树，这是谈论最多的话题。有时我也跟老栗抱怨，村里不如从前安静了，哪里又怎么怎么不好了，他总是安慰我，水至清则无鱼，把门关起来过自己的生活。他真的是一个理想主义者，但理想经常和他背道而驰。”

岳敏君也说，到小堡后，他们和老栗在一起基本不谈艺术话题，“每一个人都自由了，都可以跟着自己的感觉去走，而在谈论它的时候，难免让自己的观点影响到别人”。

海波他们的活动范围都有限，他自己就只和五六个人有联系，“前面来的人大都有名了，很少和后进村的人、低层一点的人交往”。小堡村是个孤寂的地方，他说有时在家待上几天，就一定要找朋友过来聊聊天，成了一种生理需要。有一次他向岳敏君推荐一本书，老岳看了一眼书名，说：这本书再好也和我没关系，我不看。“在小堡村就是这样，每个艺术家只把自己感兴趣的事情做到极致。我个人认为，这里是中国最接近精神自由状态的一个地方，不仅是艺术村落，它还是自由村落，一个能按照自己意愿生活的地方。不管怎么说，感谢小堡村委会为中国自由主义精神的滥觞提供了滋生地。”岳敏君的代表性作品都是在那个老院子里面完成的，1999年他用挣的钱盖了一座新工作室，6亩地，老院子卖给了海波。海波现在也搬出来了，盖了自己新的工作室，老院子免费提供给老栗赞助的那些独立电影人使用，“现在住的是王宏伟，演《小武》那个”。

左邻右舍

农民—村集体—艺术家，这是老栗眼中正常的小堡村社会生态结构。现在村委会给老村子那片地方安了一个时尚的新名词：原生态村庄。其实，就是艺术家和村民曾经混居，不像2000年后被逐渐分隔开了。

住老院子的时候，老栗有4个村民邻居。平时没多少往来，但到了重要的节日，他都会送礼过去，一般是两瓶好酒，五粮液、浏阳河，然后割上10斤肉。村民也会给他家回礼，送点红薯、玉米什么的。老栗觉得住在村里，这是比较好的相处状态。岳敏君也和邻居处得不错。他家左边住了一个老头，一个人。右边是一老太太，需要帮忙的时候，还会主动叫他。住他后面那家是外地人，岳敏君有时会出钱请他们做些零活。只有一家邻居，处事有些霸道，有次在大家都要经过的路上挖一大坑，好些天也不填上。岳敏君选了两条烟送过去，第二天也就填上了。村民有时也会问艺术家，你画能卖多少钱啊？这是他们之间唯一和艺术有关的话题。

农民有自己的一套生活方式，比如秋天晒玉米，直接就铺到艺术家的院门口来了，出门一走就摔跤，还不好意思说。艺术家也有让农民烦的“恶习”。负责治安的李学来说村民经常举报他们扰民，夜里弹琴打鼓、跳舞喝酒。岳敏君的老院子2002年8万元卖给了海波，海波重修了房子和围墙，艾未未帮他设计的。“可能是围墙修得太高了，隔壁的村民就不高兴了，老和他别扭。”岳敏君说。村中心那条路，被艺术家们叫做“王府井”，其实也就5米来宽。1995年村委会开始修现在这条大马路，叫“村东规划路”，投入120万元，当时进了村的十几个艺术家，每人都捐了1000元。有个画家开始只捐了300元，李学来给人送回去了，话说得很直接：我们不领你这个情。这个画家后来凑成1000元捐了。17个路灯也是艺术家们捐的，一共2万元，李学来说这件事情之后，“村民觉得艺术家很可爱”。

村里的院子都没有门牌号，信只能送到村委会，然后大喇叭通知去领，“方力钧，挂号信，就这么喊。威尼斯双年展的通知就是这么送到我们手里的”。

小堡地理

文／孟静

崔大柏抱怨说：彭真当年就在邻村蹲点，从来没有领导想起小堡。现在它是宋庄最有钱的村落，人均年收入1.3万元。

“我们在中国宋庄画家村为您提供全方位的向导服务，如果您对宋庄画家村不是很熟悉，来到宋庄又很迷茫，没关系，请您联系我们，我们将带您走遍宋庄！我们将让您满意而归！为了节约您的时间，如果您需要找某位艺术家，请您提前一天通知我们。如果仅对宋庄不熟悉而需要我们为您带路向导，可以来之前和我们电话联系。我们的收费标准是每小时50元，如果时间很长，我们可以再另行商议。”

假如你在网络上搜索“宋庄怎么走”，会出来这样一条广告。到了小堡村我才知道，没有人带路，这505户人家是汪洋大海，没有路标，街边商店里都是外来人口，交通工具只有“摩的”。艺术家们的家都像深宅大院，门户紧闭，家家养狗。这也是为什么圆明园画家村给政府以聚众的感觉，而宋庄绝对不会。想找栗宪庭的人，可以问开“摩的”的：“那个帮你们解决纠纷的白胡子老头家在哪儿？”

艺术机构指示牌

路

画家马越说：“有一些住小堡的画家，在一些体面的场合不提宋庄，只提小堡，动不动就说我们小堡画家如何如何。”所以我们所说的宋庄画家村，其实就是小堡村，尽管还有辛店、北寺、小杨各庄、喇嘛庄……宋庄镇的22个自然村都住有画家，但和小堡的核心地位比起来，它们就如同通州和CBD的关系。至少栗宪庭当年的老宅就被画家们称作“中南海”。可是在画家入村前，由于邻近河北，小堡村的GDP会被邻省划走，上级绝不会用小堡作为示范点。崔大柏抱怨说：彭真当年就在邻村蹲点，从来没有领导想起小堡。现在它是宋庄最有钱的村落，人均年收入1.3万元。

你可以从国贸大北窑站坐938支9路，或者930支线到宋庄铸造厂下车。第一批来小堡定居的杨少兵说：“我一般是搭从唐山过来的长途车。”艺术家们是938路上的一景，年景差时，他们蓬头垢面，比农民穿得还破；当代艺术市场火爆时，他们集体进城洗澡理发，回村时焕然一新。画家马越还趁着小堡村没有夜班车的借口，哄着一位洋妞送他回家买画。

艺术园区

这个占地90亩的铸造厂已经不复存在，它和养鸡场曾经是小堡村的两大支柱产业。废弃的铸造厂那里要建造11层公寓，村民全上楼，把民房租给艺术家。这14万平方米的小高层拥有大产权，留一半对外出售。

“村里没变化之前的样子？就说养殖场吧，如果关上窗子打农药，死苍蝇能用簸箕往外撮。再说村里面，因为家家户户搞养殖，1995年时，一方面北京市场上的肉鸡每6只就有1只是小堡村的，经济效益相当可观，但另一方面，村里简直没法待：出门是粪，进院是粪；睁眼是鸡、猪，闭眼是恶臭。许多企业来的人都是看一眼扭头就走，根本不考虑投资。”村支书崔大柏说。鸡雏50天就可以长成肉鸡，小堡每年要宰上百万只鸡，谁家一结婚炒菜，苍蝇能把房子铺黑。

现在你远远就能瞧见巨大的“中国宋庄”铁门。“宋庄”的商标倒是艺术家设计的，本来向全国征集了300多个方案都不满意，再由栗宪庭找了村里的几个艺术家，采用上世纪80年代当代艺术流行的错体字，把“宋”和“庄”两个字结合起来。这个大铁门非常关键，它使宋庄镇上唯一的饭馆失业了。那个四合饭店骑车需要15分钟，过去是画家们聚餐的必去处，2002年有了大铁门之后，小堡村自己的饭馆风起云涌，到现在已经发展到51家，其中只有两家是村民开的。我们坐进一家招牌和门脸都很大的“中国生态酒店”，店内铺设了假的小桥流水，老板是山西人，一个月顶多来视察两次。菜单上有金元鲍、三文鱼这种豪华食品，也有物美价廉的手擀面。

正对着大门的这条路别名“长安街”，所有故事都发生在这条主路及它的支线上。有一届宋庄艺术节的主题就是“宋庄之路”，名字是艺术家们起的。他们管当年村里唯一的小卖部叫“百货大楼”，现在百货大楼变成了一家小超市。栗宪庭、方力均他们的老宅所在之处是一条小土路——“柳荫街”，因为一侧路边有几株拇指粗细的小柳树，现在已经颇具规模。小堡的第一家饭馆在人们的叙述中不太统一，老栗的印象是台湾人开的，马越则认为是某个画家的亲戚办的“三元里饭店”。何为三元里？就是每个菜都是三元钱，瓜子免费，墙上贴满了艺术家和画商的联络电话。

崔大柏很尊重画家们，有一次修路时还请艺术家们起名。画家们都很感兴趣，有说叫“学院路”的，有说叫“画家村大道”，也有叫“地主大街”，把名字报到崔书记那里让他选。马越说：“挂牌子那天我们大吃一惊，铁牌楼上的霓虹灯字是：佰富园工业区。书记还说：过两天给你们配两个保安。”

让我们把时间回溯到20年前，崔大柏书记上任的第一天。他在当选为全国劳动模范后回忆说：“我刚接手这个村的时候，村里根本没有办公室，只有两个老头儿当广播员，他们必备的工具是一个脸盆，一双雨鞋，一下大雨就得往外舀水。村里2/3的农户用不上电，电线东拉西拽的，村民们看哪条线有电就接哪条，我们做干部的寒心着呢。村里也没条下脚的正经道儿，雨一下根本就不知道深浅，我曾眼睁睁看着卖鸡蛋的崔大娘一不小心把满车的鸡蛋全摔了，蛋清蛋黄顺着污水流得四下都是，大娘吧嗒吧嗒的眼泪一下下敲在我的心头。”村联防队队长李学来的形容是：“晴天洋灰路，雨天水泥路，水和泥组成的路。”解放前这段路基是大渠，供田间浇水，废弃多年。如今“长安街”沿路画廊88家、饭店51家和三四十家美术用品商店，画框、画笔、颜料、画布都可以提供24小时上门服务。

1995年时村里只有六七位画家，老栗的房子还没有修好，晚间固定娱乐是搓麻将。没有路灯，杨少斌会借着月色去唯一有保姆做饭的方力均家蹭饭，然后把饭钱输掉。那时“长安街”的东侧是葡萄棚，西侧是村民住宅。

1997年，崔大柏决定修村口和村东的主路，需要村委会投资120万元。村民们集体反对，嫌太贵了。路修好后没有路灯，最早的17盏“长安街”上的路灯是画家们集资2万元，每人1000元。现在小堡村有800盏路灯，是整个宋庄镇的总和。捐完灯后村民有点觉得画家们挺可爱，“非典”的时候，画家们捐矿泉水、捐画，还集体凑了21万元，强烈要求到村口站岗，盘查可疑分子，村民们觉得他们更可爱了。以前画家们挺烦人的，晚上喝多了唱歌、打鼓，有些穷画家总是赊小卖部的账。除了方力均等少数先富起来的人，艺术家们都懂得向新来的人借钱，因为他们身上还能揣着几个月的生活费。李学来收拾画家的办法很多，其中之一是剪电线，他就剪过画家王强的电，等他乖乖认了错，还得自己出50块钱“开口费”才能把电接上。“城乡差别在这里体现得最充分，当地人每度电0.46元，我们0.6元。事无大小，一律不一视同仁。”画家邢波的妻子梁芳在日记里写道。

艺术家工作室外部（吴黎浪摄）

房

小堡的地理形貌是以“长安街”为干，向东西扩散，主要的文化经济实体多坐落在街边。这条宽14米的大街平时很寂寥，只有“摩的”无聊地等客。一位“摩的”司机告诉我：“艺术节那几天才能多挣个十块八块，平时也就是糊个嘴。”前几百米路程就是普通的城乡结合部的样子，不同的只是美术用品商店奇多，据说今年就新开了7家。再往里走，才会觉出它的特色：前哨画廊是小堡第一家画廊，还兼着饭店功能。那片黑灰色的青砖建筑群叫做国防工事艺术园区，是崔大柏的杰作，他曾经是个泥瓦匠。也有设计师们的作品，第一家民营的上上美术馆、全玻璃结构的龙德轩、香港阔太太筹建的新美术馆。

我随老栗看了他在小堡的老宅——小堡北街126号，对门就是赠他这片土地的艺术家刘炜家——小堡北街124号。刚批下这块地时它是栋歪歪斜斜即将倒塌的房子，石膏顶、土坯墙，几乎没有院墙，杂草把门堵得推不开，门也比城里一般的门要窄小。栗宪庭的妻子廖雯说：“哪里是草，简直是‘森林’，小风一吹，沙沙作响，仿佛《聊斋》中的鬼院。”但是这片小院给他们带来无尽的欢乐，其他艺术家也是一样。杨少斌最爱房顶那个黑黝黝的老柁，“你看它，多漂亮！”他赞叹不已。老栗的老院子也非常舒服，现在用做他的“独立电影论坛”办公室，占地近一亩半，一进门几竿翠竹，爬墙虎爬满墙壁，有杏、桃、李子、樱桃、柿子、香椿各种果树，来他家的人都可以品尝。他每年除夕必定要煮上千个饺子，来者有份，院子里养着流浪猫，见人就亲热地趴在身上。廖雯的书房被改造成电影室，你可以随便进去看电影。小院子里摆着艺术家们的作品，贴满了他写的春联。“最得意是我给岳敏君写的：笑脸迎四海看客，大嘴吃八方藏家。”

这样的院子在小堡算中等，最少的租3分地，最大的占地有4亩。越是有钱的艺术家越是高阔的大屋。2003年前的小堡村是相当落后的，没有公用电话，通讯基本靠吼，村里的大喇叭直到去年还在喊："方力均，有你的信！"威尼斯双年展的信只能通过邮局，杨少兵每年给邮递员200元钱，才能保证收到邀请函。艺术家们喜爱这里就是因为有足够的土地。杨少兵请董豫赣为他设计工作室，拿来的设计图里厕所2平方米、厨房8平方米。设计师只有小公寓的经验，从没见过这么大的房子。老栗在宋庄美术馆办展览，他的设计师看到美术馆后哭了，说：从来没见过这么大的空间可以施展。

如果说老栗的老宅算"老区"，他的新宅就应该是"新区"，官方称呼是"小堡文化艺术园区"，沿着"长安街"一路狂奔，看到一汪深水就到了。2003年，老栗看中了这块地，一个落差两米的大坑。当时崔大柏正为这块地头疼，沙地不能种植，有高压线不能建工厂，挖六环挖出的地下水在这里积成了一个深达9米的大水坑，倒是波光粼粼。2002年时，曾经有开发商试图说服崔大柏卖出整个村子，全部盖成两层的商品楼。老栗苦口婆心规劝他保持原始状态，崔大柏想通了，这才有了小堡文化创意园。老栗的新院子就在这里，饭厅就有100多平方米，曾经同时容纳70个人吃饭。有时依然会有初进京的艺术家伫立在门口，迟迟不敢敲门，瞅见老栗的大黑狗"如果"一露面就吓窜了，其实"如果"扑上来的目的只是为了和你亲热。

艺术园区

新区采用集中供暖，每年28元/平方米，明年还将引进三河热电厂的废水取暖，相比较穷艺术家烧蜂窝煤、富艺术家自建小锅炉方便了许多。新区里多是已经成名或者很有希望成名的艺术家，他们的入住资格经过了老栗的审核。起初租金是10万元/亩，现在30万元/亩。

艺术园区对面的工作室区就没有这么严格了。有位抱着黑猫、中式棉袄的老头冲我们微笑，老栗说：他从山西运来了每一片瓦，垒成一幢非常完整的、两进的四合院，他们都管那房子叫"深宅大院"，而另一个画家就依着妻子的趣味弄得屋子里非常小资。这个村子就是这样，怪异的、现代的、仿古的，都能存活。老栗不敢停留，新来的艺术家总要拉他进屋去看画，以为这样就可以名扬国际。

老栗说："小堡是全世界为艺术家服务最好的地方。无论多晚，你要多大的画布，订多大的框，都有人上门服务。"农民们从周边产业尝到了甜头，李学来的哥哥在1997年开了第一家美术用品商店“日月星”，赚钱之后改做大生意——建筑行业，把房子租给外地人。村民史永杨自己开了裱画店，他和老伴两个人干活，外面要600元一幅，他们开价400元，“反正吃饭是没问题”。他以前是修车的，专门上琉璃厂花钱学装裱，我和他说话时他一直没停下手里的活。

农村与城市的枢纽站

最早的农民画廊叫做“韩燕画廊”，民房改建的结晶。门口挂着经营示范点的铜牌，外来游客的参观项目，进去看一眼要交10元钱。韩燕本来只是把房子租给艺术家，她喜欢和房客聊天，聊着聊着发现可以开画廊。不过栗宪庭不太赞同这种做法：“农民找不到下家，客户是画廊最重要的资源。”所以嘉德拍卖公司即将进入小堡。联防队队长李学来说：“等画家们过50年死了，他们的房子就成了故居，卖门票，暂定10块钱一张吧。”

每年宋庄艺术节都会办一次艺术品交易，直到今天“长安街”上还摆放着这届艺术节来不及搬走的装置和雕塑，它们使“长安街”的前后两段泾渭分明——前段是平凡村镇，后段突然冒出个“798工厂”。老栗和镇上商议着要建一个类似于跳蚤市场的低端交易市场，不能让宋庄仅仅成为画家的工作室，还能为他们提供机会。

小堡的房子按建筑模式可以分为几种：工作室、农家小院、美术馆。也有一种聚居型的工作室，比如嫘苑，它建造在养殖场原址上，俗称“鸡场”。与之相对的是喇嘛庄的鸭场。有趣的是，鸡场是为女艺术家准备，花了100万元的改建费用，鸭场住男艺术家，当然现在也没有那么纯粹，男女朋友、夫妻也可混居。小堡散居的七八十名女艺术家终归不太安全，王思丁在日记里记录了一次很惊悚的过程：一名歹徒夜袭，将她脖子划伤。这种翻墙的事时有发生，李学来认为和村民无关，是艺术家们之间的互动。

有了艺术家入住，小堡人心思变，总会发生些其他村子闻所未闻的故事。“长安街”上原来有一家日出画廊，老板娘50多岁，名唤日出，她不太会讲英语，却总和外国艺术青年交往。有一位30来岁的黑人青年保罗，和她好了一阵，借故说要回国，却在某次艺术展览上碰见。日出愤怒地质问保罗为什么还在国内，俩人大打出手。还有一个女村民是寡妇，爱找房客男艺术家聊天，希望他们的关系有所发展，被男艺术家以“她是村妇”为由拒绝了。

小堡的房价是从何时涨起来的呢？起先宋庄一亩地的租价是五六万元，画家严宇看中一个大坑，在上面盖了300平方米的大别墅，村民们看了都感叹，画家们真有钱啊！从此，价格涨了几倍。谈好价格后要立刻拍钱，否则第二天农民就会变卦。2004年一个小院每年租金是五六千元，现在是一万五六千元。奥运会之后，房价有所回落，画家单智说：“很多地方美协退休老师、刚毕业的学生在奥运会前来小堡租房子，村民们大肆把小院改成工作室，至少有上千家个人工作室。大家都想着奥运期间外国人会大量地来看画，没想到最萧条，扛不住的人都走了。”

谁是小堡最有权力的人？李学来说：“基本上你提大柏书记就管用，但也不是全管用，要分片。”村委会5个干部，村子分为4个板块，工业区、艺术园区、商业街归3个姓崔的村干部管，原生态村庄归周副村长，在不同的管片提不同的人。“在艺术园区提老栗也行，很多村民不认识他，但管理层都认他。”

原创艺术博展中心（吴黎浪摄）

一个村庄的产业聚集效应

来源／三联周刊 文／邢海洋

小堡村外来人口现在达到6000人，是村民人口的4倍多。

小堡村现在有88家画廊，而村委会通过各种渠道获得收入，再投入到基础设施建设，每年已逾千万元，累积投入超过5000万元。文化创意产业还带动了餐饮和旅游。2007年底，小堡的总产值6亿元，上缴国家利税2000多万元。

两年前，画家张智搬到宋庄的时候，接通互联网成了很棘手的问题。他租住在大兴村的村头，实际上已经和宋庄村完全接在一起，房子挨房子，中间连过道都没有。可铁通的互联网只通到宋庄村，不通大兴村。邻居给出主意，把两家的门牌调换一下，按宋庄村报装，可张智刚从美国回来，知道这样做在那边是一种很严重的欺诈。邻居们不以为然，最终事情还是这

宋庄美术馆

样解决了。铁通的人从村头的电线杆上引出一条线，并且并没有比宋庄村多消耗电话线。

村子里，很多事情都是这样“创意”解决的。创意产业给宋庄带来了2000多名画家，他们通常口袋里揣着一沓现金，先住旅馆，再找房子，再安电话，然后就待下来。能住到5年以上，就算扎根了，而相当多的，往往住不到一年，钱花光了就打道回府。不过，每住进一个画家，从他一下车，就给村子带来现金流。张智给记者粗算了一笔账，一年至少七八万元要留在村子里。租房子1.5万元是固定的，两个人吃饭3万元，购买画材、添置一些家用品也得两三万元。最后他搬离宋庄的时候把很多画框送了朋友，“买的时候几十块一个，带不走就不值一个钱了”。

宋庄，尤其小堡村范围内画材店有十七八家，大多是这几年出现的，今年就多出了7家。并且，这些画材店也全是外地人开的，河北人居多，宋庄本地人已经不干这种本小利薄的生意。因为画材店开得太多，最早开店的日月星美术用品专卖店的樊秀云说，生意已经远不如画家村没出名的时候好做了。

小堡村共有503户，劳动力682人，其中1/3在村委会各职能部门，另1/3在工业区工作，余下的1/3处于闲散状态。机构为什么如此臃肿？就因为外来人口远超过当地人的数量。这里仅画画的就多达800多人，超过了他们劳动力的人数，加上为画家提供服务的人口，外来人口数量更是成倍增长，达到6000人，是村民人口的4倍多。这个村子目前有51家饭馆，除了满足当地人口，还向城里来看画展的游客提供餐饮。记者来的时候，这里最大的一家饭店佰富苑正在扩建，改为生态餐厅，过去吃饭的大堂里建造了水池，种植了植物。不妨通过艺术家数量估算艺术家聚集的扩散效应——如果一个艺术家一年消费2万元，2000名艺术家就能带来4000万元的现金流，服务业就能解决2000人的就业。

画家也按卖画的状况分为三六九等，顶级画家显然不用在当地卖画，但大多数还是在这里的画廊和工作室里展示、出售作品。小堡村有88家画廊，村民也开有画廊。这里创作的作品标价多以美元计价，一幅几千甚至上万美元不等，作品成交，画廊至少分得一半利润。这里的画家，有些一两年不开张，一开张卖出上百万元，这几年市场红火，也有家里突然闯入画商，将作品全买走的。据宋庄艺术促进会的估计，画家创造出的价值已经达到3亿元。第一家村民画廊韩燕画廊的主人靳东升就充分享受到这种利润，几年的经营下来，靳东升已经有实力在艺术园区购买10亩地开办更大的画廊。

小饭店一年租金一两万元，大饭店几十万元，画廊因占用面积大，租金收入更高。这些都构成了村庄的收入，村庄的收入又反馈给村民。村民的收入中，一部分工资收入，一部分股金分红，一部分房租收入。相对于城市人口，工资收入应该说有限，年均万元左右，而股金收入，2000年时每人以5000元入股村工业区的收入却带来了可观的回报，去年每股分红2000元。另外一大收入项则是租金收入，人均达到6000元。

在小堡村，交通要道的电线杆和墙壁上租房或求租的小纸条密密麻麻。去年要价1万元的院落今年已经涨到了1.5万元，而5间正房的院落则在2万元上下。实际上，随着租金的持续上涨，村民们已经不满足于只出租原有的住房，而是在院子里再建造新的院落。昔日的农家小院被分割成两块，村民住在后面的老房子里，由一个侧门进入，而前面新起的房子已经不再顾

小堡驿站

和静园艺术馆

及“地气”，基本没有了院子，只是水泥的房子。这样的房子也动辄一两万元的年租金。这样的改造投入不下10万元，但几年内就可收回成本。另一种“公寓式住宅”也出现了，村民在自己长条状的院子里建两排厢房，每个小房间分开出租。一个院子里住了十几户单身艺术家，蔚为壮观。

靠改造自己的房子还只能算小儿科，村子里交通的节点和主街边已经有人建造两层建筑，提高租住面积。而更大规模的诸如嫘苑和A区的艺术家工作室集群早在5年前就已经出现，现在则遍地开花。一年中增加了多少工作室？村委会的李学来估计不下百家。宋庄美术馆兴建的时候，与它一马路之隔建立了东区美术馆，馆后是20间工作室，年租金4万元，很快就出租完毕。以此为标志，宋庄艺术家开始了加速向艺术园区和工作室区的聚集。而这种高挑空、大空间、兼具展览功能的工作空间迅速膨胀，村庄很多空地因此而大兴土木，村庄也因此膨胀。

至于这些建筑的归属和村庄利益的结合点，按村委会的介绍，则是多种运作方式并存。而村委会通过各种渠道获得收入，再投入到基础设施建设中，每年已逾千万元，累积投入超过5000万元。文化创意产业还带动了餐饮和旅游。2007年底，小堡村的总产值6亿元，上缴国家利税2000多万元。

这一切，都是伴着当代艺术的热潮到来的。金融危机后，当代艺术品进入低迷期，寒意席卷，宋庄又走了一批熬不住的画家。租赁市场也见证了这一过程:奥运会后的9月份，村民还寄予希望，索价不断高涨，1万元租金的房子最高时要到1.5万元，可应者寥寥，最后租金价格还是回复到原来水平。

10月20日，备受关注的李玉兰诉当地房屋案赔偿终审在宋庄人民法院开庭，终审结果，拥有宅基地和房屋的农民应向画家赔偿185290元。这笔钱的赔偿是在二中院判决画家腾退农民住房时打下的伏笔，在判决农民宅基地和房屋交易违法的同时，二中院对农民的缺乏诚信给予了惩罚，这笔钱即是撕毁合同的代价。

这宗处于宋庄镇辛店村的住房占地391平方米，宅基地区位价值为264700元。按国家文件规定，宅基地交易的赔偿金为7/10，因此得出了185290元的价格。按这家评估机构的计算，宋庄所在的区域，土地区位价值在45万元/亩。也就是说，若有非农业用地的拆迁，此地村民可以在土地上获得如此多的土地补偿。

在小堡村的艺术园区，艺术家搬到此处居住，盖房子获得土地，需要付出的土地价格是这一评估价格的2/3，30万元/亩。不过，这已经是多次上涨后的价格，2005年第一届宋庄艺术节前夕小堡村宣布在村北拿出400亩荒地兴建艺术园区的时候，提供给画家建工作室的土地价格是10万元/亩，4年间价格上涨了两倍。不过，考虑到几年间北京房价的上涨，尤其周边土地价格的上涨，这也算不得什么。与宋庄一河之隔的河北省三河市的燕郊，房价从2000元已经飙涨至五六千元，那里，开发商以距离天安门30公里、半小时到达CBD为噱头。而宋庄西部区域高端商品房价格已经接近万元。

村民们拥有多少资产？李玉兰案之后，宋庄镇委书记胡介报接受采访时曾经测算过，在农村集体建设用地上，计划将47个村庄规划成12个新村点。2006～2020年，宋庄镇规划5400亩建设用地用于村民的住宅，可以腾出大约4万亩集体建设用地。按照10万元一亩的价格，这就是一笔40亿元的收入，若按照房地产评估公司的评估价，将高达180亿元，而按照当地通常的出租给艺术家建工作室的价格，仍有120亿元的收入。平均到宋庄镇5.6万农业人口，这将给每人带来7万元到30万元之间的收入。

实际上，在小堡村，村子里已经在着手“农民上楼”的规划与建设。村子紧邻京哈高速路辅路的地理位置最优越的地段铸造厂，现在已经完成了拆迁，占地90亩的土地上准备建筑14万平方米的小高层建筑，其中7万平方米用于村民住宅，另外7万平方米用于房地产开发，对外销售。小堡村等于以区区45亩的土地就获得了村民上楼所需要的建设资金。而余下来的1200余亩的村庄建设用地正好全部用来发展文化创意产业。至于节省出来的宅基地，仍将以农家小院的面貌保存下来，供出租和展览之用。村子里甚至打起来居住在这里的知名艺术家的主意，他们曾居住的院子可以作为“故居”供参观，而门票，初步设想是10元/张。

现在的小堡村似乎仍处在一项产业蓄势待发的投入期，尽管2007年全村总产值达到了6亿元，但还远没有到达高回报的时候。通常，基础建设的回报应该在20年左右，而艺术园区大兴土木只是近两年的事，画家刚刚入驻，有些房屋还在收尾

状态。艺术家在此地的建设，一亩地的投入10万元到30万元不等，盖一栋房屋，有的艺术家已经投入超出400万元，少的也要七八十万元。以平均每亩100万元估算，总投入达到4亿元，而4亿元的收入要在20年间收回，每年就需2000万元的利润。即使把艺术创作看做一个高回报的行业，带动的产值也应该是利润的数倍，超过亿元了。而若小堡村的创意产业和工业产业接轨，获得行业平均回报率，每年的产值甚至要超过几亿元。

宋庄地区曾以一个村镇聚集八大美术馆自豪，但产业的聚集效应显然不会就此为止。马太效应下，北京曾经的几大画家村如上苑画家村、费家村和索家村都没能像宋庄这样汇聚人气。围绕艺术园区，美国和台湾地区等地的艺术家、画廊也纷纷盯上宋庄，美国现代艺术博物馆和台湾、香港地区画廊也都在加紧建设中，这些建筑更是资金密集型，其中5000平方米的艺术展厅总投资就在6000万元以上。计算上这些大型建筑的投资，小堡村乃至宋庄的一个镇聚集的艺术资产和产值更会翻番。

宋庄文化创意产业集聚区公共服务平台奠基仪式（吴黎浪摄）

对当代艺术生产机制的思考——兼谈宋庄文化产业的发展

文／冀少峰

一、宋庄——既自由浪漫又痛苦忧伤，但它无疑是当代艺术的极大获利者。

《三联生活周刊》2006年第26期封面上印有两行醒目的文字：疯狂热钱涌向当代中国油画，最暴利的行当：艺术。整个封面也以当代艺术的代表人物——岳敏君的《傻笑》为背景，勿庸置疑，如果有谁要问当下最赚钱的行当是什么呢？答案自

然是当代艺术，可以说一个不争的事实是整个世界艺术市场正进入80年代后期艺术高价格点后的又一个颠峰期。当代艺术品价格的持续高涨，是近年来全球范围内艺术市场最引人注目的现象。纽约一家拍卖行的专家说："当代艺术在如此短的时间价格飙升，意味着已经赶上战后艺术，这是'9.11'之后出现的实质变化[舒可文：《从巴塞尔说起》三联生活周刊.2006年第26期.P29]。而国内的艺术市场和国际上有着惊人相似的一幕且呈现一种井喷现象，一幅油画开始是一两万为单位，后来是几万几十万，现在过百万的已不鲜见，透过这种喧闹繁荣的表

象不难发现，随着艺术家的越来越走红，艺术市场也越来越火爆，艺术收藏开始急剧升温，艺术展览让人应接不暇，艺术批评家、策展人也迎来了他们最好的时候，在这种情况下，北京近十几年出现的几个艺术群落也不同程度地成为了海内外艺术收藏家和画廊所瞩目的焦点，其中以北京的几个群落最为引人注目如：宋庄、798、酒厂、环铁、索家村、费家村、上苑等，其中以宋庄最为典型，它是这场当代艺术运动中一个极大获益者。当代艺术版图中几个重量级人物，栗宪庭、方力钧、岳敏君、杨少斌、刘炜均居住在宋庄，另外宋庄镇政府还专门成立了一个文化造镇办公室，并把文化造镇做成一个庞大计划，连续二届的宋庄艺术节和我们这次的“艺术产业论坛”即是最好的例证，不然的话，很难想像，这些文化学者、美术批论家、策展人、艺术杂志主编、出版社社长、雕塑院院长能光顾宋庄。而他们又像一个播种机和宣传器，使宋庄的艺术活动放大，不断从圈子化走向公共空间和大众领域。有一流行语倒是很贴切：“画画的在圆明园、索家村人人喊打”，但在宋庄却是很自豪的称谓”。到过宋庄的人都会发现，这里的农家院子都盖起了一排排的小厢房，尽力把院子地皮使用达到最大化，租用一间小宿舍100到150元不等，一个3分地院子年租金高达8000—10000元，最贵的院子年租金3万元，想当初圆明园几千块就能买一个一亩地的大院子，应该说当代艺术和艺术家给宋庄带来的经济繁荣都是空前的。在宋庄入口处随意问了一下摩的司机，他们也老栗、老方、老岳这么叫着，听起来好像他们都很熟悉，当代艺术家可谓走入宋庄寻常百姓家庭，足见为什么宋庄能呈现这种艺术态势，以房价最贵的小堡村为例：1999年一个月租金是100元，现在年租金则涨到5000元。2003年有一小院一个月300元，现在600元他还嫌低，两三年五六万买来的院子，现在就有人问你十五六万卖不卖，整个宋庄约有七八百画家，500户中超过20%是画家，七八百个画家中只有20%能靠画谋生。一个原本很边缘的北方农村小镇，却在当代艺术的春风沐浴下，一夜之间就从边缘状态走向中心状态。如今的宋庄，不仅有粮仓改建的宋庄壹号美术馆，更有刚建成的当代美术馆。这无疑加速了宋庄文化事业发展的步伐，也更将吸引更多的艺术家前来宋庄。自此宋庄已然成了中国当代艺术的一个代名词，一个符号。早在3年前，赵铁林即以《黑白宋庄——断代青年的艺术追求与人生自由》一书而使宋庄以文本形式出现，并且具有了艺术史意义。书中有各界关于宋庄不同的描述。如中国社科院哲学所章建刚的《宋庄的另类生产》、老栗的《我只想住农家小院》、刘树勇的《一些潦草印象》、杨卫的《结合在城乡之间》、朱其的《因为对抗而有魅力》、郭盖的《宋庄这个符号》、李玉祥的《生活的一种方式》、王艳芳的《宋庄的文化张力》等。当我们这次论坛结束后，不同文本的宋庄又将会留给人们无尽的思考。应该说今天的宋庄是一个顺应时代潮流的产物。它的产生发展，既是时代的需要，也是时代发展的必然结果。应该说宋庄既抓准时机进入了当代艺术这个社会，而在历史的一个点上，当代艺术又选择了宋庄，两相共谋的结果，彼此实现了利益的最大化。宋庄因当代艺术而步入了全球化的视野，进而寻求发展文化创意产业。当代艺术也因成功的艺术家居住在宋庄及他们成功的生活方式，成功故事，无疑又为当代艺术增添了一个颇为亮丽的风景。因此宋庄是幸运的，获利的，而且是获大利的。

众所周知，宋庄的缘头无疑要追溯到圆明园画家村，没有圆明园画家村的出现，被拆，也就不会有今天的宋庄现象，正是圆明园艺术家群落引入那种特殊的生活方式，为今天的宋庄艺术家群落建立了一种模式——低廉的房租，既坐落郊区又可靠近闹市，既可与世隔绝又能够保持与外部世界的密切联系。但圆明园的价值，在当代艺术史的作用，随着它的拆迁，逐渐成了人们的一种记忆，颇为庆幸的是青年批评家杨卫等已开始着手整理圆明园画家村的档案，这样圆明园、宋庄就形成完整的历史上下文关系，人们对宋庄的横空出世也就有了足够的理解。

今天的宋庄状况应该说从基础设施上讲，除了当代艺术馆已建成外，其他诸如小区的配套设施：如集体供暖供气、象样的超市、餐馆等，良好的教育机构，公共的图书馆、书城、博物馆、公园还未出现。这无疑对评估宋庄文化教育事业发展带来不利影响。而艺术家“村民”两极分化严重也是不争的事实。既有已取得国际声望的艺术家“村民”，也有一些还为基本自存而挣扎，贫富之间差异巨大，这是构建和谐宋庄的不和谐和亟待解决的问题。

二、宋庄可持续发展的途径是以内容产业和创意产业为主时下已有关于当代艺术是一种“创意产业”的称谓，我们知道，当代艺术是一个非常复杂的难以言说的社会复合体，过去我们谈艺术问题多局限于艺术创作领域，既有形而上的精神探索，又不乏形而下的技术操作，但是当下的艺术创新必须依据当代艺术的语境。它不再是某个艺术家的灵光显现和偶发顿悟，而是整个艺术创作机制、艺术传播构成与艺术家参与的行为活动方式和过去发生了颠覆性的变革。特别是媒介革命和视觉文化的转向，当代科技的发展引起当代社会主导传媒形式发生了变化，而现在科技的发展、信息技术、传播技术、自动化技术、数字传媒更给当代文化艺术的存在方式带来了革命性的影响，这必然促使新兴文化形态的崛起和传统文化形态的更新。伴随而来的是消费时代的全面降临，其核心是人们对个体欲望的满足，消费不仅构成了社会的基础，也成了文化艺术活动的基础，这种消费文化也改变了人类千百年来对艺术及自身存在意识的认识和界定，新的文化观、艺术观随即也开始升成，也加大了艺术消费流通的环节、传播的环节，这个环节越来越重要。策划人、创意者、制作人的地位从某种意义上讲是超过了生产和创作。这就是我们所说的内容产业开始兴起，新一阶段的技术革命迫切需要文化产业的支持，新兴的网络媒介产业及当代艺术产业的生存能力取决于“内容”的创造和消费。如果从可持续发展观来看，内容产业就成了文化经济传播交流的“基础的基础”，因而建设与未来新的经济形态和技术形态相对应的新的文化产业形态——内容产业与创意产业，将是宋庄经济发展的方向。

三、趋于完善的制度准备

根据宋庄目前的现实情景，其首要任务是建立文化艺术产业的对位性机制：在艺术市场异常火爆的今天，如何进行文化艺术的保护。这就要求宋庄的管理层不仅要拓宽艺术视野，也要求他们还需具有一种国际化的眼光。

（一）新的文化产业的发展，必须将文化艺术分为经营性和非经营性两类，前者理直气壮、理所当然以盈利为目的，后者则需坚持文化后援上的物质与精神的储备，不以盈利而以学术研究和探索为目的，在建立市场经营性的文化产业的同时，还必须建立与之相匹配的对位性互补的文化艺术保护方式，二者相辅相成，才能建构和谐的当代艺术发展框架。

（二）百分比计划和基金会制度

孙振华先生在《城市雕塑需要做好三个准备》一文中曾吁吁借鉴国外的艺术百分比计划和艺术基金会制度，这方面倘若宋庄的管理者能借鉴，进而尝试，将有利于推动，加速扩大宋庄的文化产业的发展步伐，通过镇政府、村委会，从全部建设经费中抽取一定比例，以合法的途径，用于宋庄文化产业特别是要把宋庄的内外环境、路况、治安、整治好。对一些生活在底层的艺术“村民”要给予适当的资助，特别是对那些已崭露头脚很有希望的艺术“村民”，给他们添点油加点劲，做好未成名艺术家的艺术推广工作，定期给他们举办展览，出版画册，使他们早日脱颖而出，不能只盯住那些已成名的艺术家，对未成名或即将成名的艺术家的关注，将会给宋庄带来更大更远的发展空间。

（三）逐步建立健全宋庄艺术家数据库，确立相应的出版基金

这是一个既紧迫又工作量巨大的一个工作，说其紧迫是因为当我们谈起圆明园画家村时都可以说两句，但关于圆明园艺术家档案，圆明园大事记时却如同一个尘封的记忆，为避免重踏覆辙，建立艺术家档案，确定相应数目的出版基金势在必行，这也是为中国当代艺术史在文本上作积累，档案包括宋庄大事记、宋庄艺术家具体数字，曾经有多少人，迁走多少人，宋庄艺术家作品流向，艺术作品价格走势，经常光顾的收藏家，画廊，艺术家交游，风格的变迁，从而在美术史上做好充分的准备。

2008年宋庄艺术节 | Three

第四届中国·宋庄文化艺术节概况

2008年10月25日—11月25日
2008
第四届中国·宋庄
文化艺术节
宋庄
进行时
第二届中国美术批评家年会
时间：2008年10月25日－10月27日
北京新城·通州国际商务年会
——文化创意产业项目对接会
时间：2008年10月28日9:00－13:30
2008中国（北京·宋庄）国际
文化产业论坛
时间：2008年10月25日－10月27日
综合艺术展
时间：2008年10月25日－11月25日
综合展一——野地穿越
综合展二——本生故事
影像艺术展
时间：2008年10月25日－11月25日
摄影作品展——城市裂缝
作者电影展——I want to know
公共艺术展
时间：2008年10月25日－11月25日
地标艺术展——无用之用 公共雕塑展——众声喧哗
摩登天空·宋庄音乐现场
时间：2008年10月25日、11月1日、11月2日
艺术机构联盟展
时间：2008年10月25日－11月25日
艺术机构联展 艺术家工作室开放展
宋庄国际艺术年展
时间：2008年9月26日－11月26日
2008宋庄艺术集市——当代原创艺术作品展
时间：2008年10月25日－11月7日
宋庄艺术家自选作品展
时间：2008年10月25日－11月25日
The 4th China Songzhuang
Culture & Art Festival
The Progress
of Songzhuang
艺术顾问：黄永玉、栗宪庭、范迪安
总协调：洪峰 艺术总监：杨卫 执行总监（总策划）：郑娜
策展团队：王林、孙振华、杨小彦、杨卫、
朱日坤、李章旭（韩国）、李广明
主办单位：北京市通州区宋庄镇人民政府
北京宋庄文化创意产业集聚区管委会
承办单位：北京市通州区宋庄艺术促进会
北京宋庄文化创意发展有限公司
北京市通州区宋庄镇小堡村委会
北京颂创文化艺术传播有限公司
举办地点：北京宋庄文化创意产业聚集区
组委会办公室：010－69598282 69596262
艺术节官方网站：www.chinasongzhuang.cn
宋 中国宋庄网
chinasongzhuang.cn
宋
中国·宋庄
SONGZHUANG CHINA

开幕式现场（吴黎浪摄）

2008第四届中国·宋庄文化艺术节

“2008第四届中国•宋庄文化艺术节——宋庄进行时”于2008年10月25日～11月25日在北京市通州区宋庄原创艺术与卡通产业集聚区举办。本届艺术节由高端年度论坛（中国美术批评家年会、2008中国‘北京•宋庄’国际文化产业论坛、北京新城•通州国际商务年会），学术主题展览（综合艺术展《野地穿越》、《本生故事》）；公共艺术展（《众声喧哗》、《无用之用》）；影像艺术展（《城市裂缝》、《我想知道》），以及各项活动（摩登天空•宋庄音乐现场、艺术机构联盟展、艺术家工作室开放展、宋庄艺术家自选作品展、宋庄艺术集市）等构成。

去年首届中国批评家年会得以在宋庄艺术节期间成功举办，是中国美术批评界众多批评家和宋庄艺术促进会共同努力的结果，让美术界学者多年夙愿得以实现。作为宋庄艺术节重要的常规性学术活动之一，今年批评家年会已在去年的基础上进一步完善了组织结构和评选规则，年会将会开得更好更有成效。经上届组委会推举，著名批评家王林教授将作为本年度年会轮值主席，负责年会的组织和评选活动。并由他邀请两位学术主持皮道坚先生和李公明先生，和出席会议的近60位美术批评家一起，针对2008年以来的艺术热点问题进行探讨，并编辑出版“2008中国美术批评家年度文集”。

与中国美术批评家年会同期召开的还有“2008中国（北京·宋庄）国际文化产业论坛”和“北京新城·通州国际商务年会—文化创意产业项目对接会”。 前者标志着宋庄作为目前中国规划面积最大的文化创意产业集聚区，已被国内外权威机构所认同。论坛旨在为科技界人士、文化界人士和经济界人士搭建一个“科技与人文”对话、“文化与经济”融合的高水准的交流、讨论平台，将中外智力资源和产业资源进行高效率的整合，为中国创意产业和整个社会进步的发展做出贡献。论坛将由联合国教科文组织统计研究院（UIS）发布《世界多样性报告》、《全球电影产业调查》；联合国贸易发展大会发布《2008年世界创意经济报告》；国际电视协会发布《2008年国际电视业发展报告》；世界知识产权组织发布《2008年世界版权产业报告》；国际出版业协会（IPA）发布《2008年世界出版产业报告》；国际数码观察组织（OINM）发布《2008多媒体发展报告》等相关报告。后者把文化创意产业项目纳入会议议题，旨在更好地展示通州、展示宋庄，使外界更加深入地了解通州及宋庄，以共谋发展。

如果说年度论坛是相对静态的学术争鸣，那么，本届艺术节的主题展览则是充满动态的艺术实践。本届主题展由三个部分构成，参展艺术家一百多人。《野地穿越》由策展人郑娜策划，其主题和宋庄文化之间密切相关，即对原生性、民间性、边缘性生存状态与创作状态的关注。17位应邀参展的艺术家，来自不同的地域、种族与国家，分别以行为、装置、影像、绘画、新媒体等创作方式提炼饱含力度的文化经验，挖掘自身独特的生命记忆，并以充满实验和挑战的方式予以转换，真正呈现具有智慧的思想生成和基于实验的艺术创意。《本身故事》则汇聚了近二十位宋庄当代资深艺术家的创作面貌，充分体现了宋庄艺术区丰富的创作活力，反映出宋庄中坚力量的原创精神。《城市裂缝》邀请了20位从事当代影像创作的艺术家，展示他们的最新力作。参展作品具有的独特审美性、历史感、和穿透力。《我想知道》由栗宪庭基金会负责人朱日坤邀请八位独立电影创作者，把最具实验意识和先锋精神的力作呈现给本届艺术节。《无用之用》则由著名美术批评家、策展人王林负责，利用建筑体的墙面、地面，为宋庄营造浓郁的、充满当代艺术气息的人居环境，并为第四届宋庄艺术节留下永久性的标志性文本。《众声喧哗》则积聚了30位左右活跃在中国当代雕塑界的艺术家的最新作品，作为公共艺术展的组成部分，30件雕塑将与地标艺术展一起实现艺术与大众、艺术与空间、艺术与社区之间的人文互动。

除了主题展外，各项极具凝聚力的活动也纷纷在艺术节期间拉开帷幕。其中，“艺术机构联盟展”由和静园艺术馆、虹湾艺术馆、北京当代艺术馆、宋庄A区美术馆、宋庄美术馆、嫘院画廊、小堡驿站艺术馆、李伦美术馆、左右艺术区、日博爱努画廊、安东·汉文D 现代艺术博物馆等机构组成。另外，“艺术家工作室开放展”，由国防工事艺术区、小堡原生态村落艺术区、宋庄原创艺术博展中心、艺术园区中心区、东区艺术中心区、喇嘛庄艺术家大院等工作室集中区组成，让关注当

第二届中国美术批评家年会秘书长杨卫在新闻发布会上发言（吴黎浪摄）

宋庄镇党委书记胡介报在新闻发布会上发言（吴黎浪摄）

第四届艺术节执行总监兼总策划郑娜在新闻发布会上发言（吴黎浪摄）

代原创艺术的爱好者与艺术家进行零距离接触。“宋庄国际艺术年展”更是在9月底以强大的阵容为宋庄艺术节的成功举办鸣笛预热。“宋庄艺术集市—第二届中国·宋庄当代艺术作品展”是宋庄艺术节另一个深受艺术家和市民关注的活动。“宋庄艺术家自选作品展”拟将在今年正式实施，为宋庄艺术家提供更加宽松、开放、自主的实验空间。艺术节期间，“摩登天空·宋庄音乐现场”将在原创艺术博览中心艺术家俱乐部激情登场，将现代音乐与声音艺术相互糅合，是本届艺术节又一值得期待的当代高水平音乐盛事。

艺术集市以“原创艺术走进寻常百姓家”为主旨，致力打造中国第一个真正意义上的原生态的“买得起的原创艺术”个体博览会。为了真正实现中国原创艺术走进寻常百姓家的理念。艺术集市在立足于原创艺术的基础上链接各方资源，加大媒体宣传力度，通过专业化运作，搭建3000平米正规篷房，让更多艺术家真正了解、认识、参与到这项活动中，让更多的市民体验原创艺术的独特魅力。

本届宋庄艺术节主题鲜明、线条清晰，内容丰富多彩。拟在实现精英文化与大众文化、主流性与边缘性、学术性与商业性、实验性与市场性之间多元互动。值得关注的是本届艺术节将在开幕仪式上，隆重颁发2008中国美术批评家年会评选出的年度艺术家、年度青年艺术家、年度批评家、年度青年批评家四大奖项。 “第四届宋庄艺术节——宋庄进行时”是开放的、动态的，指向现在也指向未来的概念，它和具体的、现实的、正在发生的艺术事实相联。本届艺术节要呈现的是当代艺术创作的真正在场状态，不仅仅是形式和形态的实验，而是艺术促进人作为精神个体不断生长和发展的真实过程。

第四届中国·宋庄文化艺术节主题展览

本生故事展序

文 / 杨卫

今年的宋庄艺术节已经是连续举办第四届了。这届艺术节也跟往年一样得到了许多宋庄艺术家的积极响应，他们自发组织起一个展览，准备作为艺术节的一个项目单元在艺术节期间整体推出。但由于这个展览没有具体的策展人，艺术节总策划郑娜女士便建议由我挂名并为其作序，这让我有些为难起来。因为举办这个展览并非我的主意，而是艺术家们的集体动念，在此之前他们已经做了大量工作，可谓万事具备只欠东风，我半路插手好像有摘桃之嫌，不是太合适。至于为这个展览作序，我倒是义不容辞。毕竟参加这个展览的艺术家全都生活在宋庄，而我这些年也一直在参与宋庄的事务，与他们朝夕相处，见证了他们的艺术与人生历程。所以，我有责任也有义务来写这篇序文，而策展的功劳还是应该从哪里来就到那里去，还给艺术家为好。

郑娜给这个展览取名为“本生故事”，是一个很好的主题。它超越了“本村故事”的局限，将在宋庄这里发生的一些人生经历与艺术事件，提升到了人类的高度，具有了更大的文化意义。“本生”，原来是一个佛教用语，所指的是佛祖修成正果之前的那一世，即释迦摩尼在修成佛佗之前行善积德的人生过程。《吕氏春秋》中有一篇题为《本生》的文章，里面有这样一段话：“物也者，所以养性也，非所以性养也。今世之人，惑者多以性养物，则不知轻重也。”大意是说，外界的东西是用来修养生命的，而不是用生命去追求的。可见，“本生”在中国过去的典籍中，带有许多佛根清净的暗示。不过，我们现在的日常用语中，“本生”一词，已经有点模糊不清了，常常会与本来、原本等词汇混淆在一起使用。但尽管如此，这些词汇所共同具有的返朴归真之意，仍然能够剔除许多杂念，引领我们进入一个相对纯净的世界。所以，我觉得“本生故事”这个主题取得很好，也很能够概括这个宋庄艺术家的展览。

这个展览集中了宋庄一些颇具创造精神的艺术家，他们中既有“老宋庄”，也有“新宋庄”。但不管是新朋还是旧友，他们来宋庄，都是为了一个共同的目的，那就是通过艺术创造出一个纯净的理想王国。宋庄作为他们实现理想的试验地，与其说是提供了他们艺术创作的条件，不如说是带给了他们造创理想的机会。所以，他们这些人的“本生故事”，似乎注定了离不开宋庄。这是不是一种缘分的暗合呢？我不得而知。但我知道善缘能够结出善果，就像当年的宋庄以包容的姿态接受了这些艺术家，而今天这些艺术家又带给了宋庄以声名鹊起的回报一样。我只希望这个宋庄艺术家的展览能够在第四届宋庄艺术节上再结善缘，不仅是给未来的宋庄，也给未来的全人类换来一片理想的美景。

是为序。

——《艺术为媒介，今生之缘分》

城市裂缝展序

文 / 杨小彦

中国近三十年来的城市扩张举世瞩目，不仅沿海城市大规模发展，即使内陆城市，也成为蚕食乡村腹地的先锋。幸运的是，中国城市摄影恰恰生长在这急剧扩张的城市语境中，并用自己独特的语言给扩张本身提供了重要的视觉标志。而其中的表象是，那些敏锐的摄影师们，他们发现，城市扩张过程中因不同时间与空间的错位，留下了大量触目惊心的裂缝，成为书写城市历史的关键节点，让敏锐的城市摄影家得以从容考察。

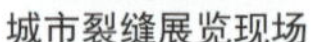
城市裂缝展览现场

城市裂缝展览现场

从某种意义上说，城市镜像就是从这一系列的考察中生产出来的。今天的问题是，一旦这城市镜像成为形塑城市表情的源泉，对城市的图像考察就会滑向图像建构，于是，城市就重新集聚为一种想象，把国人对于未来的狂想与焦虑视觉化，而投射到日新月异的城市建设中，然后彻底湮没无闻所有个人的体验。为了对抗这种可能的湮没，城市摄影家不得不重新开始，为个人的观看空间争取权利。于是，城市裂缝就转移到他们身上，而呈现为观看内部的分裂。从某种意义看，中国式的城市摄影，就是这一系列从外向内或从内向外的裂缝的直接产物。

本展览试图通过十九位中国本土摄影家和一位来自温哥华的华人摄影家，把这一观看的分裂过程展示出来。在所选择的摄影家中，有三十年来持续跟踪观察城市变化的资深摄影人，有近年来以个人影像表达为基本方式的摄影工作者，有以纪录边缘群体和经济现场的职业摄影人，还有用影像作为观念的艺术家。在这里，我要特别提到来自北美温哥华的著名华人摄影家李群力，他用一种不露痕迹的新现实主义的手法，把一座人们想象中的美好城市的背后真相给呈现了出来，既应合了北美摄影的最新变化，同时，对于理解因现代性之扩张而造成的城市裂缝，提供了有力的图像证据。

相信人们通过这些作品，能够理解城市化进程中的代价，它不仅包括了物质层面，更重要的是，还包括了精神层面的突进。

是为序。

——《一种现代扩张之遗存的图像考察》

我想知道展序

文 / 朱日坤

为当前的独立影像做一个笼统而似乎精确的定义在我看来有可能是浅薄和轻率的。这样一个庞杂的艺术门类应该是不容易被贴标签以便简单辨识的，当然这看法肯定会受到质疑。类似举出新浪潮等经验作为一个时代可以被概括的实证，我们姑且这么以为。

对于生活在这个混世的人来说，影像的一种比较现实的意义就是它或许可以反映和记录我们的真实生活，并尽量真诚的

卫铁作品 远离剧照

表述创作者对这个世界的看法。了解真相，掌握足够的真实是我们判断一切事物的基础。也许我们从小就习惯了谎言、欺骗和空洞的口号，所以有一天发现我们其实也可能获得面对真实的权利和自由时，我们反而不习惯了。

应该同样清醒的是，影像工作者不过是借他们的作品提供了某种观点，坚强或者脆弱的，真诚或者矫情的，爱或恨的告诉这个他们其实并不相信的世界。这远不代表什么。这是最糟糕的时代，这是最好的时代。这个不断被借用的借口，成为许多人做梦的基础，也成为另外一些人解读现实的钥匙。如果真是这么简单就能概括的话，那实在是太好了。

对于在宋庄艺术节可能放映的独立影像，由于可选择的范围其实很广，我们的选择仅仅是希望能够反映2000年以后存在的某种多样化的状态。如果说这能体现脉络或者暗合主题等的话，那估计是有人认为我们是在策划一届文代会了。对于影像而言，这不过是一个开始。时间允许的话，我们可以看到一些答案，虽然也极有可能是含混和不一致的。

感谢真诚创作的影像艺术工作者们，相关的工作人员，以及或许寥寥的观众。所有的这些人都是这个年代的隐者。

无用之用

文／王林

在宋庄布置些当代的环境艺术，这是一个尝试。

中国环境艺术大多是谋利的业务，与艺术家探索性、实验性的创作没什么关系。只有在宋庄这样注重原生态和开放性的艺术村落，有机会让富有创意的当代艺术家实施个人创作的环境作品。

从宋庄原创中心开始，也许以后每年宋庄艺术节可以邀请

杨述 正义论

王彤 北极冰落泪了

三、五个艺术家，根据不同场地条件，创作各具特色的环境艺术作品，逐步营造出宋庄的当代艺术氛围，使之真正成为当代性和国际化的艺术生存空间。

在此感谢几位参展艺术家的无私奉献。

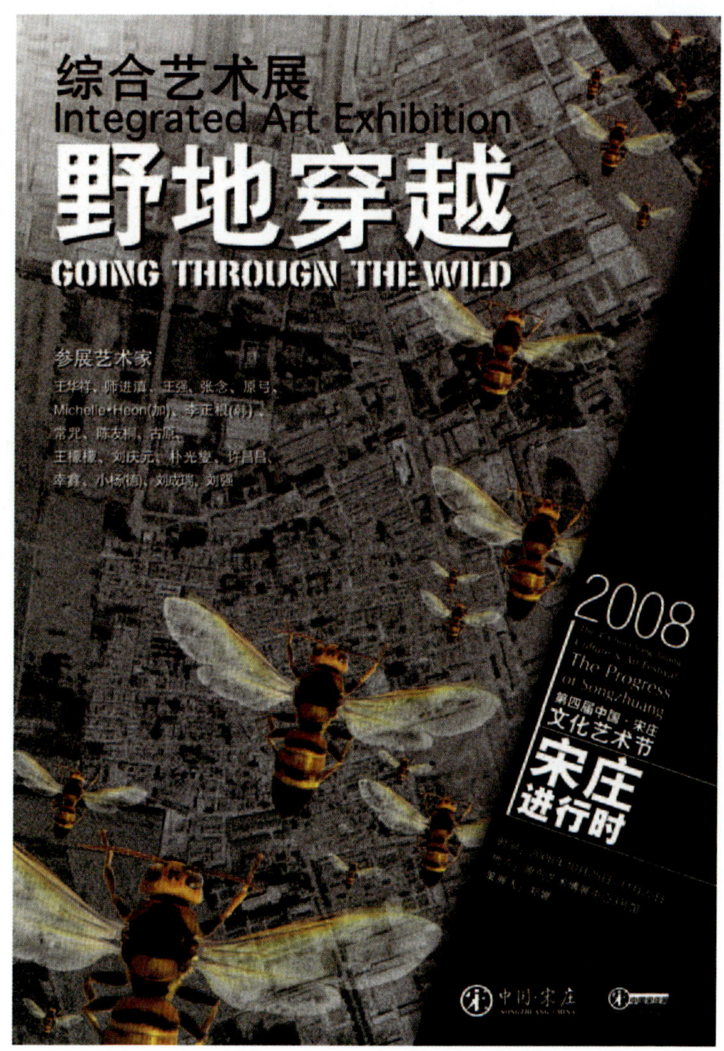

野地穿越展序

文 / 郑娜

现代主义的语言学思路已开始转向后现代的语用学思路，后者关心的是语言在交际交流过程中的生成意义，具体的、现实的、正在发生的言语事实。对艺术而言，则是以个体的当下的具体存在直面问题本身。因此，艺术作为解构力量，其根本要义在于揭示问题并揭示问题的遮蔽者。甚至我们可以说，正是艺术的去蔽功能才能使问题成其为问题，使问题能够真正呈现出来。

刮子行为现场

野地穿越展览现场

野地穿越展览现场

野地穿越展览现场

从这个意义上说，穿越即是以创造性的视觉方式质疑和反省、否定和追问。当代艺术的真正功能，并不仅仅是形式和形态的实验，而是针对既定的权力关系结构和文化生活现实，保护和促进人作为精神个体不断生长和发展的需要。从这个角度上讲，穿越即是穿透，穿透包容一切、规范一切、限定一切的元语言，穿透威权主义的元叙事，从而秉持异议姿态而让艺术成为精神文化更新的见证。

“野地穿越”，之所谓“野地”，乃是民间立场与在野状态的鲜明表达。艺术只有坚持独立思想和价值追求，只有保持对既有文化意识的警惕与警醒，才能彰显其存在的深度与意义。因此，提炼饱含力度的文化经验，挖掘自身独特的生存记忆、以充满实验和挑战的方式予以转换，才能真正呈现具有智慧的思想生成和基于实验的艺术创意。

2008宋庄艺术集市——当代原创艺术展序

文／郑娜

所谓集市，乃是定期聚集进行的商品交易的活动。艺术集市，顾名思义，就是艺术作品聚集并发生交易的地方。

宋庄艺术集市的形成，合情合理。一是从地点考量，集市作为一种周期市场，地点通常选位于交通适中的城乡边缘地带，宋庄恰好符合这样的地理条件。二是从形态上看，与普通集市也有相似之处，艺术品从室内走向室外、从殿堂走向街

艺术集市展览现场(吴黎浪摄)

市，但又不同于公共艺术，因为除了展示之外，更重要的是实现交易。因此，我们看待艺术集市时，传统视角与惯性思维都需要适当地进行调整。三是就宋庄地缘文化的特殊性而言，艺术集市乃是自下而上、民间生成的自然艺术生态，具有强烈的民间性与草根性。其意义在于：在野的创作状态有利于保持艺术家的民间立场，与既定的意识形态保持距离；边缘的生存状态亦有利于催生独立思想和个体意识，二者结合恰恰是宋庄原创精神的精髓所在，也是宋庄有理由成为中国当代艺术不断实验、探索之地。

艺术集市成交现场

三千多位从事当代艺术创作的艺术家栖息此地，就像这片开阔厚重的庄稼地，大气沉浑，充满生机与活力。这股活泼的力量每天都在生长、发育、发生、发展。艺术集市正是在这样基础上形成的一种特殊艺术生态。鉴于此，本届艺术集市将以全新视角和运作方法来尽力培育这一独特现象，旨在把中国当代民间艺术力量、把边缘的在野的创造性调动起来，把自在、独立的思想性呈现出来。

艺术集市负责任人在接受媒体采访

其做法有四：一是提出“原创艺术走入寻常百姓家”的口号。二是为艺术集市搭建近四千平米的大棚房，让艺术集市摆脱露天展示交易状态。三是把展示作品分四组呈列，分别是：主棚房展示版画作品；油画、水彩、水粉、装置及其它作品；国画书法类作品；雕塑作品。四是将艺术集市视为一个流动

艺术集市展览现场

的集市，拟在全国进行巡展，每到一站都会适当加入当地艺术家，每站展出15天。据初步统计，艺术集市在北京将选择六个地方展出：宋庄、798艺术区、朝阳公园、世纪金源、环三环、城外城。接着，将由南向北拉开巡展路线：广州（深圳）——南京——上海——成都——西安——天津，最后返回北京。十二站历时半年，这是艺术品的长征之旅，也是中国当代艺术一次最大规模的亲民活动，更是检验中国当代艺术市场的一次创举。

众声喧哗展序

文 / 孙振华

无论从那个方面看，北京宋庄都是浓缩当代中国某些重要特质的一个特殊场域。

中国当代艺术由边缘出发，最后举着“文化产业”的旗帜下走向中心，走向节庆式的狂欢，如果要选取一个典型，那非宋庄莫属。

从社会主义文化的基层型、群众性，到后社会主义文化的娱乐性、商业性，这种巨大的转变如果要选取一个典型，那也

众声喧哗布展过程

众声喧哗布展过程

众声喧哗布展过程

众声喧哗策展人孙振华来到布展现场

非宋庄莫属。

在中国城市化进程中，兼具城市和乡村的双重问题，浓缩这一过程中人们观念的变化、身份的转变、角色的定位等诸多问题，如果要选取一个典型的地方，还是非宋庄莫属；

宋庄作为普通的京郊农业村庄，经过这些年的社会变迁，尤其是经过当代艺术意外地介入，使它成为中国当代社会一个十分独特的场域。在这里，前现代、现代、后现代各种丰富的文化景观相互交汇，形成了繁荣、混乱、兴旺、杂多、并置、冲突的空间特质。宋庄作为中国当代社会的一个缩影，已经成为解读当代中国的一个重要空间文本。“众声喧哗”就是对宋庄这一特殊社会空间的描述。

宋庄的这种状态倒也与中国雕塑的状态相吻合。

当代的中国雕塑，打破了过去单一的局面，呈现出开放、多元和世俗化的总体特征。从“众声喧哗”的参展作品中我们就可以看到，这些作品不是一种风格、一种面貌、一个圈子或者一种价值取向的雕塑作品，我们希望在有限的参展作品中，尽可能地反映出当代中国雕塑“众声喧哗”的面貌。

雕塑遭遇宋庄，自然会营造的是一种“众声喧哗”的街头文化景观。

作为宋庄艺术节组成部分的公共雕塑展，其使命之一，就是营造出一种街头文化的热烈气氛，让艺术节期间的宋庄，成为一个吸引人流和视线的公共空间。公共雕塑在街头与公众零距离地接触，将有利于当代艺术更有效地参与到公共生活之中，在众多的议论、质疑、赞许中，形成雕塑与公众的对话关系。

活力、生气、可能性，就在众声喧哗，略嫌纷乱嘈杂的宋庄生长。

第二届中国美术批评家年会

第二届中国美术批评家年会

第二届中国美术批评家年会合影

第二届中国美术批评家年会现场（吴黎浪摄）

2008年10月26日，第二届中国美术批评家年会在北京通州运河人家酒店举办，年会的40位学术委员，有22位出席本届年会。

本届年会评委会的成员包括，朱青生、邹跃进、彭德、杨小彦、陈孝信、孙振华、王林，评委会选出朱青生先生是这次评委会的主任，王林先生是作为组委会这一届的轮值主席。

皮道坚先生在会中介绍，本届批评家年会议题为“艺术批评的精神品格与学术形象”，分为五个部分

一 批评家身份的自我言说

二 当代艺术批评的思想资源与运用方法

三 艺术批评的学术规范与写作方法

四 艺术批评的价值判断与多元论思考

五 艺术批评与艺术市场的关系问题

批评是对判断的炫耀还是对判断的反思？批评作为一种健康的文化力量如何发挥它的作用？这些话题将作为参加使本届会议的文学界的学者，与美术界学者共同讨论当今“批评何为”。

水天中先生在发言中提出：市场与批评你究竟选择谁?批评

是否应该回到文革的年代中？批评中语言暴力，语言攻击，带着批评的旗号来进行商业等问题。

朱青生先生在发言中提出：08年批评到底发生哪些事情？我们的批评怎么了?中国的民主进程竟然在这次的活动中得以推进。西方危机在中国的扩散对中国当代艺术的妖魔化等问题

第二届中国美术批评家年会会议纪要

皮道坚：批评何为？

各位同行，各位代表，大家上午好。

这次的批评家年会主持是在今年初大概四月份的时候确定的，我和李公明接到本次活动的轮值主席王林先生的电话，希望我和李公明来主持这次的论坛，希望我们能够确定一下论坛讨论的议题。

皮道坚（吴黎浪摄）

我们觉得去年的论坛非常有意义，论坛也应该连续做下去，中国的美术批评界需要这样的一个论坛，所以我和李公明当时很高兴地接受了这样一个委托，事后我和李公明见过两次面，我们也通过多次电话就今年论坛讨论的主题问题反复商量了，也和王林交换过意见。

这其中有过几次变动，开始的时候我们把注意力都放到了市场、经济对批评的影响上，所以我们一度想讨论艺术批评和市场机制之间的关系的问题。

因为最近以来，尤其是中国当代艺术品在国际市场上的价格飙升，可以说对我们美术界产生了很多方面的影响，对批评的影响也是不言而喻的。

但是后来，我们经过几次讨论以后发觉市场机制的问题还不是主要的问题，我们想到了上一次的研讨，讨论的是关于《江苏画刊》意义，那次讨论的会议纪要在各位手上的文集上都能看到。

那次意义的讨论的讨论，我们在新的文化语境下重新再来思考批评的本质、精神，这是上一次讨论会的中心议题。

我们想这一次应该接着那次工作做下来，所以我们拟定了这样几个讨论的议题。

有很多学者和朋友昨天我们在一起会面的时候，他们说都没有看到，实际上组委会很早就用电子邮件发给了大家，后来又用正式的函件给了大家。

主题是：

1、批评家身份的自我言说。

2、当代艺术批评的思想资源与运用方法。

3、艺术批评的学术规范与写作方法。

4、艺术批评的价值判断与多元论的思考。

5、艺术批评与艺术市场的关系问题。

下面我会简单地说一下。

昨天晚上吃饭的时候，顾丞峰和我说这次研讨的主题是不是太多了，太分散了，当时我没和他说，后来回来我想了一下，我觉得这次讨论的主题实际上是不分散的。

这五个主题后面有一个没有说出来的隐性的主题，四个字“批评何为”。

在新的环境下、文化语境下，我们的美术批评应该怎么做。

我们的批评写作和批评的阅读应该怎么样去进行。

大家知道从八十年代以来中国的现当代美术经历了三十年的时间，在这个时间我们经历了很多的变化，在八十年代我们的当代艺术是受政治的干预远远超越于经济的干预。

当然那个时候已经有一些外来的资本支持我们的现当代艺术，但那不是很明显的。

进入九十年代中期以后，经济的干预、市场机制的影响对当代艺术市场机制越来越成为一个我们不可忽视的力量。

我想我们现在和八十年代相比还有一些很深的变化，尤其是我们的话语权的解放。

大家知道在八十年代我们批评的声音，当时谈的问题批评要成为独立的力量，强调批评的独立性，那时候批评要发表是有受很多方面的钳制，方方面面的审查，那时候的刊物也不像现在这么多。

现在，进入批评领域的准入度放宽了，我们的刊物空前得多，我们的画廊如雨后春笋，各种各样的美术机构越来越多，这样造成了批评非常繁荣的现象。但这种繁荣只是一种表面上的，当然还有一个更深刻的变化就是网络传播。互联网、各种博客的开放，这些都是我们批评环境发生变化的一个非常明显的标志。

我曾经在李公明主编的《美术馆》刊物上看到过一篇文章《一种对当代美术批评的批评》，这篇文章是美国芝加哥美术学院詹姆斯?埃尔金斯教授写的。

这篇文章写的非常详细，用了很多具体的材料，分析了当今欧美美术批评的现状，提出了非常客观又尖锐的批评。

看了那篇文章以后，我觉得埃尔金斯文章里面欧美的美术批评的现状和我们非常相似。

在这里我想念一段他的话：美术批评可谓蒸蒸日上，吸引了大量的写手，也常常得益于高质量的彩色印刷和全球性的发行，在这种意义上说，美术批评是繁荣的。但是，请大家注意，后面的观点却又在当代理论论证的视野当中，因而无所不在，又没有什么生命力，只是背后有市场而已。

所以我觉得他开头的一段话，这段话吸引了我。他举了很多例子，包括稿酬、批评家写作的稿费和从事美术史、美术理论工作者，严肃学术著作收入的差距都有。

我想这个问题很值得我们思考，因此我和李公明商量了，这次要商量我们批评在当前的文化环境下应该怎么做。

“批评何为”细化了五个方面的主题。

想正是因为刚才我讲的那样一种变化，所以现在在我们的批评界出现了这样的情况。

我们有可能对一些新的艺术现象和艺术作品无语甚至是失语，但是还有一个情况，由于话语权的解放，由于准入度的降低，所以我们有更多的胡言乱语。

由于网络的问题，我们可以看到一个词“网络暴力”。

在我们的美术批评界，有没有语言暴力，有没有批评暴力，有没有冷暴力。

有，是否正常，我们是不是需要有学术的规范。由此引出我刚才说出的话题，批评家身份的自我言说，批评的学术规范，我们是不是应该在学术的平台上展开批评的写作和批评的阅读，批评的学术品格的问题。

讲到这里我想顺便说一点，我接触了很多美术史、美术理论界的同行，他们不写批评写作，甚至讳言自己是批评家，当然这可能是个别的，我不赞成他们这样的观点。

他们这样的观点是不是值得我们反思一下呢？是不是觉得我们有些批评没有学术的品格或者学术的力度呢？

当然批评和美术史研究和理论研究很大的不同就是，它和现实的关系非常密切，会应对一些突发的事件，要讲究时效性，但是这一切都不是我们可以不进行理论思考的理由。

所以我想我们这些题目的拟定就是从这样的角度开始的，

因为从这样的角度和立场出发，所以我们邀请了一些其他人文学科领域的著名学者。

请他们来和我们交流一下，我想他们肯定会给我们带来新的学术视野。

因为美术批评和市场的关系以及文学是不能相比的，在座的每个人心里非常清楚，与其他的人文学科相比，他们受经济杠杆的影响比我们小得多，所以我想他们的发言应该说在几个方面可以为我们带来很好的启迪：关于批评是不是需要系统的概念和规则；批评是不是需要理论化；批评是对判断的炫耀还是对判断的反思；

我觉得这都是非常有意义的，我们的批评力度怎么样能够发挥到更大的程度，批评作为一种健康的文化力量如何发挥它的作用。

我想这都是我们需要借鉴其他人文学科（文学批评、文化批评）学者的经验，他山之石，可以攻玉。

这就是我们这次安排的考虑。

王林：批评家年会的主要工作和任务

王林（吴黎浪摄）

按照上一届会议上学术委员的建议，今年开始，每年开会时把年会一年的工作情况向各位与会代表做一简要汇报。

年会是一个组织形式比较特殊的批评家自由联合的民间会议机制，我们主要是利用在全国各地进行艺术活动的机会，邀请年会的组委或评委聚集在一起来商量关于年会的事情。去年10月1日在成都借助“我与这座城市”展览，召开了成都会议，对去年的工作做出总结，并移交今年的工作。今年4月19日借助“艺术慈善中国”国际巡展活动在北京崇文门饭店召开组委会，20日召开组委会和评委会联席会议，主要对年会章程、评选规则进行了修改。并做出决定，因为去年评选时间仓促，相应规则制定不够成熟，把评选活动放到2008年来进行。北京会议以后，从5月份到7月份一直在讨论年会章程和评选规则的调整。10月11日借助西部产业文化论坛的机会召开了西安会议，在去年评委会的基础上根据评选规则组建了今年的评委会，并完成了评选工作，讨论了今年年会筹备事宜。

2008年批评家年会主要做了四个方面的工作：

第一、 制定和完善年会章程和评选规则。

各位请见今年宋庄艺术节画册《宋庄进行时》第一部分“论坛”，有这两个文件。今年评选的结果和研讨会议题也在其中。学术委员有什么修改的意见，为了不耽误研讨会时间，请书面反馈上来，以利进一步完善修改。

第二、筹备召开2008年批评家年会。

本届年会在3月10日成都会议上确定邀请皮道坚和李公明先生作为研讨会的主持人，由他们先拟定了研讨会议题，组委会觉得可行，并请他们邀约了不同人文学科的学者来参加会议。另外，我们还邀请了一些年轻批评家参加本届年会。这也是年会的惯例，学术委员只是参加会议的基本队伍，每一年都会邀请一些来自各方面的学者和朋友参加研讨会。

第三、出版2008中国美术批评家年会文集。

非常感谢河北美术出版社，他们连续两年出版了年会文集。今年的文集纳入了去年年会的会议纪要，今年的会议纪要会放到明年的文集里。今年的文集有70多万字，不仅有学术委员的文章，也有受邀批评家特别是年轻批评家的文章。文集也是一个平台，可以收入本年度活跃的、撰文较多的批评家，把他们的成果发表在上面。

第四、完成了年会第一次评选工作。

组委会非常感谢以朱青生为主任的评委会，他们在西安会议上进行了非常认真的评选。

按照年会评选的规则，评选了四个奖项：年度批评家奖、年度青年批评奖、年度艺术家奖、年度青年艺术奖。

经各位学术委员提名，年度批评家奖提名如下：栗宪庭、高名潞、王林、范迪安、水天中、彭德、黄专、吴鸿、黄河清、王南溟。因为我和彭德都是评委，自愿不参加评选，获得评委会同意。评委会评选栗宪庭获得今年的年度批评家奖。获奖的理由是：“栗宪庭在美术批评中长期不间断地坚持本土批评，其批评实践有力地推动了中国当代艺术的发展。”

年度青年批评奖获得提名的有：朱其、何桂彦、吴鸿、冯博一、盛葳、高士明、高岭、卢缓、郑娜、付晓东、段君、胡斌。其中冯博一因超龄而不参加评选。奖项的获得者是朱其。获奖的理由是："朱其在批评活动中积极而富有创意，针对批评界的不正常的现象表达了独立尖锐的态度。"

年度艺术家奖获得提名的是：隋建国、尚杨、徐唯辛、蔡国强、徐冰、周春芽、王怀庆、艾未未、岳敏君、张培力、吴冠中、何工、南溪、陶艾民、刘虹、孙建平。经过评选隋建国获得年度优秀艺术家奖。获奖理由是："隋建国在艺术创作中坚持当代形态的探索和对现实问题的关注，承担着当代艺术家在社会上的批评角色，并且在艺术教育领域不间断地付出努力。"

年度青年艺术奖获得提名有：张小涛、陶艾民、刘炜、张见、王兴伟、范勃、董重、苍鑫、史金淞、何海、邱黯雄、尹秀珍、王玺。经过评选张小涛获得奖项。获奖的理由是："张小涛在艺术创作中体现会敏锐的感觉，展览活动展现出对社会问题和现实问题的关心。"

关于奖励办法，在评选规则里已经明确，组委会在明年三月份会召开获奖艺术家个人创作的研讨会。

年会希望得到各位学术委员和各位与会者的继续支持年会工作。

关于年会，今年较早地把年会议题拟定出来发给各位学术委员，主要希望大家能够围绕议题提供文章给年会批评文集，但相关论文还是太少，希望下一届各位学术委员和撰稿者能围绕年会议题写一些更有针对性的学术论文。文集原则上是自选集，但个人短评和策划方案不应纳入，个案研究应该更具有学术性和分量感，应在5000字以上。

关于评选，今年共有27位学术委员提名，希望有更多的学术委员能够对批评家年会所做的评选活动投入精力。明年评委会将会根据评选规则进行更换。

关于合作，一是和宋庄艺术促进会，接下来获奖艺术家个人创作研讨会以及青年批评奖获得者的策展活动，都会和宋庄艺术节、宋庄艺术促进会有关。另外北大现代艺术档案库，如何有更紧密的联系和合作，希望在接下来的工作中推出更具体的办法。《批评家》杂志去年经过高岭、顾丞峰等人的努力，第一期已经印出来，怎样和批评家年会有紧密的合作，值得考虑。批评家网站以及有些网站的批评栏目，批评家年会怎么介入，也是我们下一步要去研究的问题。明年年会，上海艺博会四川大学均有意邀请，可以进一步联系落实。

总之，批评家年会如何进一步开展活动，希望得到各位学术委员和与会学者、年轻批评家们更好的建议，组委会会收集起来认真研究，以便为大家做好服务工作。组委会也好、评委会也好，其实都是批评家年会的服务性机构，希望大家对我们的工作提出批评。

谢谢大家！

王林：在2000年上海双年展研讨会上，有人提出当代艺术的体制化，并以一种乐观的、欢呼的态度加以认同。到现在八年时间过去了，出现了一个新的变化，就是体制策展人。

显然，批评家年会关于批评家的概念包含策展人，我们的共识是，策展是批评的实践，因为视觉艺术活动，和文学写作等不太一样，它需要现场的展示，策展往往是批评思路的表达。

策展作为一种实践活动在中国当代艺术批评中，过去和现在都起着特别重要的作用。世纪之交，我们发现一种现象，就是重新出现 “体制策展人”。随着中国官方把当代艺术纳入文化产业，随着中国经济发展，各地建立了很多的美术馆、博物馆、艺术机构等等，于是就有不少人成为这些官方机构的领导者，或者是作为艺术家进去，或者是作为批评家进去。

这种体制策展人的出现，代表了官方或半官方的文化操作，他们可以利用体制的资源，进行各种展览活动。这种策展人占据舞台，对中国当代艺术的影响非常之大。

作为体制权力的占有者，本来是一个管理者，而不应该是一个本机构的策展人。因为这样的公共资源是社会的平台。这种凭借权力占有公共资源的现象是不正常的。表面是学术，其背后是权力和资本的运作，对独立艺术家、独立的艺术思想和独立的批评意识有很大的操控作用。策展是一项独立的批评活动。在中国当代艺术的发展过程中，独立策展人是非常重要的，是中国当代艺术真正的推动力之一。作为体制官员，你不能利用权利自娱自乐，即使要做一个策展人，也应该独立于自己掌握的机构之外。今天上午听广东社科院杂志主编发言，说他们那本杂志是不发表广东社科院文章的，这很好。艺术机构的管理者不要在自己掌管的场馆里去以策展人的身份去策划展览。保持与保证策展人和 批评家的独立性，对中国当代艺术是十分重要的，当代艺术的官方体制化并不是什么好事儿，真正的艺术永远是在野的。

王林：我要是有没有说到的贾老师来补充。

第一个问题关于新增学术委员的问题，这个实际上可能鲁虹没有注意到，这是根据中国美术批评家年会章程第五章的规定，新增学术委员由两名学术委员书面推荐，组委会提名，由年度与会委员表决，半数含半数通过由组委会正式聘请。

上一届开了年会以后，在这一年的时间里面，一共有学术委员推荐了17名批评家人选，然后我们在西安的会议上经过批评家组委会的讨论，决定向与会的学术委员提7位。

为什么在17名当中只提了7位，主要是考虑到两个方面：一、批评家年会的规模问题。本来我们希望更多的青年批评家进来，因为我们年会有一个大致的规模，比如说今年控制在60个人左右。因为我们的学术委员按照章程的规定都有参加年会的权利，那么，我们学术委员大致控制在50个人左右，我们还希望邀请一些其他批评学者们来参加。

这里面有两个问题：1.有可能我们邀请的新增学术委员比较有限。因为今年是第一年，所以我们讨论以后决定提7个人，以后还会逐年提名，也希望学术委员能够推荐。2.每年开会的时候，除了学术委员以外，我们还邀请了其他的批评家参与，这是一个公共的平台，尽管是一个民间组织。

二、从去年开始到今年我们文集的征稿其实不限于学术委员，而是有更宽泛的征稿，我们希望青年批评家也把文集看成是一个可以发表自己批评成果的平台。

这是关于新增学术委员的解释，新增的学术委员这一次为了节约会议的时间，请与会的学术委员采取书面投票的方式，所以鲁虹先生就接到了这么一张书面投票单，我把投票的最后情况和大家说一下。

今年经过学术委员的书面推荐，组委会的提名，由与会的学术委员表决，半数含半数以上通过，这7位都通过。

他们分别是：陆蓉之、郑娜、赵力、何桂彦、李晓峰、付晓东、盛葳。

关于文集郎绍君先生提了一个很好的意见，速记内容要发给大家，纪要要发表在文集上，请大家做一些修改。

另外，关于文集的编撰徐虹女士提出了一些看法，今年文集的编撰首先我们在发出通知的时候提出，希望个人的评论，评论千字文尽量减少。

策展报告不能作为批评家文集的论文，希望大家提供文章的时候继续这样，徐虹女士提到前言也不能这样，前言如果是研究性的文章完全可以，但是简短的提示性的尽量减少。

因为我们批评家文集原则上是自选集，所以主编是不筛选的，只是字数控制在每个人一万字左右。

关于文集，今天朱青生先生说了他们实际上准备了关于年度以来批评状况的报告，这个肯定是要收入我们下一次的文集，另外我提议如果不涉及到知识产权的话，能否发给我们每一位与会者作为我们会议的材料，也给我们提供对整个批评状况的了解。

郎绍君先生刚才谈到的关于警惕模仿体制的问题，从批评家的推荐上看，我就一直非常强调批评是一个独立的事业，是一个个体的事业，但是我们作为一个年会，实际上大家在制定评选规则、章程的过程中，其实已经比较充分地考虑到了这样一种批评的独立性问题。

所以刚才吴鸿谈到的尽管个人作为评委，但是他仍然有批评评委会评出的结果的权利。

请贾老师补充。

贾方舟:批评家的责任

我想说三点：第一，今年专题讨论的两位主持人提出的议题非常好。这个议题符合我们年会的宗旨：致力于批评的学科

贾方舟(吴黎浪摄)

建设。我觉得我们年会的目的就是想不断地对批评自身的问题加以反省，这是我们的宗旨，这也是我们年会和所有的论坛不一样的地方。因此，我觉得今年的议题非常吻合我们年会的宗旨，也是大家不断地对批评、批评家自身问题反省的过程。

第二，我想说批评家不同于美术史家的地方。

最不同的一点就是批评家关注的是正在发生的事，正在变动中的事，还没有确定的事，这一点是非常重要的，因为他不是关注已经过去的事，所以他需要一种敏感，还不能确认的新的艺术家的产生这需要批评家的关注，而史家研究的是已经过去的事情。

第三，批评家的责任。

我觉得批评家的责任有两点：一、需要关注新的艺术潮流、艺术现象，需要发现和确认新艺术的价值准则，也即新出现的一种价值准则，而不是用既有的价值准则判断新艺术；二、需要发掘和扶持艺术新人。要在艺术生态园里不断发现新的因素，这种新的因素正是构成艺术不断发展的一些苗头，这是最重要的东西，而这样一点正好是上午邹跃进说到的，批评家是立法人，我觉得这一观点不完全，应该加以补充。

我的看法是批评家是发现或者确认艺术准则的人，而不是立法者。法从何来？我觉得真正创造艺术法则的是艺术家，关于这一点可以从罗杰?弗莱和塞尚的关系看出来，如果没有罗杰·弗莱对塞尚的确认就就没有塞尚“现代艺术之父”的地位，也没有立体派；反过来说，如果没有塞尚也就没有罗杰?弗莱，艺术家和批评家的关系应该是这样一种关系，一个是创造新的艺术准则的人，一个是发现了这种准则并把它归纳、确认并理论化的人。

从这个意义上讲，凡高时代的批评家是不在场的，批评家是缺席的，或者说批评家是失职的，因为对凡高艺术价值的确认是艺术史家完成的，而不是同时代的批评家完成的。

因此，我想援引乔治?布莱在《批评意识》书里说的话：主体经由客体再回到主体，这是对任何阐述行为三个阶段准确的描述。走向对象乃至走向自身，批评家虽然批评的是对象化的艺术家，但是最终体现的价值还是自己。

杨卫：语言的暴政与无边的民主

杨卫（吴黎浪摄）

我专门为今年的年会议题写了一篇文章，但是非常遗憾，因为我的文章涉及到延安文艺政策等一些敏感话题，所以这个文章没有收录到正规出版的年会文集。我的文章标题是《语言的暴政与无边的民主》。在这篇文章里，我追溯了近一百年来汉语的变化，联系到现在网络上一些毫无节制的批评现象，我追溯了其产生的渊源与背景。

我们知道在中国历史上，知识分子经历过两次大的位置转换：第一次是出现在春秋战国时期，知识分子由原来寄养在宫廷下移到民间社会，以后形成了所谓“士”。“士”是一个很有意思的概念，他既不依附于上层权力，同时又是“四民之首”，充当着民间社会的道德楷模。这很像近代以后西方出现的知识分子，也就是说中国知识分子在春秋战国那一次的身份下移，正是他们形成知识分子阶层，获得社会独立的一个前提。在这样一个前提下，他们形成了一整套价值规范，包括语言方式，我们知道的“文言文”，就是当时的知识分子特有的语言方式。“五四”前后，新的知识分子开始反对“文言文”，并不是反对它曾经承载的那种道德价值，而是它发展到后来越来越空洞，成了一种空泛的道德说教，尤其是不再吻合“五四”前后的时代背景。这就回到了我开始提到的中国知识分子第二次位移，即“五四”前后再次向民间社会转换。事实上，在最开始转换的过程中，还是有许多人希望对原有价值有所保留的，比如康有为、黄遵宪、王国维、梁启超等人都企图做过这种嫁接的努力。但是，这一次位移跟上一次已经不同了，根本的不同就在于有了一个西方的价值进来，这种价值犹如当头一棒，打碎了我们所有对传统的看法。所以，到陈独秀他们出来，就要激进多了，他们不仅要“打倒孔家店”，而且要废除原来的文字。这是中国知识分子第二次位移的背景，这次位移的结果不是知识分子的独立，而是知识分子回到暴民中间，也就是回到革命群众中间吸取营养，成为革命中的一员。这也就有了鲁迅的“一个都不宽恕”。事实上，从鲁迅到左翼，再到延安时期的语言变化，一直发展到后期的文化大革命，有一个非常清晰的线索。这个线索就是知识谱系向革命群众靠拢，最终被暴政所收购的语言线索。二十世纪八十年代，随着更多西方哲学思想的引入，中国更新一代知识分子诞生了。他们希望把西方的知识背景拿过来，重新建构一个中国知识分子的概念，这就出现了一个重返精英的启蒙时代。不过，这个时代很快就在1989年受到了重创。重创之下的结果我们已经看到了，那就是重返“文革”的造反派那一套，出现王朔们“我是流氓我怕谁”的大不敬。

现在网络上流行的许多批评文章，大都是继承了王朔们的衣钵，甚至比王朔还有过之而不及。我就经常读到一些带有人身攻击的网络批判文章，没有任何证据，也没有任何语言规范，完全信口开河，拿什么骂什么。这种语言现象的出现非常危险，因为它将有可能摧毁知识分子的心理底线，最终使所有的文化建构化为乌有。尤其是这些网络批评假借民主的名义，大开杀戮，将我们再次引向“文革”那种暴民式的狂欢之中，由此酿成一个你斗我杀的恶性循环，不仅撕碎了民主的前提——契约，也使汉语世界远离了人的理性寓所。因此，我觉得非常有必须来对这些东西进行一番清理，因为只有把垃圾清理干净了，历史才能还原于其纯净的本真面目。

陈孝信：中国当代艺术的现代性品格

陈孝信（吴黎浪摄）

我发言的话题恰恰是我要做的一篇论文，不是已经写成的论文是要做的一篇论文。我正要做的一篇论文是关于中国当代艺术的现代性品格问题，这里我首先要声明我并不反对当代艺术，也不反对当代艺术中以后现代主义为标杆。

有一个问题，我要回应一下朱青生先生认为当代艺术妖魔化的问题。

我觉得另一个危险性是不是也存在，八零后和九零后的艺术家要面对的“谢晋式”的问题，谢晋在2006年提出了一个问题：作为一个中国艺术家你了解中国艺术吗？你了解中国文化吗？你了解你国家和家乡吗？

他提了这些问题，还可以继续讲，你了解你的父兄和身边的人吗？你了解中国的农民和农民工吗？你又了解多少？我觉得这个问题正是八零后、九零后当代艺术家存在的一个危险性，我认为有相当一部分在这些谢晋式的问题面前，他们很难回答，或者说很难交出满意的回答，我认为这就是当代艺术当中的另一个危险性。

另外一个话题，我进一步思考的问题，我更关注当代艺术中的现代性品格建构问题。

为什么要建构现代性的精神品格，理由很简单：两个基本点，一个基本点我们对应的社会资源相当丰富，现代化和现代性对中国社会带来了大量的现代性困惑（生存问题、生态问题、环境问题），现在又有人命问题等等。

如果对这一系列现代性的问题完全回避，一笑了之，我认为完全不可取，我认为这个社会现实，也就是我们的社会现代性问题是当代艺术必须面对的。

我们在当代艺术讨论中的草根性、底层人文、中国经验，这样一些说法是有社会责任感的一种当代性的表达。

中国的现代艺术也可以说，半个多世纪以来一直在追求着中国的现代艺术并没有发育完全，需要继续锤炼，所以建立建构现代性的精神品格仍然是一个重要课题，这是两个基本理由。

所谓的现代性品格要点是三个：一、批判性问题。批判性的视角和反省的立场，对许多问题不能盲目地追，要有批判性的视角和反省的立场。

二、要有深切的人文关怀和现状关怀。如果我们连深切的人文关怀和现状关怀的热情都没有了就不配做艺术家。

三、中国的形式实验在展开当中还需要继续磨炼。

最后我讲的一点是现代性品格当中包含的一些当代性的方法和当代性因素，所以这就使我们不能把当代性和现代性决然分开，认为它们是互相抵抗的两个概念，我也是不能接受的。

顾丞峰：“语言暴力”形容美术批评不合适

正好我回应李公明提出来的问题，我准备的题目也是针对今天上午所提到的语言暴力、学术规范的问题。

我想首先我觉得应该改变一种看法，“语言暴力”这个词在我们批评家年会这个场合下提出来是不是有一定的适应性的问题，我们都知道暴力从哪里来？暴力本身是伴随着权力，如果没有权力就不存在暴力。

在任何情况下能够产生暴力的语言都是有权力的语言，所

顾丞峰（吴黎浪摄）

有能够发出声音的语言都是借助于权力的，从这样的角度来看不光是美术批评的语言暴力，只要我们能够说得出来有人听，或者能够起作用的话都伴随着某种程度的语言暴力。

这里我想我们用“语言暴力”这样一个词汇来形容当前美术批评当中出现的问题是不是合适。

我觉得可能我们更合适用什么样的方式来言说它呢，我们用一种对学术规范的重新整理可能更合适一些。

我觉得对学术规范的重新整理、认定也好，可能也要分成两个层面：一、首先是在写作的层面。写作的层面容易规范，比如说我们如何引用、引文，在文章当中的概念、判断、推理过程是不是合理，是不是自相矛盾，是不是符合逻辑，这是可以判断和规范的。

二、批评规范的问题。我觉得可能不是我们写作本身的问题，而是道德层面的问题。

我们出现很多问题，实际上不光是在美术批评的写作当中，当然在美术批评写作当中，尤其是今年一年开始已经有一定的反映比较明显，而这样更多是写作方式，如果换一种对象同样出现，之所以是否是语言暴力没有直接关系，每一个人都有一种语言暴力。

在道德层面很多问题不是我们能够解决的，有些问题要靠一种是非公论，甚至是法律管理的事情，那些问题甚至是我们美术批评利所不能及的问题，是个人修养的问题，是艺术教育的问题。

我们只能把这个作为现象提出来，回过头来看08年美术批评总体上来说还是乐观的。为什么这样说？我们就从比较多的争议来看，我觉得是一个好的现象。为什么这样说，这里面虽然在学术规范上是有缺失的甚至有缺陷的，但是我觉得这些争议从网络过渡到平面媒体，特别是在《美术焦点》这样的杂志上，反映出来的几场争论我觉得是有学术价值的。

我很注意看了这本杂志，提出了几个问题，比如说关于图像转型的问题，如何书写当代艺术史的问题，我觉得尤其在图像转型的问题上，前后的讨论过程对这个问题是有推进的，这个问题不是其他杂志能够做得了的问题。因为过去我也是搞媒体的，我对这方面比较注意。我们现在有很多年轻人非常乐观，在七十年代末、八十年代初出生的人有很好的热情。规范的问题要靠我们的共同努力，但是我绝对不会管，当然在我们所办的《批评家》杂志当中，我是力图推动有学术见解、理论批评和文章。

何桂彦：方法论对批评的重要性

首先感谢中国美术批评家年会组委会对我的邀请。对当下的批评现状，我的基本观点是，当代美术批评是失语的，批评家和艺术家是共谋的，批评家的身份是暧昧不清的。

何桂彦（吴黎浪摄）

过去我们常常将批评的失语与批评的发展寄希望于批评外部环境的改善，但是，如果不注重批评自身内部的建设，对外部环境的期望终将是一种幻想。我的态度是，捍卫批评的独立应取决于批评本体的完善，即批评家要对批评本身负责。其实，我在去年的批评家年会上就谈到了这个问题。简要的说，我去年的发言围绕三个方面的问题展开：第一、批评应具有它的独立性；第二、批评需要有自身的方法论；第三、批评应该学科化。实际上，水天中、王林、高名潞老师对这三个问题都有专文讨论，在次我不展开了。

今天我想谈两个方面的问题：首先，中国当代美术批评已经有近三十年的历史了，一个紧迫的任务是，我们需要对过去三十年批评历程进行回顾，对过去批评文本进行梳理，对过去的艺术思潮与艺术批评的关系进行研究，这些工作目前还没有人去做。

第二，我想重点谈方法论的问题，因为谈批评的内部建设实际上就无法绕开批评的方法论。我对方法论的理解，就像格林伯格说过的一句话："一个学科只有用它自身的学科规范来批评自身才能保持这个学科的独立性。"也就是说，我们的批评家如果对批评本身都不尊重，不能维护批评整个群体的尊严，美术批评的意义就是失效的。我想举两个方法论方面的例子，这两个例子刚好可以说明我的观点。就拿同一件作品——马奈的《奥林匹亚》来说，批评家格林伯格认为，它是整个现代主义绘画的源头，因为格林伯格认为，现代绘画最重要的本质就是回到作品的平面性和媒介性上，所以《奥林匹亚》自然是一个新的起点。然而，批评家迈克?弗雷德提出了一个不同的看法，弗雷德是格林伯格形式主义批评的追随者，他认为，现代主义的叙事是从反戏剧化开始的，这种戏剧化的传统从狄德罗时代就一直延续了下来，但马奈的《奥林匹亚》却是对戏剧化的反叛。尽管弗雷德同样将《奥林匹亚》当作现代绘画的开端，但在方法上，他和格林伯格是完全相异的。不过，这种理论方式和批评方法在20世纪70年代后遭到了一些新批评家和新的方法论的质疑和挑战。代表性的就是女性主义批评的兴起，在一些女性批评家看来，马奈的这张画表现的是一个男性化的他者，因为“奥林匹亚”是被看的，被凝视的，在“看”与“被看”的过程中是被动的——这是她们不能容忍的事情。对于格林伯格的现代主义理论而言，女性批评几乎是颠覆性的。再有就是社会学批评提出了一些新的看法，代表性的批评家有TJ·克拉克、托马斯·克劳，他们大致的观点认为，马奈这批艺术家的作品恰恰反映的是当时中产阶级的生活，除了《奥林匹亚》外，还包括大部分印象派艺术家的作品，代表性的有雷诺阿的《包厢》，等等。我想说的是，同一件作品在　不同的批评方法下产生了完全不同的意义。

我想举另外一个例子，因为今年七月份我在“偏锋新艺术空间”策划了“走向后抽象”的展览，后来，网上有人骂我不懂抽象，我对这些批评没有给予回应。其实，这个展览的一个初衷就是希望在讨论中国的抽象绘画时，能不能在方法论上找到一些新的可能性。

就拿西方批评家对抽象艺术的讨论来说，同样是针对20世纪40年代到60年代美国的抽象艺术，格林伯格是从形式主义方法切入的，这集中体现在他从1939到1962年的批评写作中。从早期对前卫艺术的呼吁，到为美国抽象艺术进行辩护，再到将形式主义发展成一种现代主义方法，格林伯格的批评一直处于一种论战状态，其批评方法也总是在更新。但是，在另一个批评家罗森伯格看来，抽象艺术的价值并不体现在作品的形式上，于是，他在1952年提出“行动绘画”这个概念，认为艺术家创作过程中的行动比作品的形式更重要。这种批评方法跟格林伯格的形式主义批评是格格不入的。但是，“行动”绘画的概念对美国50年代中期以来的“偶发艺术”、“过程艺术”，包括其后的观念艺术都产生了积极的影响。当然，另一个同时代的批评家迈耶?夏皮罗却认为，抽象艺术最核心的价值在于体现了艺术家“自我的在场”，以及抽象艺术对艺术家主体自由的捍卫。

我想强调的一点是，同样是讨论抽象艺术，每个批评家所持的方法是不同的，这自然也得出了不同的结论。但是，这种情况在中国的批评界却很难发生，更没有形成自身的批评传统，常见的情况是，要不是大家都说好，要么就是彻底反对，前者当然比后者多，而且赞美者和反对者往往能是市场的既得利益者。这是一个很反常的情况。显然，这里面有一个策略性的问题，我觉得这是对批评的不尊重。

最后，我想补充说明的是，我们谈方法论的时候，一个危险就是部分批评家会把方法论庸俗化，将方法当作一种工具，但是真正的方法背后实际上蕴藏着一种深层次的文化和历史意识。比如，格林伯格的形式主义背后涉及到的是美国左派知识分子对艺术与文化、艺术与自由等问题的思考，从他30年代末期提出的前卫艺术理论到20世纪60年代的现代主义视角的转变，恰恰可以从一个侧面折射出40年代到60年代初期，美国文化在二战后因社会语境的改变在文化领域形成的转向。

再如，70年代伊始，一些批评家就指责美国政府利用抽象艺术参与了“冷战”，这种方法背后显然有着很强的历史意识，属于艺术社会学的批评范畴。当然，还有一些批评家认为，在美国抽象表现主义的运动中，黑人艺术家和女性艺术家几乎是缺席和失语的。前者涉及到抽象表现主义运动中潜在的种族和文化身份问题，后者则是对艺术与性别的再讨论。就女性缺席的事实来说，大家都知道，如果没有李?克拉斯纳的帮助，波洛克是不可能成为一个伟大的艺术家的。所以，方法论不是一个简单的工具，我们不能把方法论庸俗化。

回过头来再看中国的美术批评，大部分批评都属于随感式、散文式和新闻式的，缺乏批评方法，批评文本也缺乏学理背景。正是批评方法、批评规范的丧失才出现了刚才各位批评家谈到的当下批评语言的暴力化和批评的人身攻击等现象。很显然，一部分批评家正在践踏属于自己的批评群体。

总之，批评的发展应取决于批评本体的自律，取决于批评学科化的建设，以及批评在整个文化结构中所到的积极的推动作用，惟其如此，批评才能赢得别人的尊重。谢谢大家。

郎绍君：当下美术批评缺乏深刻的历史意识

郎绍君（吴黎浪摄）

近二十年，我主要从事二十世纪中国画历史的研究，兼作一点当代中国画的批评。近现代中国美术与当代中国美术有密切的瓜葛，所以对当代批评也有些体会。我想从二十世纪美术史的角度谈一点体会。第一，“进化论”特别是社会达尔文主义在近现代中国有广泛而深刻的影响，在美术界，诸如“革命与不革命”“进步与落后”“革新与保守”“科学与不科学”等等两分观念，都是以进化论为根基的。徐悲鸿与林风眠对西方艺术的选择很不同，但在对待中国艺术的态度上，即批评中国艺术落后、西方艺术先进这一点上，是相当一致的。50年代江丰说中国画“不科学”，国画系被一度取消，美术学院的基础教学全以苏联为师；其思想根源，都有社会达尔文主义的巨大影子。新时期之初，激进的年轻批评家说“中国画穷途末路”，把中国画家概括为“延续型”“开拓型”，所依据的，仍然是这种进化论。当代艺术的批评，从理论观念到语言使用，都来自西方。过去的“革命与不革命”，“进步与不进步”，变成了“现代与不现代”，“有现代性与没现代性”，在时髦理论与言词背后，仍然有进化论的影子。中国的当代艺术如何？我从一个局外人冷眼看，觉得它的极端的个人化、恶俗和精神暴力倾向是很严重的，我去年在批评家年会上说它“魔鬼多于天使”，就是这个意思。是有少数有思想、有批判性观念创造的当代艺术家和当代艺术作品，但大量的东西是摹仿的，是伤害善良人性甚至可以说是反人类的。支撑它们的是什么？是人类的良知与理性呢，还是资本和媒体的惯性力量？总之，我深深怀疑它们的存在价值。它们真是有益于人类的吗？“新”的东西一定是好的吗？

第二，当下的美术批评，缺乏深刻的历史意识，也缺乏鉴赏力。至少我比较熟悉的中国画批评是如此。批评是以当下的艺术为对象，但当下是由历史演变而来的，没有历史意识的当下批评缺乏时空厚度，缺乏艺术形态、风格与价值连续性的意识，缺乏显性或隐性的纵向比较。没有鉴赏力的中国画批评家，看不出作品的真假与优劣，只能流于商业化的吹鼓手，用千篇一律的词汇写包装炒作的文章。有关当代中国画的杂志至少有数十种，绝大多数是做炒作生意。它们扶植商业写手，共同制造文化垃圾。

历史意识是需要培养的，建议批评家作一点美术史题目，做一些相对深入的个案研究。批评文章大多短、频、快，容易大而空，缺乏深度。作个案研究可以相对深入、细致，有益于批评家进行纵向思考与横向比较。我做过一些个案，觉得很受益。大而空的批评，是20世纪中国美术批评的主流，是与实用主义共生的现象。值得我们加以反思。

李军：关心当代就是关心我们的生活

李军（吴黎浪摄）

我想说，其实我是不属于这个圈子里的，也不是批评家，我自己做遗产研究和西方美术史研究。为什么要参加这个会，我想首先当代是我们不可逃避的生活，所以我们只要关心生活，只要意识到我们活着恐怕都得关心当代。

所以当代、尤其是当代艺术的批评，这本身也是我们生活中的一部分，关心当代就是关心我们的生活。

就我个人来说，我首先需要从我的圈子里面跳出来，才能进入这个领域里；我想在这里面有一种断裂，这种断裂就是从一个领域跳到另一个领域，尽管这两个领域都是我们生活的组成部分。但是我感觉，当代艺术批评基本上和当代艺术处在连续的状态，当代艺术批评总是围绕着当代艺术发生的事件展开，策划、评论和艺术事件搅和在一起，当有一天事件烟消云散之后，批评也不会留下一点痕迹。然而在我看来，在批评和艺术事件之间存在着断裂，例如批评本身就是一个断裂，尤其是美术批评，因为美术批评是文字的系统，艺术则是一个图像的秩序，评论本身较之于图像就是一个断裂，这种断裂意味着，批评应该是从断裂出发，而不是从连续出发，尽管批评的目的是要跨越断裂，从文字系统进入到图像系统。

我们今天看到大部分的批评是跟生活接得太近。刚才有人提到批评应该具有艺术史的背景，在我看来，这也就是强调批评要有深刻的学术背景。虽然从艺术史进入到艺术批评同样要经过一个跨越，但这样从一个生活层面进入到另外一个层面，就会把前一种层面的背景带入到后一种层面中，就会给后者带来新的东西。我们的批评能不能站在更多元的层面来说话？

有一次我在天津美院参加一个答辩，其中讨论当代水墨的问题。我说，讨论当代水墨如果仅仅以当代艺术家是否在绘画中描绘当代特有的生活为标准，如画中是否有高楼大厦、时装男女、汽车、广告牌等等，是非常不够的；最多我们可以把它们称为“当代生活”而不是“当代艺术”，因为“当代艺术”恰恰表现为对于当代生活的一种独特的处理方式。当艺术与生活之间可以连续行走、自由往来时，就等于艺术与传统之间毫无距离一样。在这一方面，最前卫的姿态与最保守的姿态其实是一回事。如果生活和艺术之间可以自由往来的话，那么我们就可能会失去古人在处理题材时特有的那种从容大度同时又不失谨慎的态度。就好像传东汉蔡邕《笔论》中说的一句话：“欲书先散怀抱”，在古人看来，从生活进入到一个书写的状态，需要有一种过渡的形式或仪式，通过这种仪式，放下原有的一切，才能从生活出来沉浸到另外一个世界。恐怕对于批评也是这样，需要驱散生活中各种蝇营狗苟的诉求。现在美术批评和生活太接近，和艺术家太靠近，恐怕还有一个重要的原因。如果与文学批评做比较的话，我们可以发现，文学批评基本上是存在于报刊杂志上面，它的针对面是读者；假如说文学批评要达到为一部书作宣传的话，恐怕读者要几十万个才能达到效果。文学批评必须针对读者才能发挥效应，这是间接的东西。美术批评的话就很不一样，现在尤其是收费制度盛行之下，美术批评根本不需要去满足读者，他只需要满足两个人，一个是满足艺术家，另一个只要有一个人把这件作品买了，批评的工作就完成了，这个时候恐怕美术批评受生活的负面影响要远远超过文学批评。

我想这一点也会导致一个现象的产生。我们可以发现，现代艺术的产生和沙龙、展览制度有关，展览制度中断了赞助人和艺术家之间直接的关系，同时也导致了杂志报刊上现代艺术批评的应运而生；但现在，批评恐怕又要回到原来的方式里面去了，即批评家直接为艺术家和买主服务，或者说三方合谋共同制造价格盈利。我想，恐怕当代美术界最近流行的批评和争论都和上述现象有内在的关联。

林天强：批评实践的职能探讨和问题角度

谢谢主持人，谢谢王林老师推荐我参加批评家年会，其实我是偶然来到798工作的，之前很长时间在清华和北大学习，然后一直在做电影的研究和实践工作。因为798艺术节和艺术资本论坛和王林老师有一个很好的合作，所以有这个机会来到年会，就自己所困惑的一些问题就教于各位老师，因此先行谢谢大家。

林天强（吴黎浪摄）

没有准备，从上午和下午各位专家演讲主题中受到启发，整理了一个提纲，题目就叫批评实践的职能探讨和问题角度，准备三个方面的问题与大家探讨。一个是回应沈语冰先生就艺术的外部资源的回应，这是一个回应的回应，讨论批评的公共思想资源问题；一个是从批评身份问题的角度提出批评实践的四个职能的探讨；一个是当代艺术的三个问题角度。力争在主持人给定的时间范围内做一个简要的陈述。

当然我的题目可以加一个大帽子，那就是：全球资本转移格局下批评实践的职能探讨和问题思考。上个世纪九十年代曾经有一本很受关注的著作《力量转移》，讲的是力量正在从暴力、资本转向知识，也谈到力量从大西洋转向太平洋，于是我们看到了知识经济兴起；全球化和多极化，也看到了百年不遇的金融危机在西方的金融中心爆发，158年的雷曼兄弟轰然崩塌。很多人在担心艺术市场是否会受到影响。当这一切发生的时候，我们在场，我们可以发言了，我们也发出了声音，但是，声音不够响亮。

针对这种现象，我昨天下午在建设银行财富中心举办的“艺术化生存”演讲已经提到这个问题，同一个问题，我在上周六艺术资本论坛上和朱其也有一个公开对话。对话的背景是去年这个时候，我曾经和朱其多次交流，说到一种现象就是有些话好像说了没用，但是没用是否还要继续去说，当时我的观点是该说还要说。今年我们看到朱其持续地发出了一些言论，这些言论是对市场发出的，我问朱其：这些言论对自己，对市场产生了什么作用？朱其的回答是：我们可能夸大了某些言论的作用。——当我们谈到这个问题时，其实我们是在谈到人文社科领域一个非常有趣的现象，那就是“软的更软，硬的更硬”。什么是硬的更硬，比如说经济学，由于有数学的支撑，有诺贝尔经济学奖，经济学家能够对政府政策发生作用，我们看到，经济学获得空前的话语权，不仅在经济管理领域，而且在政治、法律、社会、甚至婚姻家庭领域，经济学都成为一种研究工具。然而在批评领域，当然我主要指电影批评领域，对于美术批评我不太了解，但是我们曾经在电影学院举行“当代艺术前沿”沙龙时，邀请了来自文化研究、思想史、哲学、历史、文化地理、心理分析以及经济学、政治学乃至传媒学的专家来提供我们一种外来的思想和工具资源，这种庞杂的外来资源令我感到困惑，我们的批评，究竟只是灵光一闪的主题词总结，还是可以具有系统的理论支持。这种困惑让我想到前一段时间在北京举行的奥运开幕式，做电影的张艺谋被邀请导演了这场开幕式，我们不妨把这场开幕式看做一场巨大的行为艺术，当（蔡国强的）29个大脚印落在鸟巢上空时，当舞者以行云流水的舞步勾勒出山水画卷，当上万名运动员在这个画幅上留下脚印时，这难道不是一次当代艺术创作？经由这次创作，中国的新面貌通过数亿人的收视传达到世界各个角落。而同一个张艺谋，在上个世纪曾经被评论界认为通过《大红灯笼高高挂》等之类的伪民俗向西方展现西方眼里的中国，当时也有人抨击这叫后殖民。然而通过奥运开幕式，通过《图兰朵》歌剧，通过“印象刘三姐”等等跨领域的交流，“伟大的主流的”张艺谋从其他各个领域的实践经验获得了对电影的巨大支持，他同时也在其他领域作出了贡献。这就是我的观点，这也是七十年前一位老人的观点，拿来主义，不要怕拿来，艺术共生，观点共存，其他领域的成果也可以成为美术批评的公共思想资源。

第二个问题是对这次年会“批评家身份的自我言说”的思考。首先，我认为在自我言说的同时，还要有一种系统观照。批评并不只是在书斋，并不只是在象牙塔，批评每时每刻都在和新的艺术实践发生关联，批评家除了做学术，还有很大的可能会介入策展以及美术馆的工作等等，在这种实践中，批评家要与艺术家、画廊、博览会、拍卖行、美术馆、基金会、藏家等等发生关系，所以，界定批评家身份的同时也要有一种系统观照。前面有老师提到批评和美术史研究犹如立法者和阐释者，这种观点很有启迪，那么在关于批评实践的职能思考时，我梳理出四个词，那就是:规划、组织、指导、调节。我非常同意前面贾方舟老师提到的批评家应该有职业敏感，善于发现艺术的新问题新方向，这种有关方向性的思考和安排，就是批评实践的规划功能；同时，批评还要善于整合艺术和理论，更要组织艺术的创造、渠道和评价，这实际上是一种组织职能；批评家之能成为立法者，那就意味着批评应该有一个高度，能够指导艺术创作和艺术收藏，这就是所谓的指导职能，“政治波普”和“泼皮现实”等归纳总结，在某种程度上就具有指标性意义；最后，批评并不是时时处处都有效地和艺术发生关联，更不是总能有效地影响市场，所以，批评应该根据实际情况有调节的职能。这四点是我关于批评职能的初步思考，因为时间关系，不能展开，因此直率提出供大家指正。

我要谈的第三点就是有关当代艺术的三个问题角度，这三个角度其实就是艺术资本论坛的三个分论题。第一个角度就是当代性问题。大家都说当代艺术，当代艺术究竟是什么？什么不是当代艺术？当代艺术在时间、空间、价值维度是否具有较为确定的含义？什么在假当代之名而行倒退之实？什么是当代艺术前行的方向？……问题种种，不外乎界定出我们学术探讨的范围。第二个角度就是当代艺术的社会语境问题。当代艺术当然不是一个孤立存在，其机遇和问题都是当下各种力量纠葛的产物，政治氛围的动态把握，经济动因的理性分析，社会心理的综合梳理和技术手段的持续创新......种种与当代艺术相关的分析，不外乎厘清当代艺术生存发展的环境和条件。前面很多人包括杨卫先生谈到网络上的语言暴力问题，我认为，我们未必先要对新事物注上一个标签，但是一定要研究新媒介，由于网络去中心化，互动参与以及大量的匿名等等特性，势必影响到艺术的表现形式，包括尺幅、色彩等等，也会对表达的语境，批评的规范形成新的因子，批评界要适应这种情况并应该研究掌握新工具，而不是听任这种表达的利器被非专业人士掌握。第三个角度是当代艺术操作层面的问题。资本和市场的问题归根结底要靠制度和机制来解决，法律法规应如何完善？艺术创作和生产、学术评论、各级市场、收藏界如何形成良性互动？拍卖市场、画廊、博览会等产业链各环节如何建设？国内市场和国际市场话语权如何建立和传递？艺术的资本化运作需要什么条件？艺术基金如何运作？艺术品风险防范机制如何建立？当代艺术相关人才如何培养？……种种问题，最终导向问题的解决和机遇的捕获。

我们认为：每个阶段有每个阶段的问题，发现问题，提出问题不是为了添乱，而是为了解决。我们知道：问题种种，不可能毕全功于一役，问题总在发生；然而种种问题，必有其由来和解决的思路。问题，解决，新问题，新解决，这是一个动态发展的无限循环。我们相信：发现真正的问题，问题的真正解决，必有助于当代艺术共生共赢的美好未来，为了这个未来，我们有必要共同创造一个认真研讨的学术氛围。因此，谢谢批评家年会！谢谢大家！

水天中：中国艺术批评需要一个规范

水天中（吴黎浪摄）

刚才在开幕式之后，大家在这里照相，让我和郎绍君坐在最中间，这使我产生许多联想。大家也许记得我在网络上发过一张照片，八十年代初期全国美术理论研讨会合影。那个时候坐在中间的是我们的老师辈，像王朝闻先生等，他们是20世纪后半期第一代批评家。

休息时和李公明谈到，我们遇到了非常好的历史机遇。文革多少年，反右多少年，“五一六”发表多少“周年”等等，但是这些“周年”都是不允许讨论、言说的，今年我们运气比较好，遇到了改革开放三十年，改革开放三十年是被允许言说的。他有一个很好的建议，说我们应该有专门研究“......多少年”这么一个学问，我深有同感，希望将来会出现这样一本书。

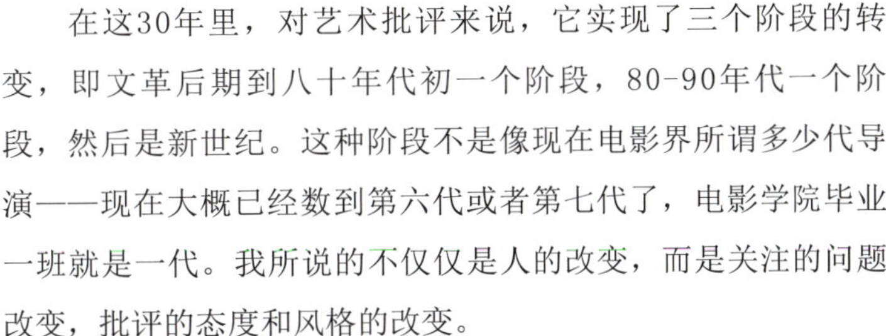

在这30年里，对艺术批评来说，它实现了三个阶段的转变，即文革后期到八十年代初一个阶段，80-90年代一个阶段，然后是新世纪。这种阶段不是像现在电影界所谓多少代导演——现在大概已经数到第六代或者第七代了，电影学院毕业一班就是一代。我所说的不仅仅是人的改变，而是关注的问题改变，批评的态度和风格的改变。

第一个阶段，在文革刚结束的时候重新有王朝闻先生、蔡若虹先生，老一辈出现在批评界当中的核心位置上。老一代批评家和下一代之间如果说有分歧的话，主要是我们的理论、批评是回到文革之前呢，还是我们要重新找一个与“17年”不同的新的批评天地。实际上这方面的分歧并不像有些人渲染的那么严重，我们觉得不应该回到文革前那个“大好年代”中去，我们不想回到过去。两代人对过去的那个年代有不同的记忆与评价。

在这样的情绪中，迎来了八十年代美术界以及批评界的新环境，面对新问题，与17年完全不同的问题。当然，八十年代以后批评界扮演了主角的，是在座的彭德、王林、皮道坚以及栗宪庭、高名潞，他们的活动代表了这个新阶段美术批评的特点，包括优点与不足。

我认为中国美术批评家年会在最近两年的活动，是一个新的阶段开始的标志。大家关注的问题、参与批评的力量、批评的对象……都已经发生了变化。这是在改革开放三十年之后中国艺术批评出现三个不同阶段的转换。

当然，第三个阶段各方面的形势，外部环境是前所未有的。但是在批评界内部，确实还存在着很多问题，有些甚至是严重的问题。例如刚才发言中提到的“语言暴力”问题、人身攻击问题，借着批评的旗号来进行商业炒作的问题等等。

在年会的文集上看到了高岭先生的一篇文章《市场、策展与批评你究竟选择谁》，我还没来得及仔细读，我觉得这个题目，这个问题发人深省。

另外，关于批评的规范，我个人从来怀疑建立一个大家一致认可的批评规范或者批评标准的可能和必要。我认为艺术批评的生命空间就在于它可以自由、个人的发表自己观点。但是当前的中国艺术批评确实需要一个规范，这个规范就是最基本、最一般的规范。严格说来，那已经不是艺术批评的规范，而是从事一般的学术所需要的基本规范，是做人的规范，伦理规范。艺术家和批评家都应该是有理想、有道德、关注现实、尊重自己也尊重别人的人。如果说这算是规范的话，我觉得这是需要迫切建立的规范。

我非常高兴听到刚才主持人宣布，今天邀请了好几位美术界以外的，在不同学科有独特和深入研究的学者参加会议，我迫切等待听他们发言，所以我节省自己的发言时间，希望争取到更多的时间让他们谈谈。

段君：培养与老一辈批评家对抗的勇气

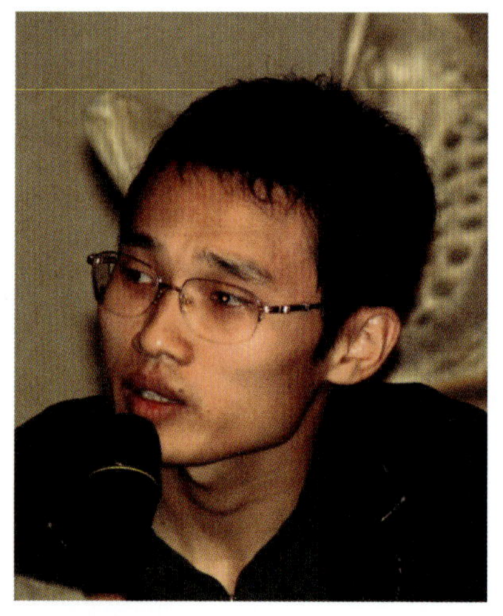

段君（吴黎浪摄）

我想非常简单地讲两点：第一、根据今天年会讨论的效果，我非常反对年会过多地邀请其他人文社科学者来参与我们的讨论，他们可能更适合参加楼下的国际文化产业论坛，他们的发言让我觉得，他们完全不了解当代艺术。其实艺术批评从一开始就不缺乏对其他学科的借用，视觉艺术有它自己面临的问题。最重要的是，中国当代艺术批评已经到了一个语言消化阶段，即要主动将其它学科语言转化为艺术系统语言。而且我们必须要考虑到艺术批评的实践性质和它对当代艺术的推动目的。为什么我们批评家年会在艺术界的影响那么微弱？其实年会的能量本来应该是非常大的。我想这个原因可能正是因为我们讨论的话题过于封闭，尽管今天邀请了很多其他学科的学者来讨论，话题表面上是扩大了，但对于艺术界来说，反而是更加狭窄。

我想说的第二点，是关于《美术焦点》批评鲁虹先生的专题。今天我可能是撰写该期专题文章的唯一在场者，所以有些事情我想要说明一下。我可以证明，这个事情并不是拉帮结派。如果大家看到这期杂志就会知道，同期的撰稿者之间本身就是有冲突的，比如说我和吴味曾经有过非常激烈的争论，而且我本人也不是川美毕业，川美也有年轻人批评过我。当时我对鲁虹老师的批评，主要是集中在鲁虹老师的历史主义批评方法论上，这个判断是很早以前就形成的，而不是像陈默先生所说的那样——没有头脑，一冲动就写了。

刚才顾丞峰老师在对我们这个专题进行肯定的同时，也认为我们这个专题在方法和规范上有很多问题。我承认其中有一些文章不是太规范，而且包括照片的事情，我个人也是持否定的看法：的确不应该拿一张丑化当事人的照片刊出来。尽管我不是杂志的编辑，但现在我愿意站出来，代表这个专题就照片事件向鲁虹老师道歉。但是，我认为这个专题对鲁虹老师的批评是站得住脚的，批评界的基本争论也是必要的。

尽管中国当代艺术批评在近三十年来形成了一些优良的学术传统，但我认为当前对年轻人来说更为重要的事情，是要培养一种能够敢于和老一辈批评家进行对抗的勇气，这种学术上的对抗并不是恶意的。我坚信批评完全可以在对抗中推进，并且一定能够推进到更深的地方。最后我想说的是：对于年轻人来说，在和老一辈批评家进行对抗的这条道路上，我们已经没有回头路可以走了。

鲁虹：建立学术的规范性

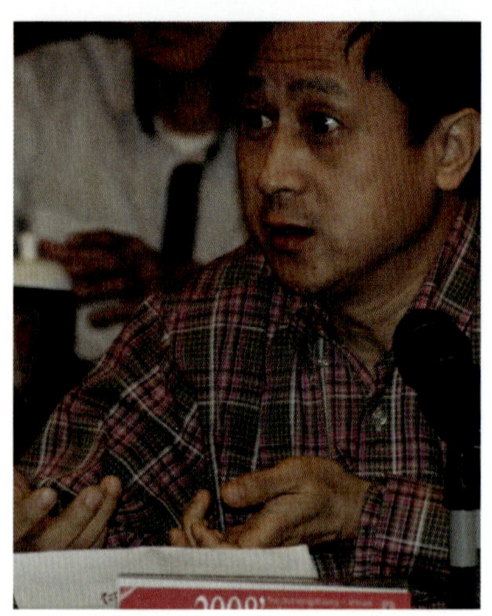

鲁虹（吴黎浪摄）

在发给我们的大会议题中，有一个涉及学术的规范和方法的题目我比较感兴趣。

我很同意水先生上午的发言，即要建立统一的批评规范肯定是不可能的，也没必要。但有些准则大家还是必须遵循的，比如要与某位批评家的文章进行商榷和讨论的时候，有一个很重要的前提是一定要认真地把人家的文章全部看完，最好把相关的文章也找来看一看，要弄清人家到底在说什么，切勿望文生义。现在我发现一个很不好的现象，即个别人写商榷和讨论的文章时也不把人家的文章认真看完，仅仅是把标题一看，也不顾上下文关系就强加一个意思给你，然后在文章里面找几个句子，就开始批判起来了，你看了是回答也不好，不回答也不好，我觉得这是很不规范与很不严肃的。

在这里，我举个相反的例子，邹跃进先生前些年写一篇文章时要批评我的观点，他在把文章认真看完后，还专门打电话问我是不是准确地理解了我的意思，我说没错，他后来不仅写了回应我的文章，还发表了。这体现了学者的风范，不愧是央美的老师。

最近发生了一些情况，有人说像这样的情况绝对不会出现在央美与国美，我觉得这里面有一个学术规范的问题，也有一个道德规范的问题，我前面谈的就是学术规范方面问题。但有人如果不过是要借批评整人或个人出名，就涉及到伦理道德上的问题了。我们应该对这种情况进行坚决的抵制。

另外，扩大招生以来，学习美术理论的研究生里面有很多人并没有美术背景，他们或者是学中文的，或者是学英文与哲学的，后来才转过来学习美术理论，所以明显缺乏对美术作品的感受能力和阅读能力，在这方面对他们的培养应该有所加强，要加强他们对艺术作品的阅读量，要加强他们对艺术史的了解，否则有人会简单地看一下其他学科的书就把外在的标准拿来对当代美术进行评判，然后得出一些荒唐的结论。

总而言之，希望以上讲的情况能够以后在我们的教学中、批评中有所改善，我就说这么多。

沈语冰（吴黎浪摄）

沈语冰：注重艺术批评本身的学术研究

不知不觉中话题已经转到关于批评的具体规范问题上来了，当然它是“批评何为”这个大的主题下面的一个分支主题，不过我的发言试图把这个方向调整一下，调整到与上午的发言中一种主要的观点相对待的方向。

我概括上午的发言，主要方向是对艺术批评的外部研究强调得比较多，例如艺术批评的社会学方法，艺术批评的政治学方法，艺术批评的意识形态分析，特别是文化研究的方法。我这里并不认为这些方法不实用，更不是说这些方法不好。方法本身不存在好与坏的问题，只存在这个方法合否不适合的问题。

恰恰在这样一种强调艺术批评的外部方法的言说中，我认为它偏离了艺术批评自身内部的一些问题、方法。而这个恰恰是我想要强调的。由于这样的讨论会导入内部研究和外部研究的泛泛争论，所以我想举一个具体的例子来加以说明。

我举抽象艺术的例子。我举这个例子完全是随机的，不针对任何人，只是因为最近一段时间抽象这个话题经常被提起；而我又碰巧正好在翻译格林伯格的书。

一种观点似乎认为，格林伯格主张抽象艺术是现代艺术的核心问题。我认为这是一个很大的误区和盲点。格林伯格并没有认为抽象艺术是现代主义的核心问题，他认为抽象不抽象根本不是核心问题，因为它只是一个副产品，根本不是西方绘画艺术发展的逻辑必然。西方艺术在从传统的三维错觉向现代的二维平面性演变的过程中，在它本身的问题的压力之下必然会产生从原来的三维走向二维，从原来的错觉主义走向平面性和装饰性的问题。所以西方绘画的内部规律就决定了，它的核心问题是：怎样从文艺复兴以后确立了三维错觉主义，演变为一个平面的问题，而抽象只不过是一个副产品，决不是当时现代主义艺术家所追求的目的本身。

具体来说，按照格林伯格的基本论证，从马奈开始绘画开始压缩深度空间，从而使深度空间逐渐走向平面化。在这个过程中，最关键的人物当然是塞尚。塞尚在刻画三维形象的时候，特别强调形象的坚实性。他认为印象主义破坏了紧实性，而他要重新要回到老大师的传统。

但他又明确意识到不能完全回到老大师的传统中去，于是，他要考虑的问题，更多的是如何调整三维造型与画布平面本身的二维性——亦即纵向轴和横向轴的关系问题。这样一来，他不惜牺牲透视，要让三维造型变形，以适应画布平面的二维性。塞尚是个关键的人物，从塞尚这一步走到立体主义，再走到抽象绘画，则是顺理成章的事情。

我举这个例子只想说明，西方在走向抽象艺术的过程中，是艺术史本身的问题迫使当时的艺术家作出选择，而不是当时的艺术家主观上说“我要追求抽象”。在这个过程中，我们可以发现，格林伯格为什么会推崇从马奈到塞尚、毕加索、蒙德里安这样一条逐渐走向抽象的线索，却强烈地贬低和批评康定斯基的抽象传统。现在我们有一个错误的观点，认为康定斯基和蒙德里安是抽象艺术的两位代表人物，一提到抽象就要提到康定斯基的点线面、艺术的精神等等，其实这不是一个符合当时艺术史发展脉络的说法。

格林伯格是怎样批评康定斯基的？格林伯格认为，康定斯基的点线面不是西方艺术从三维的错觉走向平面逻辑的产物，而是一个挪用了外部东西的产物。他挪用了与音乐的相似性这样一个类比。所以康定斯基将画面当成了既定的容器，在里面扔进一点儿点、一点儿线、一点儿面，就这样构成一幅抽象画。二维平面在他那里是被给定的、惰性的东西，而不像在塞尚乃至老大师们那里，这个平面是被建构起来，或被唤起的。

这样一来，康定斯基的这种抽象就只能被理解为来自于外部的抽象，因此格林伯格指出，康定斯基也许是现代艺术史上一个比较大的现象，但却不是一个比较大的艺术家。

当然，我们可以回过头去批评格林伯格。但是批评格林伯格的前提是要了解他说了些什么，而我们对格林伯格的理解，以及对现代主义绘画理论的介绍，出现了一些具有误导性的简单化。

我想从这个例子中得出一个结论，除了要借鉴一些外部方法外，真正的艺术批评，首先要重视艺术批评本身的建设，重视对批评史本身的恰当的了解。

我在这儿强烈呼吁，要注重艺术批评本身的学术研究，因为缺了艺术批评本身的学术研究这一链条，我们的整个艺术生态就会失去平衡。我们在这里强调意识形态、政治维度、社会学方式、文化研究等等，却缺了一个根本性的链条。这样的生态怎么会是一个健康的生态呢，在这样的生态中生长出来的艺术怎么可能不付出代价呢？

鲁明君：谁之批评？何种现代性

鲁明君（吴黎浪摄）

我首先谈一下刚才几位老师所谈的今天批评界的“乱象”，我也深切地感受到，当下批评家越来越不像批评家，而艺术家越来越像艺术家，或者说精英越来越不像精英，大众越来越像大众。整个秩序都乱了。就像马克思说的：一切坚固的东西永远消失了。

在此，我想回应一下沈语冰老师谈的问题，包括段君刚才所说的。在我看来，鲁虹老师的事件，包括今日所面临的批评难局，不是格林伯格、罗杰·弗莱所能解决的。事实上，今天讨论的问题某种意义上也不是美术史内部的问题，所有的问题应该归结到一个人之为人的基本层面上。我非常赞同人文社科学的老师加入我们的讨论，这样的话才能建构知识共同体，共同回到根本的问题上。我记得经济学界汪丁丁等有过讨论，他们认为所有的学科的讨论最后事实上面对的是同一个问题——中国问题。因此，诸如语言、形式等相对具体的问题，在我看来那都是自己的事情，与大家没有什么关系。

我的论文是我的读书笔记。这两年我基本上是按照经验主义那条线来阅读、来思考的，所以我关心的问题可能离艺术越来越远。

在提交的这篇论文中，我是把所有九十年代以来批评家的文本作为研究的对象即基本文献，试图通过这样一套理论来寻得另外一种可能性，最后我就发现我所关心的，不管是后现代解构，社会学转向，还是后殖民批判及民族主义，实际上都走向了虚无主义，而这在我看来恰恰是因为对现代性本身缺乏一个整体性的把握，所以在这里我想回应一下刚才杨小彦老师谈到的个案研究。事实上我们今天的艺术批评大部分都是个案研究。而且不管是硕士论文，还不博士论文，大部分也是如此。我关心的问题是怎么做个案研究。我们回头看一下这三十年，显然八十年代我们都习惯于宏大叙事，九十年代突然回到很细很碎的问题，这种学术化延续至今，事实上已经矫枉过正了。

所以，今天的问题不是做不做个案研究，而是如何做个案研究的问题。在我看来，我们今天更需要整体把握的能力，在这一前提下，我们才会更好地、更深入地分析、探讨个案及其意义。事实是，今天我们总是拿一些鸡零狗碎的东西来研究，而不知价值何在。

我的论文的标题是《谁之批评？何种现代性？》。我认为，我们现在的问题是缺乏现代性批判的基本认同，而这个基本的前提性共识的阙如导致了我们走向虚无主义。因此，首先就在于如何重建一个基本的现代性认同。在这一前提下，展开批判才具有建设性。当然，这里面还面临着一个问题，便是个体理性之外的邻人理性，这就关涉到公共理性的问题，因此，我提出在建立基本共识的前提下，还须建立一个重叠共识，即公共理性。只有这样，我们的批判才会变得更加审慎、有效，而不会沦为滥骂。今天，某种意义上，我认为批判固然重要，但可能也需要一定的容忍。

最后，我想说批评家和艺术家的关系，我将它归结为一个哲学家与诗人的关系。按照柏拉图的逻辑，如果说诗是一种谎言的话，那么哲学即便是说谎言也是高贵的谎言。因此，二者之间是实际上是一个高低的问题。只有在这一人格层面上独立，批评及批评家才有可能摆脱资本、媒体的强大权势。

彭德：建立学术规范，只能成为个人的事情和理想

关于建立学术规范，我觉得只能成为个人的设想和理想，比如说顾丞峰的理想。

因为投身批评的优秀人物还太少，现有的一切批评都还显得原始，批评的形态还没有充分展开，批评仍然处在“什么都行”的阶段，所以我不主张急于建立规范，也不必在文章中抨击批评家失语，不要轻易地做这样的判断。批评还在迅速分化。我归结为三个方面：

第一、批评功能的分化。

以往批评家面对艺术家、艺术现象的时候，他们扮演的角色是多功能的，包括导演、智囊、裁判、清道夫、旁观者、合伙人之类。批评的功能决定了批评家的身份。导演、智囊是

彭德（吴黎浪摄）

策展人，裁判、清道夫是狭义的批评，这也是徐虹所推崇的批评。批评家也可以当旁观者。我非常希望当一个旁观者。旁观者的批评是书斋式的批评，并不一定完全参与进去，他可以冷眼旁观，也可以热心地旁观。还有一种是争议非常大的批评家，就是艺术市场或艺术家的合伙人。批评家同市场合伙是客观存在，对此我们不能一概而论，因为市场不同于政治，市场是一个很自由的东西。不能简单地把市场视为艺术和批评的敌人。

第二、批评形态的分化。

传统的批评都是文字文本，但在文字文本以外，至少还有三种批评形态值得我们关注：一是图文互动的批评，即文字、图像和符号并置互补。网络文本常常是文字、图像和指示符号、表情符号的综合。三合一的文本形成了一种崭新的批评形态，它们也有大量的垃圾，但这些垃圾把原有的、传统的以文字文本为主的批评变成了真正的传播学上的垃圾，所有的长篇大论都成了废物。这个现象值得关注。二是口头批评。现在美术会议特别多，比政府的会议还要多。这就为美术批评界造就了一批“国嘴”。我的老朋友和年轻的朋友们都比我会说，他们的发言富有号召力、有感染力。他们在会议上发表的议论在某种程度上超过了文字文本，也超过了我说的图文互动的文本，影响很大。口头批评是原有的文字文本和图文互动的批评永远无法取代的，可惜没有人研究。三是实践批评——策展。有思考和对思考的思考的展览，是特殊的批评文本。它能够改变某种风尚，或者唤起一种趋势，应该被纳入批评的范畴。

第三、批评队伍在不断分化。

批评队伍的分化是必然的，它应该构成一种合理关系，相互独立而又彼此呼应。

我一直在想弄一个《西安雅集》，房地产下滑导致了这件事情的搁浅。雅集有一个好处，它就把表面上很对立的批评家放在一块，只要在一块玩，就会发现老头子并不保守，年轻人并不是杀手。

孙振华：作为人文学科的艺术批评和作为社会科学的艺术批评

人文学科和社会科学这两者之间能不能分开？学术界是有争论的，有一种看法是倾向与把它们合在一起，叫“人文社会科学”。事实上，大多数人倾向于分开的，因为从人文学科到社会科学、再到自然科学，我们发现“科学性”在其中是存在着递增的关系，从我自己个人对艺术批评的观察来看，发现就目前就我们批评界所存在的问题而言，把描述式的人文批评批评和更偏向于实证式的社会科学批评区别开来是有必要的。

孙振华（吴黎浪摄）

什么是人文式的批评？我自己也做过类似这样的工作：有时候看了一个展览，或者有时候别人给一些图片和资料给你，要求写文章，你就把这些作品或者图片放在现有的知识系统里面，或者放在艺术史的上下文关系里面，做一通个人的阐发，谈谈价值、意义等等，这就算是做了美术批评的工作。

这时候我们可能会站在人文立场，谈到理想、责任、社会正义等等，我以为这就是人文式的批评。

还有一种批评工作可能要把个人的价值立场藏在后面，或者站在“价值中立”的立场，让事实来说话。这就可能要借助于一些比较实证的手段，要做调查、问卷工作，要做文献统计和分析工作，要拿数字来说话等等。这样的工作往往比较幸苦一些，琐碎一些，时间成本、经济成本要高一些。我觉得对美术批评界来讲，目前比较多的是采用人文式的、描述式的艺术批评，而做一些比较客观的有时政意义的批评工作相对来讲做的人比较少。

我只能从个人的实践体会来谈，这几年这两方面的事情我都做过，目前更有兴趣、更觉得可信的是后者。这也许与我主张“当代艺术的社会学转向”有关。这个提法容易被人误解为“庸俗社会学”。其实，我们所说的“转向”正好包括研究方法上的转向。它不仅要注意社会问题，而且还要注意社会学的理论指导和社会学方法的运用，而社会学方法是实证的，是要有数字的，不是拍脑袋，不是光在那里思辨。如果当代艺术和当代艺术批评有如此的社会学背景，那它应该是比较有可信度的，这与“庸俗社会学”有何关联？试问，在“庸俗社会学”的时代，什么时候敢真正的面对民意，敢从下而上，敢面对具体的数字？

这几年我做过一点实证式的，或者说社会科学式的艺术批评工作，但感觉很艰难，有时候做不下去。

例如，我对中国传统雕塑在民间命运是怎么样的？这个问题很感兴趣，我做了一些调查工作，有一些有意思的发现，写了一篇《雕塑在民间》的文章，《艺术世界》前几年对这类文章比较感兴趣。

我调查了浙江做泥塑菩萨的民间艺人，我发现他们反映出来很多有意思的问题，他们不是不想赚钱，但是他们也是有菩萨信仰的，又不能赚大钱；与一般做城雕（学院雕塑家）的雕塑家比较起来，这些民间雕塑家为乡村社会提供了精神世界的偶像。他们也收钱，但他们说，乡村的老头老太太一分一毛攒起来的，不好意思多收。比如说做两米高的佛像可能只收几千块钱，这对于所谓正规艺术家来讲简直就是不可想象的，但他们确实就是这样做的，他们的这种心态可能与古代的佛像雕塑者比较接近。

他们在工艺、经验上，基本上保存了唐代敦煌泥塑的制作方式。他们拒绝玻璃钢、不锈钢等比较现代的材料，他们说老百姓不认这种东西，老百姓觉得拜佛只有拜泥塑、铸铜的佛像才会灵验。这些民间艺术生态对我们思考当代艺术问题是很有价值的。

我还针对深圳一个区“送雕塑进村”活动的流产，组织了不同层面的调查，听取知识界、民间、官方对这个问题的态度，最后只完成了前两项，后一项简直就做不下去，没有一个官员会配合你。

我们经常听到各种对城市雕塑的批评意见，这是一种批评。但是如果深入到社会里，从内部、从机制、从公众的接受心理、从具体的生产过程来收集数据，来发现问题可能比空发议论要有说服力。

我还写了一篇《1986和2004——从江苏画刊的两个年份看当代艺术的社会学转向》的文章，运用的社会学的文献分析法。我试图通过对一个杂志的两个年份的差异分析，通过计算机统计这两年期刊的全部内容、得出数据，看这两个年份在关键词、关注的问题、文章作品的内容、形式、作者的区别、写作方法的区别等等，靠具体数字来说明当代艺术及批评确实发生了一个转向，这就是社会学的转向。这个工程很浩大，是请助手帮忙才完成的。文章的稿费抵不到写作成本的一只角。

不知道那些把“社会学转向”简单理解为“庸俗社会学”

的人看过这篇文章没有？

谭天:批评之后

谭天(吴黎浪摄)

今天讨论的议题上午主持人总结是“批评何为”，我根据这个议题延伸要讲的是“批评之后”。

“批评之后”是接在“批评何为”后面，怎么会想到这个呢？首先是上午郎绍君先生和水天中先生讲到批评经验，我作为比他们小一点的人，三十年来一直参与到美术批评，到现在没有中断过，他们讲到的问题实际上是我在思考的问题。后来大家都谈到一个问题，即美术史和美术批评之间的关系和美术史家与美术批评家的关系问题。可以这样说，我们这一代人和所有现在在座的美术批评家，基本上是受美术史训练的批评家，要让美术史与美术批评断裂是不可能的，我们多年以美术史的精神和基本知识做美术批评，在现在的状况下做美术批评完全和美术理论分清角色，要完全确认单一的美术史论家或美术批评家的身份也是不可能的，这是中国美术批评现状，或者说中国批评历史就是这样演变过来的，我们一时不可能将美术史家与美术批评家割裂开来。

今天我国美术学院，美术史系的教育没有单独美术批评专业来培养单独的美术批评家，还是要从美术史论系里面的学生培养美术批评家，所以我觉得美术理论和美术批评这个关系在中国的当下是不可能回避，也不一定要回避的。

从现状来说，我刚才说批评之后，主要是针对我们这一批稍微老一点的批评家来说的，彭德刚才说老的不保守，我非常赞同，我们的学术旅程首先从美术史到美术批评，现在有两条路，一条路是做一些个案回到美术史的研究中间去，实际上郎绍君先生做的个案研究就是美术史的研究。另外一条路是从事艺术理论的建设。三十年来美术批评非常发达，美术批评的文本非常多，但是实际上艺术理论、艺术哲学，特别是中国本土艺术哲学的推进，现在拿不出一个像样的文本，使大家信服。现在我们经常引用的仍旧是大量的外国成功、成名的、有建树的批评家理论，那一篇批评文章当中没有引用一两个权威的外国人的批评理论，这篇文章基本上会被认为不成功。我觉得这是我们三十年来艺术理论缺失造成的，我们老一辈的批评家在批评之后应该做什么？有一个工作就是做艺术理论建设的工作，艺术理论建设工作有两个基本的条件：一个是美术史的理论准备、一个是美术批评的实践。经过三十年，老一代的艺术批评家应该在这两方面都有一些准备，在研究实际实用的美术史以外应该再寻找一条路做一些无用的、玄学的、形而上的美术理论和艺术哲学的写作。我觉得这个工作应该是“批评之后”可以做的。

如果是这样做的话，我觉得我们中国艺术哲学的理论应该和我们这一个时代有所联系。过去中国的艺术哲学是非常丰富的，从庄子开始到魏晋，再到明清，有一套艺术批评的理论，但完全照搬则是无能的表现。现在我们应该根据当代艺术的创作实践，总结一些新的东西上升为艺术哲学的理论。玄学的或者无用的东西还是有价值的，还是那句话“无用之用，之为大用”。

回顾我们三十年来所做的，“实用”是中国艺术批评最好的一点，也是最大的一个缺点。我觉得“批评之后”我们可以做的，年轻人也可以再做的，是应该尽可能地试探着建立自己中国本土的艺术哲学理论。

张晴：再谈批评何为

张晴（吴黎浪摄）

我顺着谭天兄的发言讲下去。

批评何为？其实去年的批评家年会谈到过这个问题，在今天当代艺术快速发展的过程中，批评起到了什么作用？而这一年以来我们更关注的是什么问题？只要作一个调研就很清楚，目前的批评在网络上和在新闻媒体上更加生效，他们那种短平快的方法能够快速引起大家的关注与共同话题，而我们今天所在座的批评家大部分是拿着笔写艺术评论在刊物上发表的，我们的写作量和传播手段不能和他们相提并论的。

因此，我们会上今天很多先生已经开始发现并谈到这问题。当然网络也是分很多种类型的网络，有一些网站是传播健康的批评文章，有很多网络是想怎么写就怎么写。语言暴力问题已经不是少见的问题，每一天在蔓延当下流行的网络暴力语言，早已超过了王朔那时候的京腔 “我是你爸”。时至今日，越是具有“语言暴力”的网站越是有点击率，为什么呢？是快速的社会裂变而造成的心理裂变？还是“暴力就是美？暴力就是批评？“我不得而知。

这种语言和批评使得我们今天的批评造成思维混乱，使批评生态不正常，还有一点，是当今流行的新闻批评，因为今天刊物和报纸之多是以前所不能想象的。

今天资本与市场的介入，使很多媒体的栏目开出来就是为这个方面做服务的，从资本和市场介入为出发点，同时也是终点，然后来讨论艺术，写作人缺乏艺术史或者对美术理论基本的训练，一切为畸形的市场服务，想怎么写就怎么写。以前我们讲盲人摸象的故事，还是摸到象腿再发言，现在有些文章连腿都没摸到就滔滔不绝写文章。

久而久之使得广大受众以为艺术就是这样的，这也造成了今天学术伦理的泛滥。

我觉得这两个方面，一个是网络的问题、一个是新闻批评的问题，造成了我们批评界面对的最大问题。

同时，也有一些批评家也是为了自身的利益，重演“自相矛盾“的故事。如果说个别网络和个别媒体批评存在着一种畸形的批评现象。那么，在我们所谓的批评家阵营中也存在不符合批评写作规范和批评原则的现象，甚至有过之无不及，到了自相矛盾的地步。所以，当我们还以批评家自居的时刻，是不是应该面对批评家的精神与品质，事实求是的做一次批评与自我批评呢？

刚才沈语冰提出我们如何在这种情况下对批评史和写作规范的一种重视和一种重申，我觉得在今天提出来蛮及时的，在今天的会议上提出，未来我们如何面对这些规范的问题，如何来遵循批评道德，使得老的批评家和新的批评家，不是想怎么说就怎么说，不能为了个人的利益，象变色龙一样，颠过来，倒过去，以批评的名义口诛笔伐，形成批评内部的病变，希望我们都在写作道德和写作规范的框架底下展开批评，努力形成健康的批评生态，为中国当代艺术作出贡献。

王小箭：“捧派”与“骂派”

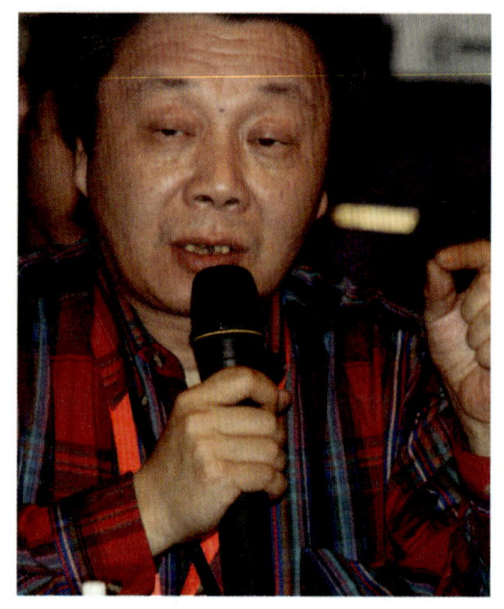

王小箭（吴黎浪摄）

我想用通俗的方式谈一谈，一个是买人头、买品种这是市场问题。另外一个是“捧派、骂派”。

现在总结起来，买人头就是绩优股，主要在北京发生。买品种是潜力股，主要在川美发生。这是很不精确的说法，这两种都有批评的介入，而且买人头是批评一般针对艺术家不断地对他进行肯定。

这个“肯定”就导致了直接定价，潜力股参照绩优股，参照对人头的批评，他们选一种相似的经常到川美去找作品，最后受到川美青年批评家的群起而攻。

这两种造成了“捧派”的行为，不管是一种分析的个案比较理性，还有比较描述的，总之它是一个批评体系。当然理想的方式是个案研究，我觉得理想面对市场现实只能说我们进入了底线，尽量少堕落些，实际上能做到的也就如此。

因为市场离不开策展，策展至少要写前言，前言要是骂作品就不可操作了，就只能是一个肯定的行为，即便是个案研究，但是它也是一种捧派。

我主要谈出现了骂派问题，我写一篇文章，不能有骂派，但我是捧派，我只肯定不否定，偶尔去提一提这个事，骂派直指某个人是可以的，否定直指某个人有一篇文章还可以，这容易出现骂派的问题。

我比较赞成不指名点姓。

徐虹：批评家的“多重”身份应如何把握

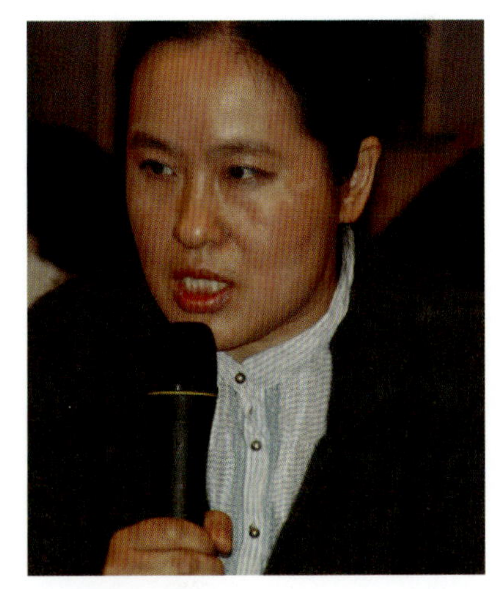

徐虹（吴黎浪摄）

我接着王小箭的发言，谈谈相关问题。

我们这些批评家的身份，大都是“多重”的。例如既是批评家，又是教授；既是批评家，又是编辑；既是批评家，又是画廊策展人等等。我自己既作批评，又在国家美术馆做策展工作，不仅是国内展览的策划，还要做国外的文化交流性质的展览策划。对于批评家这一身份来说，首先是观察、研究和写作。其他工作，可以说是研究和写作的扩展。我们开批评家年会，如果我们无法提供令人信服的，有分量的批评实践文本，人们会对这样的批评家身份表示怀疑。我们将来在推举、评选学术委员会、年度批评家的时候要考量这方面的问题。因为作为批评家，首要的是个人化的写作，通过文字和言说进行精神活动。这个基本内容应该得到可信服的层次。

批评家必须有个人的艺术思考，从知识分子的身份和立场出发，和官方和市场保持距离。应该说“不”的时候就得说“不”。他还必须对自己批评实践进行反思和自我批判，这才是理想中的批评家。如果他在批评实践中不能与官方和市场保持距离，而且对自己的批评实践进行反思、永远不说“不”，这样的批评家身份就值得怀疑。

另一方面，当批评家作为策展人，作为教授，作为编辑或者画廊从业人员的时候，得考量到这一职业身份的基本要求。譬如美术馆布置的任务，还得文化部领导同意；教授和教师必须完成教学任务，年轻的毕业生进入画廊工作，必须顾及委托方的基本要求（当然，还要满足艺术家的愿望）。这些方面，完全我行我素是不行的，除非辞谢这份工作。比如和国外艺术机构合作展览项目，他们也会从自己的语境提出要求，作为国与国的合作，妥协和斗争之间寻找平衡点是争取项目得以顺利进行的关键。否则项目就可能取消，而国家政策要进行“软实力”的交流，不这样做就有不敬业的非难。这时，批评家的身份和策展人的身份就是矛盾的。所以可以认为，在双重身份中从事批评活动时，可以对另一种社会身份保持一定“距离”，保持思想上的清醒。

批评家可以通过文字表述自己的看法，他可以向社会公开他的观念，也可以不面向社会，完全从自己的感受和思考为批评的基础。但是做展览的时候，拿了别人的钱，租了场地，不做行不行？这里有和官方的交道，也和市场有关系，很难做到完全独立。其他社会职业、身份，也大抵如此。所以对自己策划的展览本身的批判和反思就有一定难度，我认为我们在编批评家文集的时候，对于策展报告等工作文字，应该慎重，应该有学术方面的要求。我还觉得需要回应一下余丁的说法，如果他培养的策展人没有一种批评家的意识，作为这样的一个策展人的话，对中国的当代美术的建设是有问题的。

我想刚才朱青生所说的将民族身份提升到政治化的现象倾向的问题，什么我们这些中国的策展人和美术馆馆长到了英国去开美术馆会的时候，会不由得和西方的同行发生对立？我也不赞同一个政治化的民族主义话语横行，因为这会作为一种工具和武器攻击不同的观念，并保持自己的道德制高点。但确实在和国外艺术机构合作的策展过程中我们还面临着西方的投资人、美术馆馆长、策展人、以及不同的意识形态和语境对我们的限制，我们有时候也要起一种平衡作用。我认为，在和国外机构以及国外策展人共同合作时，在遇见中心话语的“强词夺理”的现象时，固然不需“上纲上线”大动“政治干戈”，但完全可以以批评家的个人身份和立场坚持自己的观点和立场，可以说“不”字，而不是彻底放弃自己立场。如果我们把这些不同文化的差异放到艺术家的批评立场和文化意识层面进行反思，我们就不可能将批评话语完全政治意识形态化，但是我们同时还有一种批评立场。

张柠：批评与创作——从兄弟到主仆

张柠（吴黎浪摄）

谢谢中国美术批评家年会给我这样一个机会，让我这样一个外行参加会议，使我听到了许多新奇的观点。下面我要通过我个人的批评实践来讨论当代批评的处境。我所给出的判断和评价，仅仅是从文学批评和大众文化批评里面得来的，而不针对美术批评界。如果我的判断有使美术批评界的人有不愉快的地方，那纯属巧合。

今天的批评边缘化是一个事实，不管你承认与否。这种边缘化导致了八、九十年代文艺批评家和文学艺术家之间的亲密关系的终结。这种亲密关系仿佛“情人关系”，他们在文学艺术的“蜜月”里窃窃私语，说着属于文学艺术自身的“私房话”，并且被大批窥视者包围着。或者还可以将文学艺术家与批评家的关系比作“兄弟关系”，他们因文学艺术趣味的共同性而“结义”。他们讨论的是文学艺术本身的问题，这是八、九十年代的状况。

我想起了八、九十年代和作家之间非常细腻的经验交流。那时候，大家走到一起谈话，用不着任何铺垫，比如关于房价、股市、食品安全等等的铺垫，而是直接就进入了“问题”，关于“意义”的讨论，关于当代经验及其表达方式的讨论。只有这样细腻的经验交流，文学艺术家、批评家之间才有可能达成共识，批评才可以和艺术文本、文学文本之间有相互的关系，批评家才能创造出思绪飞扬的具有审美价值的文体。

可是今天呢？文学艺术家和批评家之间的“恋人关系”终结了，变成了一种买卖双方打成阴暗共识的“嫖”与“被嫖”的关系；“兄弟关系”终结了，变成了主子和仆人的关系。批评家成了“嫖客”，批评成了“仆人”。谁在里面起作用？资本和权力。

批评与八、九十年代相比衰落了。衰落的直接表征就是批评家的想象力的丧失，或者说是个性和文体的消失。衰落的原因很多，其中一个重要原因就是，批评家的想象力和文体，被现实和事实所垄断。这种被事实、现实，或者直白一点就是“利益”所垄断的结果，导致了批评家审美上的“不育症”，甚至直接就是想象的“绝育”。文学艺术想象的翅膀完全被“事实”或者“现实”所折断。因此，批评家可以随便写，胡写，他们不再为审美而写，不再为文学艺术而写，不再为自己文体的优美而写，而是在为资本和权力而写。在这里，资本和权力的逻辑取代了文学艺术和审美的逻辑。正是在这种荒唐的逻辑支配下，“问题”消失了，或者说大家一起合谋消灭“问题”。

我不想将这种结局的原因完全归结于批评家个人。除了个人的妥协之外，还有一个重要的原因就是社会现实的变化，或者说“媒介”的变化。批评媒介有三种主要类型：

第一种批评媒介就是“沙龙”或者“客厅”，面对面的批评。这是最古老的批评媒介，它的表达方式是聊天、说话，批评的过程包含了声音、表情等因素，因此带有感官色彩，也因此容易变得带有“道德”色彩。

第二种批评媒介是印刷媒介，包括报刊、杂志、书籍。它的传播方式是阅读。在阅读的过程中文学艺术家、文学家、一般读者都要理性地介入，必须进入思考状态。因此，印刷媒介、平面媒介，是文艺批评最好的媒介。

第三种批评的媒介是电子媒介，也就是我们今天所面对的主要媒介。比如电视媒介，它假扮一种面对面的场景，实际上是一个虚假的场景，是一个经过处理的虚拟影像。为了让你不换频道，它必须要设法勾引你，锁住你。因此它的话语风格不是细腻的艺术内部的交流，而是简洁的、流畅的、具有诱惑力的，也是皮毛的，甚至不知所云的。由于它的传播强势，以致大众认为它所传播的就是文学艺术，就是文艺批评。

网络，是一种特殊的电子媒介。网络是一个比较怪的东西，网络最大的特点是信息太多了，一篇好的文章发到网络上，瞬间就覆盖了，被论坛里的“灌水”所覆盖。当然，有一种“置顶技术”可以将他们认为“好”的东西锁在第一行。但是，只有创办网络的人，及其合伙人（版主，网罗技术员）才有置顶的权利。真正有价值的批评文章，永远被网络垃圾所覆盖。还有一种批评的“自我置顶”技术，那就是把自己的文章标题、或者批评的语言写得骇人听闻，能够达到增加点击率的效果，它就会不断地被“置顶”。因此，网络媒介尽管在公共言论自由层面有一定的好处，但是，针对那种强调个性和创造性，甚至要求“陌生化”的文艺创作而言，网络这种公共媒介也是很可怕的。它把我们全覆盖了。我们在垃圾底下生存。

这是媒介的变化导致了批评的变化，我们不能简单地说，批评状况的恶化，是因为某些人、某种人的不道德行为导致的。我的意思是说，传播媒介的变化也是重要的原因。问题在于：批评不因为少数人的捣鬼而丧失意义，也不因为媒介的变化而丧失意义，它成为一个虚位以待的空缺，就像大街中心的一个大漏洞一样。

当代批评不可能再像20世纪末期那样了。七、八十年代关注的问题是“写什么”、“画什么”的问题，写得好不好，跟你写了什么很有关系；画得好不好，跟你画什么很有关系。于是，文艺作品得“主题”是有等级的。八、九十年代关注的是“如何写”的问题，也就是文艺形式是否有创造性，是不是通过这种创造而凸现了人的主体意识，批评关注艺术本身的符号、形式怎么构成的，也就是确立了艺术和文学自身的主体价值。今天我们要关注的问题换了，“为什么这样写”、“为什么这样画”的问题，成了开展真正的文艺批评的一个基本前提。实际上是承担了一个鉴别赝品的任务。因此，面对大量的垃圾文化，文艺批评必须首先关注形式或者技巧发生学的问题。你的这种形式，与艺术体验、生命体验是否有关？是不是在“做秀”？抑或就是在“撒谎”？

当代文艺批评中的“形式发生学”的问题，导致了当代的文学和艺术批评仅仅利用了原有的知识谱系是不够的，必须大量引进其他学科的（政治经济学方法、符号学方法）进来，才能把文本置身于其中复杂的社会背景之间的经验转换关系发生出来，因此研究的不是作品的秘密，不是商品的秘密，而是研究商品形式自身的秘密。当代社会经济学研究的不是商品交换的秘密，而是研究商品内部之所以生成的秘密，这也是一个文学艺术批评、当代批评新的批评，在批评过程中要有保护的东西，那就是保护艺术形式本身所承载的“费解”的东西，而不是简单的东西。

文学艺术家和文艺批评家之间，应该重新建立“恋人关系”、“兄弟关系”，一起共同对付外部世界的各种权力和资本，对文艺、也就是对人性的异化，一起共同保护文学艺术里面那些难以被现世功利主义删除和利用的“费解”的部分。这大概是我的自作多情吧。

朱青生：批评家年会评委委员会的合法性

朱青生（吴黎浪摄）

我讲一下对于评选委员会的合法性问题，因为我比较在意这个事情，我曾经担任2007年的评委会主任，但是因为顾及到整个程序的合法性和操作程度，我们有一年已经取消了评审，就是怕里面出现程序上的不合法和不周到。当时的原因是提名人数没有超过他的法定人数，所以提名无效，因此做了很多工作没有进行评选，最后组织委员会作出这个决定。

今年的整个评选包括评选委员会的产生，是根据发到每个人手上的那一个组织规程来进行的，我想关于组织规程应该由组委会来解释，如果我们这七个委员没有接到这样合法的邀请，我们是不会进入这个工作的，所以我只能在这个合法性上做再进一步的说明，我完全是根据程序来进行工作，完全不涉及我个人对这个事情结果的评价。

吴鸿:当代艺术的“异化”和批评家年会的组织化问题

吴鸿（吴黎浪摄）

我想谈三个问题。

第一个问题，我想简单谈一点关于当代艺术的“异化”问题。“当代艺术”在2000年以后一方面虽然仍然有来自体制的压力，但是主流意识形态对于当代艺术已经开始施行了“怀柔”政策。我记得在2000年上海双年展以后，有一种说法，叫做“当代艺术终于被‘合法化’了”，当时不管在媒体，还是在批评界都有这样的说法。进入2003年、2004年以后，随着资本的介入，当代艺术又存在着“主流意识形态”与“资本”之间的共谋关系，在这样的大背景下，当代艺术的社会批判意识越来越减弱，甚至是以一种“貌似批判”的方式来迎合市场的需要，所以我觉得这应该是对于当代艺术发展而言值得警惕的地方。

上午有人提到主流意识形态采取“民族主义”的名义对当代艺术的批判越来越政治化，实际上，这种用民族主义作为口号、姿态，并通过大众媒体的传播，对于当代艺术的批判是一个战无不胜的舆论武器。这和这些年当代艺术越来越进入体制，并主动“被体制化”的大背景有关，所以，我们一方面要警惕资本对于艺术的操控，同时也要警惕主流意识形态对艺术的软性操控。

第二个问题，是就上午朱老师（朱青生）说到他在上届年会中提到的最后一个问题——“年会的组织化”的问题。我当时虽然提出不同的意见，但是我也不是绝对反对他之所以提出这个问题的初衷。我反对的是：批评家年会作为一种组织形式，是不是有必要越来越体制化、越来越权力化？我反对“体制化”并不是说没必要“经常化”，我觉得“经常化”和“体制化”还是两个不同的概念。我比较赞同彭德老师在上届年会中提出的“批评家年会应该是‘批评家雅集’”的观点。我之所以赞成这种观点，是因为它说明了一个前提，那就是——批评家年会应该是批评家作为独立个体，自由发表个人观点的平台。而制度化和体制化必然会演化成为“权力关系”。

我觉得这个问题本可以和朱老师在私下进行沟通，而我为什么要在会上公开说这个问题呢？是因为这个问题和我下面说的另外一个问题有关。

第三个问题，我对今年的评选结果有些不同的看法。

这其实也和我刚才前面说到的在艺术市场化的环境下，批评家应该用什么方式来介入艺术批评的问题有关。

当然每个人作为一个独立的个体以什么方式、表达什么样的观点，都是他自己的自由。但是，我觉得如果基于一种“利益分配不均”的狭隘心态，并以“艺术批评”的方式来发泄这种心态的时候，可能会引起艺术界对于“批评”的公信力的误解。特别是这种“批评”通过一些大众媒体的参与的放大，可能会引起大众对于当代艺术整体现状的一些概念化的理解（包括‘天价’、‘黑幕操作’等等）。虽然这些现象在艺术市场中以个别的形式确实存在着，但是，这些个别的现象通过大众媒体以一种以偏概全的方式放大、传播以后，实际上已经引起大众对于当代艺术的整体产生了带有“仇富”心理的误读，这可能对当代艺术的整体生态会有一种非常大的伤害。

另外，我再从某些人的个人角度来说：自己很早就通过展览的方式向艺术家伸手要钱，也参与过商业批评的有偿写作，包括也曾经参与过商业造局的概念操作；现在突然要转换身份装出一副圣洁的形象来大批“黑幕”，这是不是基于一种“利益分配不均”的心理呢？我觉得不管是谁写了一篇文章，提出一个观点，大家都会自然地结合他以前的言行来解读。也就是说，你自己可以一会“黑”，一会又要装“白”，但是不要把大家当成傻子！

所以，结合我前面所说的“批评家应该是一个独立个体”的态度，我觉得作为一个“独立的个体”，我不同意在上午宣布的评选结果，我认为这个结果和我个人没有任何关系！因为我觉得把“这个人”的“这种观点”作为一种以“批评家年会集体”的名义推介的时候，对我个人是一种侮辱！所以，如果这个结果要以“批评家年会集体”的方式来公布的时候，我声明：这个结果跟我个人没有任何关系。这是我个人的态度！

在上一届年会的时候，也有人提到了应该以一种民主化的态度来建立批评家年会的机制，而如何实现“民主化的机制”呢？无非有两种方式：一种是普选制、一种是代议制。通过年会的“评选委员会”来代表我们全体行使权利的时候，实际上就存在着一种权利代理的关系——这就是“代议制”。那么，在这个前提下，所谓的“评选委员会”没有经过我们全体的推选、认可，它的合法性又从何而来呢？！

最后，我想就上午张柠在发言中提到的“网络暴力”的问题谈一谈。今天在座其实有很多人是做网络专业媒体的，中午在休息的时候，大家认为我做网络的时间比较长，觉得我有必要回应几句。我觉得“互联网”实际上是一种技术平台，在这个平台上，你通过什么“方式”来传播什么“内容”，也是一种多样化的自由选择。我们不能简单以那些对于自己不利的东西就可以一味地粗暴贬斥网络是“垃圾”。其实，这种自以为是、高高在上的“知识分子”姿态，我在网络上见的多了！动辄以一种“智者”的姿态来教导别人、训斥别人，话不投机便恶言相向，实际上恰恰是这种“知识分子”！对于这些人，我想问一问，你在动辄指责别人“网络暴力”、“语言暴力”的时候，有没有想过自己的“专业暴力”呢？！

朱老师刚才说的，我觉得我们之间还是有些误会，虽然我也参与了投票，但是最终的评选结果还是你们几个“评选委员会”来决定的。虽然我也参与了这个年会，但是这并不是一个“组织”。如果它是一个“组织”的话，即使我不同意这个结果，但是我还是要服从“组织”的决定。但是，我们目前还是以一种“批评家松散的结合体”的面貌来出现的，所以，我还是有必要坚持我个人的观点。我希望批评家年会的机制不要成为“多数人的暴政”。另外，我还是要强调我怀疑的所谓“选举委员会”的合法性问题。

对于刚才有人提到的“网络语言暴力化”的问题，虽然他们都实际上都是分别各有所指，但是我想，不管是张柠的观点、还是杨卫的观点，实际上都有一个对于纸质的、文本的方式的迷恋，而其内在的实质，就是“知识分子”的“专业”优越感。实际上，从启蒙主义开始，当时启蒙主义者所倡导的“精英分子”和“大众”的之间关系，其潜在的观点就是“我要告诉你们什么是‘知识’”、“我要告诉你们什么是这个世界的‘标准’”。而在我们所处的这个时代，我觉得所谓知识分子和大众的对立关系已经不存在了，我们没有必要再以一种高高在上的姿态凌驾于大众之上去做他们的救世主！实际上我们谁也没有这个权力。

我们网站经常推荐的一些文章，虽然不是什么专业“批评家”写的，但是我认为他们写的非常直接，非常痛快，虽然他们不是“专业”的。

杨小彦（吴黎浪摄）

杨小彦：中国有没有艺术批评？

我提几个问题，这几个问题希望能够得到解答。

第一个问题：为什么大家，有很多人，都不去做个案研究？原因是什么？

今天郎绍君发言说，希望大家都去做个案研究。其实这个呼吁不是现在才有，我记得这么多年来，一直就有人在提，说要做个案研究。

看来，大家不去做，或少去做个案研究，一定有理由。可能这理由不方便说？

第二个问题：为什么很多人都要去做“大词竞争”？

在艺术批评界，我觉得一直存在着一种名词和概念的竞争。谁发明了一个词，一个概念，他就会成为这个词和这个概念的主人，就要宣布，这个词，这个概念，以及背后所代表的，都是属于我的。我把这种批评称之为“名词与概念的高地争夺战”。

我记得有一次参加一个展览的时候，某个批评家，我就不说谁了，对我说，杨老师，“纪实摄影”是你的，“观念摄影”是我的。

我说：对不起，纪实摄影也是你的，和我没关系。他的意思似乎是说，“观念摄影”这个词是他发明的，所以，与之相关的摄影，都是他的。

坦率说，这个风气也不是现在才有，过去一直都有。

第三个问题：为什么这么多年来，我们总在说，中国没有艺术批评？

对此我颇有感触。许多新起的批评家，他们出来，常常要说，中国没有艺术批评。现在网上的“骂风”也很兴盛，其中一个骂词，也是，中国没有艺术批评。我似乎也同意，中国的确没有艺术批评。我记得很多年以前，比如当初我们出来的时候，也会说这句话，会说：中国没有艺术批评。我发现这话很容易说，可真正的意思却比较暧昧。

中国真的没有艺术批评吗？还是没有别的什么？说这句时，真的是在问这句话所问的问题吗？还是问别的什么？

第四个问题：为什么我们喊了这么多年，艺术批评要有方法论，要有规范，可到现在艺术批评还是没有方法论，没有规范？是真的没有吗？还是彼此方法不同，不可通约，所以就说对方没有？

艺术批评当然要讲方法论，要有规范。但方法论就是方法论，规范就是规范，讲清楚，列出来，标明，不就有了吗？如果讲过，但大家不实行，那就大概是，这方法不对，或者，大家还没有弄清楚。我的意思是说，不如讨论方法论，讨论规范，讲清楚。如果还是讨论不清楚的，那就干脆闭口不说，像维特根斯坦所说的那样，如果要说，那就说清楚，如果说不清楚，那就保持沉默。

第五个问题：为什么大家整天都忙着出场？如果不出场，那意味着什么？一般情形看，不出场好象不太对，会被人遗忘，会无法发挥，所以大家都要忙着出场。

我想这些问题可能很陈旧，问得也不太对，甚至可能不是问题。关键是，我自己也不知道应该怎么去回答。最后，我说一个经济学的观点，那就是劣币淘汰良币。在经济学看来，人都是有理性的，他们会理性地去追求利益的最大化。如果劣币能够流通，理性的人就不会使用良币，因为划不来。美国一个经济学家叫奥尔森的，他也说过一句类似的话，大概是：凡是掠夺成性的地方，就不会有正常生产。经济学的这些说法，是否能帮助我们回答我刚刚所提出的问题？也许吧。

郑娜：青年批评家应如何保持精神品格？

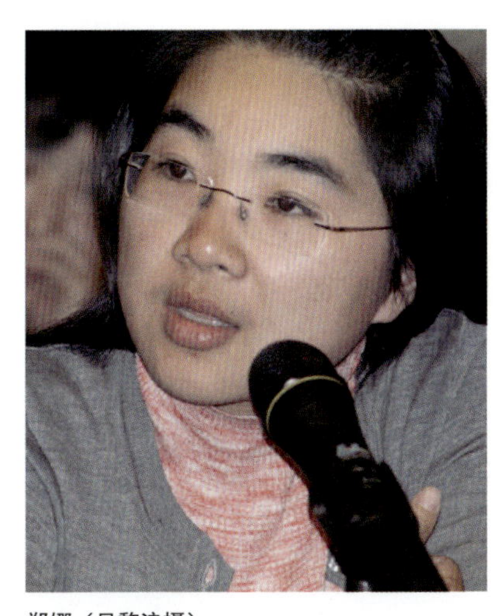
郑娜（吴黎浪摄）

今天听了各位学者的发言很受启发，我注意到很多批评家谈到一个问题，即批评的精神品格。上午朱青生教授、皮道坚先生对此都曾提及，陈孝信先生在下午的发言中就精神品格的现代性还做了深入的分析和总结。

就我们今天所面临的社会文化情境而言，这个问题的思考与反省具有特殊的现实意义。我想从另外一个角度来继续探讨这个问题，那就是青年批评家应如何保持，以及怎样坚守批评的精神品格，这种保持和坚守对中国未来的美术批评意义何在？

客观来讲，相对于资深批评家，青年批评家面临着更多的现实问题。今天，艺术与市场、文化与资本之间的链接日益紧密，不乏共谋，这种现象对当代艺术而言乃是一把双刃剑，对艺术家、策展人和批评家而言也是一把双刃剑。一方面，当代艺术有强大的资本支撑得以继续发展肯定是件好事儿；另一方面，资本同样可以异化创作者的初衷与理想，异化批评的价值判断与道德底线。相信，所有在场的艺术家、策展人、批评家对此都深有体会。因此当二元线性的时代环境转换为多元共存的社会文化语境时，并不意味着文化品格的消解与价值判断体系走向虚无。在充满名利诱惑中，更需要青年批评家保持警惕与警醒，可以借势但不能被“收编”，保持独立的思想、清醒的判断、坚守自身的道德底线，介入到当代艺术的实验空间中去，并对其有所推进与建树。

因此，青年批评家固然需要行而践之、坐而论道的抱负，更需要匍匐修为的过程。建立个体具有精神力度和人文情怀的知识与价值判断体系，需要的是潜心、艰辛、与耐心。把已经发生的、正在发生的和可能发生的艺术现象和艺术作品放置到纵向的美术史脉络和横向的现实情境中去考量，做一些非常具体的个案研究，扎扎实实深入挖掘，这对青年批评家的成长至关重要，至少对我来说非常重要。再过五年、十年，当我们回过头来，就可验证自己的批评历程，那些是有价值的，那些是没有意义的。青年批评家只有以史的责任与高度审视自身，要求自己，才会留下很好的文献、文本资料，为此我们必须有所取舍，有所付出。

另外，借这个机会也谈谈关于批评写作的一些问题。翻开2008年中国美术批评家文集，其中有两篇文章相互回应，一篇是何桂彦写的《对新媚俗主义的批判》，紧接着杜曦云也写了一篇文章《对批判媚俗的批判》来回应何桂彦。编者把这两篇文章放在一起，很有意思。何桂彦撰文是对新媚俗主义批判的肯定，但他虽然提出了自己的看法，却缺乏一种力度，针对这个现象杜曦云提出自己的看法，把这个问题在质疑中继续深化。我觉得这种就学理问题进行探讨的批评现象和批评方法值得提倡。美术批评需要的是争鸣与回应，不是争端与争吵，这样才有利于学术的推进。对中国未来的美术批评我始终充满信心与期待。

邹跃进:美术史家和批评家价值判断的差异

我想就李公明说的美术史家和批评家的身份差异谈点我的看法，我将集中谈价值判断方面的差异，因为我既写了美术史方面的著作，同时也做一些美术批评方面的工作，所以从我个

邹跃进（吴黎浪摄）

人的书写体会看，在价值判断上最能体现美术史家和美术批评家两者之间身份的区别。并且在我看来，在这一问题上两者之间还存在很大的矛盾。

我在上海正大美术馆参加由范迪安和王南溟主持的一次关于当代美术史写作方法的讨论会上，提出了在美术史的书写中，美术史家的个人立场应“无穷后退”的观点，其实这一看法也主要是针对价值判断这一问题的。我很清楚，美术史家的价值判断的“无穷后退”是不可能的，他总会停留在某地，否则他就无法叙述美术发展的故事。所以，我提“无穷后退”的意义只是想认定这样一种态度，那就是在美术史的叙述中，美术史家主要作的工作是对参与美术史发展的当事人的价值观进行分析、阐释和判断，而不是以美术史家个人的价值观--哪怕这些价值观在某些时候是一种强势话语，并作为人类的普世价值观来对待--作为评判标准。我之所以这样说的原因是，我们都知道，在毛时代阶级斗争的二分法，作为美术史书写的方法，无疑是把中外丰富的美术史给简单化了，到了改革开放之后的新时期，人们又用另一种同样是简单的价值观--现代主义艺术观--书写和叙述毛时代，特别是文革的美术史。我所说的价值判断上的“无穷后退”的态度，就是希望在美术史的书写中，尊重在不同时代参与美术史发展的当事人的艺术追求和价值观念，分析和阐释它们在特定历史情境中的多面性、有效性与合理性。否则，与客观的艺术历史比较起来，书写的艺术史就会变得简单而乏味。

艺术批评的主要工作是进行价值判断，并且对于特定的批评家来说，还应有统摄所有领域的价值判断标准。艺术史上著名的批评家，如中国古代的董其昌，近现代的康有为、陈独秀，毛泽东，西方的罗斯金、贝尔、弗莱、格林伯格等，都是有单一、排它的价值判断标准的，特别值得注意的是，他们正是通过特定的价值标准，在重新判断艺术史和社会发展史的基础上，提出什么才是好的艺术标准的，他们也因此而成为美术发展的直接参与者、推动者和当事人。就此而言，批评家是离实际美术发展历史最近的人，因为他们创造美术史。但是，一位美术史家如果用艺术批评家的这种判断艺术价值的单一标准去写美术史，那无疑会使美术史变得非常简单。

说到这里，我突然想起《立法者与阐释者》这本书。也许美术史家应是一位美术历史生成的阐释者，而批评家则应是倡导一种新艺术的立法者，他从事建立新的艺术价值标准的工作，并且还必须承担价值判断失败的风险。从这个意义上来讲，美术史家和美术批评家两者之间的身份确实有很大的区别。我就谈这些还没有深入思考的一些感想。

陈默:金融危机与中国当代艺术的处境、批评与人身攻击、学术暴力

陈默（吴黎浪摄）

我发言所要涉及的首个问题，是“世界金融危机与中国当代艺术的处境”。2008年，是非常奇怪、沉重、多变、多事的一年，而我们的第二届批评家年会的召开，也恰在今年。表面看这一年，我们都身在其中好象过得比较轻松，但实际上背后却存在很多问题。

将各种问题概括一下，也许人们不会再轻松：我们的艺术生态会不会受到重创？刚才有批评家发言说不会，我认为一定会。如果说艺术生态基础受到重创，那么对我们的艺术批评就一定会产生影响。正所谓倾巢之下，安有完卵？之所以有人说不会，那是太轻视了这场波及全球的金融海啸的杀伤力。艺术批评与艺术生态，有着互为依存的因果关系。因此，在往后的一段时间里，大家应对与世界经济命脉休戚相关的当代艺术生态，给予足够的关心与研究。也许在这其中，会产生很多过去我们没有遇到过的问题。对这些问题的关注与研究，会丰富我们的批评积累。

尽管在我们的周围，无论是北京、上海还是在成都，好像都风和日丽，一派歌舞升平的假象。大家在轻谈大洋彼岸帝国主义的笑话，很多人洋溢着隔岸观火的惬意。因为在他们看来，这场风暴离我们十分遥远，与我们无关。但事实是，中国的经济已经不可避免地受到重创。在东南沿海，大量的合资、外资企业倒闭，很多以出口为主的地区经济难以为继，而这些危机，也正在不可避免地向全国蔓延。它的直接后果就是经济发展减速，人们的生活将受到不同程度的影响。试想在这样不利的大环境下，艺术家、艺术市场能够独善其身吗？就在我们今天平静地坐在这里讨论学术问题的时候，整个地球的经济都出现了危机。我们是不是该有一点危机意识？遗憾的是，这些离我们很近的问题，与我们今天探讨的一些艺术基本问题关联

稀少，换句话说，我们的学术似乎在真空中。想提醒的是，在座的同仁们不要掉以轻心，也许在明年召开的第三届批评家年会时，将会有很多沉重的话题让我们苦嚼。

我想谈的第二个大问题，是关于批评与人身攻击、学术暴力。

我要谈的这个问题，在今天鲁虹、杨小彦、王小箭、陈孝信等先生的发言里，都不同程度地涉及到了，但均偏重于学理层面，都可能忽视了一些比较直接的事实依据。就人身攻击和学术暴力问题，我想提一个疑问：我收到的今年上半年的一期《美术焦点》杂志，令我大开眼界。那本杂志翻开以后，我以为时光倒流回到了“文革”，整个一本杂志充满了“大批判”的味道，十几篇文章，冲着一个批评家的多个问题，进行了前所未有的学术和人身攻击。这样的光景的确在今天十分陌生，如果要找最近的例子，那就是上世纪90年代，由当时王仲控制的《美术》杂志，对包括水天中、朱青生等多位著名学者进行的有组织、有计划、有目的的不亚于“文革”式的围剿批判。

本来，在艺术多元化的今天，各种方式的批评与自我批评，应该有着更为广阔的学术空间。某人对某人的某篇文章和某个观点有不同看法，可以进行口头与书面等的多种方式讨论。而一旦在同一个时间、同一种刊物上，由多人对同一个对象的多个问题，持同一种思考和观点，并下同一种结论，就难免不让人生疑了。另一个奇怪的是，发文的多是很年轻的批评家，多出自同一个院校，其中有不少同是某老师的学生。这个姑且叫做批评界的“批评事件”，在艺术界引起很大的负面效应，人们有理由重提批评与人身攻击、学术暴力问题。这里涉及的当事人，大家都很熟悉，也希望大家回应这个问题。

从这个事件所反映的另一个问题，是批评家特别是青年批评家的学术人格独立。为什么在这个问题上，一批年轻人会集体无意识地共同思考共同下结论？他们的思想“共振”的前提是什么？他们的反对结论统一的内因是什么？他们的文化道德底线是什么？这种整齐划一地有点像搞运动的方式，是年轻人自己的经验和意志决定的吗？如果不是他们自己决定的，那又是谁在引导或组织他们做决定的？我们今天研究批评何为，批评立场，批评责任，这样的事件发生给我们什么警示？年轻人从中有什么收获？资深者应该怎样以身作则严于自律？从上午到下午，大家说了很多关于批评建构的问题，而面对问题，是建构的前提。

2008 中国・宋庄国际文化产业论坛现场

2008 中国・宋庄国际文化产业论坛

主题：大步前进的创意经济
Theme: The Giant Footprint of Creative Economy

上世纪90年代，OECD发表系列报告称，发达国家正在进入“知识经济时代”。时隔10年，以联合国贸发会议为首的研究小组，发表了全球首个以创意经济为主题的权威报告——《2008世界创意经济报告》，宣布创意经济作为一种新兴的发展范式已经蓬勃于当今世界。报告特别指出：发展中国家可以采取各种方式优化创意经济的潜能，以增进社会经济发展，创造就业机会并增加出口收益，同时促进社会包容、文化多样性和人类的发展。为了应对全球化所带来的新一轮挑战和发展机遇，中国社会科学院文化研究中心、世界对华交流协会、三

2008 中国·宋庄国际文化产业论坛现场

辰卡通集团、北京宋庄原创艺术与卡通产业集聚区结成强有力的合作伙伴关系，并在联合国教科文组织、世界知识产权组织、联合国贸发会议等国际机构的支持下，联合发起组织了“2008中国·宋庄国际文化产业论坛”，并将其作为2007年5月在第三届“中国（深圳）文博会”上举办的首届中国国际文化产业论坛的延续。本次论坛将率先发布全球文化产业发展动态的最新信息，特别是《2008世界创意经济报告》中文版，并将交流全球文化产业发展趋势的认识、推动文化产业国际组织和行业协会的联系、促进国内相关部门和机构与国际组织的合作，以及推动中国文化vc产业的发展。

“2008中国·宋庄国际文化产业论坛”，作为“2008宋庄艺术节”的一部分，将于2008年10月26日至27日在北京通州宋庄画家村举办。宋庄是目前中国、乃至全世界最大的艺术家集聚区，超过3000名中国最活跃和最前沿的画家集中于此，代表了中国当代视觉艺术的走向，并将发展成为综合各个行业的创意产业集聚区。宋庄艺术家集聚区是全球创意经济发展新趋势的缩影，将为国际文化产业界行业领袖聚首的唯一盛会，营造良好的氛围。

“2008中国·宋庄国际文化产业论坛”将有来自以联合国相关机构为首的10个著名国际文化组织和行业协会的代表，提交诸如世界创意经济报告、世界文化多样性报告、世界版权产业报告、全球电影产业调查、国际电视业发展报告、世界出版产业报告、国际游戏产业的发展、国际授权产业报告、以及全球多媒体发展报告等十多个专业报告，还将与中国文化产业界人士一同探讨数字技术与文化产业发展等前沿性话题。会后将继续出版“国际文化产业蓝皮书”系列丛书，即继《文化蓝皮书：国际文化产业发展报告（2007年　第一卷）》之后的最新前沿报告。

北京新城·通州国际商务年会合影（吴黎浪摄）

2008年北京新城·通州国际商务年会

2008年10月28日上午，“2008北京新城·通州国际商务年会”专场活动——文化创意产业项目对接会在宋庄文化创意产业集聚区原创艺术博展中心举行，通州区主要领导以及相关部门官员和企业代表一起，通过对话形式，共同研讨在环渤海经济圈蓄势待发的大背景下，北京文化创意产未来的发展、后奥运时代京东未来的经济发展趋势，以及通州区乃至北京市文化创意产业的发展的方向，助力通州新城的建设和发展。

发展文化创意产业，是增强北京自主创新能力、建设创新型城市的有力举措，是推进本区域产业结构升级和经济增长方式转变的必然选择。北京作为中国的文化中心，文化资源丰富，文化人才荟萃。“十一五”期间，北京市委市政府高度重视文化创意产业的发展，形成了文艺演出、新闻出版、广播影视、文化会展、古玩艺术品交易等优势行业，并呈现出向文化创意产业发展的明显趋势。特别是2006年以来，随着北京市文化体制改革的深化，一批文化创意产业集聚区已经形成，吸引着相关文化机构和企业集群式发展，其支柱地位初步确立。

“百里长安街东端，千年大运河北首”的通州，作为首都文化创意产业基地，面向区域的可持续发展的综合服务新城，北京参与环渤海区域合作的重要基地、中国经济增长第三极的核心支点，以高度的前瞻意识将文化创意产业作为全区着力打

北京新城·通州国际商务年会签约现场（吴黎浪摄）

造的品牌产业。通州具有深厚的文化底蕴，流传千年的运河文化，举世闻名的“中国·宋庄”，层出不穷的历史名人……，天然的文化资源，为通州文化产业的发展，奠定了文化产业发展的发展基础。

2006年12月，北京市文化创意产业领导小组正式认定了十大文化创意产业集聚区，宋庄文化创意产业集聚区便是其中之一。2008年1月，通州区委、区政府成立了宋庄文化创意产业集聚区管委会。宋庄文化创意产业集聚区位于通州新城东北部、宋庄镇南部，北起规划一路，南到京哈高速，东至东部发展带联络线，西邻六环路，规划面积14.6平方公里，其中通州新城范围内10.3平方公里，新城以外的镇域规划延伸区4．3平方公里，在北京市十大文化创意产业集聚区中是面积最大的，且集产学研、生活居住、综合服务于一体的都市型产业区，依托原创艺术资源的集聚效应，将承担起推动全区文化创意产业发展的历史使命。

集聚区有着其他地区无可比拟的发展优势和条件，已经积聚了雄厚的发展潜力和后劲。一是区位交通优势。集聚区是通州新城重要的东北组团，距天安门24公里，距首都机场13公

北京新城·通州国际商务年会签约现场（吴黎浪摄）

里。地铁六号线支线横穿全境并在境内设总站。京哈高速公路、东六环路、京榆旧路等道路构成了完善的公路交通网络。二是生态环境优势。集聚区紧邻温榆河、潮白河、运潮减河等多条河流，水网密集，是北京市东部地区的水源保护地，区域周边有3个高尔夫球场和1个亚洲晟大的赛马场，生态环境优良。三是规划优势。集聚区作为新城重要的城市产业功能区，完整、成片地规划预留了大量文化产业用地，并配套了相当规模此次活动的举办，将为集聚区快速发展创造良好的契机，集聚区计划利用5—7年的时间，着力打造在首都乃至全国有重要影响力的“两大中心、两大基地”，即艺术原创与展示交易中心、文化休闲娱乐中心、创意设计基地和动漫网游产业基地。届时，一个在国际上具有典范性意义的、世界一流的文化创意社区将出现在通州新城的大地上。

艺术节访谈

鲍栋：批评家年会应该不仅仅是用来排座次的

来源/99艺术网

内容概要：我看过上届批评家年会的发言记录，当时的第一感觉是，很多人并不是在一个层面上发言，批评家早就分化了。艺术批评有很多种，一股脑地把批评家们都弄到一起来开会，是很难碰撞出有意思的事情的，更何谈学术话题的提出和讨论了。我想，批评家年会应该不仅仅是用来排座次的吧。

99艺术网：怎么看待今年的宋庄批评家年会？

鲍栋：我看过上届批评家年会的发言记录，当时的第一感觉是，很多人并不是在一个层面上发言，批评家早就分化了。艺术批评有很多种，一股脑地把批评家们都弄到一起来开会，是很难碰撞出有意思的事情的，更何谈学术话题的提出和讨论了。我想，批评家年会应该不仅仅是用来排座次的吧。

99艺术网：高名潞老师最近有个观点，说的是批评家的尊严问题，他认为批评家在解决了生存后，应该要开始关注生存的尊严问题了，批评家不应该为了钱而从事批评活动，而应该更专注于学术和理想的问题，对此，你怎么理解？

鲍栋：我很赞同高名潞先生的观点，但是他肯定高估了人格的自律性。关键在于我们缺乏一个能够推崇并推动学术活动的制度，成功的标准及其单一。批评的独立性关键是学术本体性，意味着你一定要有一个学理系统和学术判断原则。如果是朝着一个学术目标，那么频频赶场本身并不是问题，如果是为了别的目的，那就有问题了。

99艺术网：高名潞老师还提出“艺术市场产业化”的概念，你怎么看待这个说法?

鲍栋：他的那篇文章我看了，我想他说的是政府只是在把艺术当作一种产业资源来利用。

洪启：在宋庄，音乐也很有重量

文／陈乐

记者：你当初考虑并选择宋庄做原创音乐的大本营，这在中国原创音乐的历史发展上是一次非常有意思的实践与创新，它提供了一种可能行和发展方向，你看重宋庄哪些资源?

洪启：因为宋庄在当下艺术领域，占风头之先，这是重要码头，极好的阵地。当代艺术引领时代之声，早有先证。八五思潮在前，崔健也算不得最先锋。前卫音乐人跟着画家圈子胶合，自圆明园时期已开始。风云的左小诅咒、周云蓬、谢天笑、小娟都在其间。对当下中国音乐来说，阵地何其重要。春晚舞台不能、也绝不给提供的，宋庄都愿意拿出来。盖了老大的音乐现场基地，灯光音响都配置起来，有了美术的色了，要弄音乐的声了。这里几千个艺术家的聚合着，况且是连带并行的。诗人、音乐人和其它门类的艺术人，乐融融的坐一堆，以前看不到的。全国关注，世界上也有名声，多好的资源，不整事或单整美术，可惜了。你看约翰·列农、鲍勃·迪伦、大卫·鲍依这些巨牌摇滚人，和其他门类的艺术家关系多紧密，不说怎么严肃的交流，一起喝酒、泡马子胡侃打架飞了多好玩，出灵感，出经典作品。这是生活状态，这个在中国就是在宋庄，有艺术生活，聚会喝酒玩啊住啊成本低。按宋庄这玩法，在798里不把你三代都喝穷了?我就特看重宋庄的艺术生活资源，有很快活的生活方式。音乐人老在录音棚里怎么行?港台那些地方小，搞一小空间憋着玩，咱们开阔，当然最重要的心灵的开阔。心灵开阔了，什么可能性都会出现，方向也就有了。

记者：“宋庄音乐”作为未来原创音乐的一个重要声音和品牌，你是如何来运作与打造这个品牌的?

洪启：现在还处在探索阶段。传统模式的包括艺人代理、唱片制作、出版，数字音乐、演艺代理、演出制作什么的都要做。但一定也要有和宋庄自身文化背景结合的。包括画家、诗人在内的艺术家里也有好嗓子，好词曲作者。歌只是一种人、一类人写得出来的。所以我在其他门类的艺术家中物色歌手。你不知道他(她)们多热爱音乐。很多画家在作画时是必须要听着音乐才有灵感的。我们今后出版的唱片中，也会大量的用画家的画作来做素材。我们制作的音乐会、戏剧，舞美也是会全部使用画作。因为“宋庄音乐”品牌成长于当代艺术品的海洋中，所以我们的立意必定是独特的，会有别于当下中国音乐领域的同行，成为乐坛的独特风景线。

记者：现阶段“宋庄音乐”有哪些规划?

洪启：一个是现场演出的规划。我们现在有非常好的场地，虽然音响灯光方面的硬件还不是太完善，但足够折腾事情了。我们已经尝试着办了些小型演出，效果都很不错。下一步的规划就是做音乐节，做宋庄音乐节。摩登天空·宋庄音乐现场是个大的尝试，是为了今后办宋庄现代音乐节的一个积累性工作。再就是唱片出版规划。我们和中国唱片发行的最好的品牌星外星唱片是战略合作伙伴，我们要充分利用好这些资源做有意思的音乐出来然后推向市场。再就是有了这些基础平台之后，我们要做一些传统模式的工作，那就是签约歌手、制作人和创作人，挖掘好的音乐艺术家。

记者：文化创意产业有一个共同的特征是，需要一定时间的培育和形成，“宋庄音乐”品牌发展和建立同样需要一个过程，你觉得这个过程中哪些问题是迫切需要解决的?

洪启：这个阶段最重要的工作我认为是摸索出一条音乐和蓬勃向上的当代艺术(美术)产业相关联、能够促进共同发展的模式来。做这个工作当然是需要时间的，但我想不应该耗费太多的时间。说白了就是低迷的音乐产业要贴一下当代艺术的光，要沾光。都是艺术家嘛!你看现在当代艺术多火，而音乐产业太需要刺激了。用绘画在刺激音乐，看看能弄出点什么新鲜事来。

记者：本届宋庄文化艺术节，宋庄音乐和“摩登天空”唱片公司共同推出一个音乐现场，你能否具体介绍一下情况?

洪启：自2005年开始，宋庄艺术节已经成功举办三届，而现代音乐及声音艺术将成为今年即将举办的第四届宋庄艺术节的重要内容。我们特意邀请到目前中国规模最大的独立唱片公司摩登天空，共同打造本年度宋庄艺术节的音乐现场内容，将现代音乐与声音艺术引入宋庄艺术节。这个现场上，大家将会看到中国最酷的摇滚艺术家。艺术与摇滚乐队融合，摩登天空将会组织旗下最有活力的年轻数码艺术家，“Rexim”宋庄艺术家们的经典画作。包括摇滚、电子、民谣等不同风格、风貌的音乐艺术家大规模的集体亮相，预示了宋庄艺术群落正在向广阔而多元的方向积极的发展。

记者：你本人怎么看本届宋庄文化艺术节?

洪启：一个盛会，艺术盛宴。我看到“艺术集市”活动征集的很多画，很多样，很丰富的内容和形式。这更让我对“宋庄音乐”品牌有了更大的信心。

记者：宋庄正在打造文化创意产业这个大蓝图，你有什么样的想法或建议?

洪启：很庆幸，音乐这么早地、抢先的进入到这个大蓝图的规划之中。我的想法就是尽快在宋庄把音乐产业以一个鲜活而稳健的面貌建立起来，成为宋庄一个重要的支柱形脉络。大家以后一提宋庄，除了美术之外，音乐也很有分量。现在我们工作还做得太少，等到把我前面谈到的规划都实现了，再提建议吧!

沈黎晖(吴黎浪摄)

沈黎晖：这是个碎片似的时代——专访摩登天空创始人沈黎晖

文／袁霆轩

很意外的在第四届宋庄艺术节发布会上看到了沈黎晖。作为摩登唱片的非忠实性听众之一，对沈黎晖的印象模糊在十年前的清醒乐队第一张唱片里，模糊在他这么多年操持摩登天空做着的事。出唱片，策划活动，与一些机构合作，然后出更多唱片，做更大的活动。坐在艺术节发言嘉宾席的最边上的他，仍然象个刚组建了自己的一支英伦摇滚乐队的有志青年，一点黯淡，一份桀骜，无意识间似乎尚能见到一丝对例行发布会的客套流露着无奈。而等前面几位冗长的发言结束，待他走向发言席说话时，又透露着底气十足的坦诚。

在整个采访过程中，沈黎晖保持着一种心知一切却又仍然充满期待的状态，包括对宋庄艺术节，包括对摇滚新音乐的继续征战。工艺美院出身的沈黎晖，见惯了朋克青年们的颓靡和张扬，不知道是否还熟悉宋庄艺术家们相对低调的风格。

“宋庄从此要走上‘摩登’的道路。”据报导说作为中国最具影响力的艺术家之一的岳敏君和刘炜对本次合作也都非常看好。岳敏君希望能在摩登天空 宋庄音乐现场“看到中国最酷的摇滚艺术家。”无论这次艺术与摇滚乐队的融合是否会给人们更多的启示，我更希望我们都能玩的开心。

袁：宋庄给人的印象一直是贫困艺术家聚居地，而摩登天空则致力于将新音乐推向主流市场，两方的定位和角色似乎差别很大，那么这次摩登天空为什么会考虑与宋庄合作？

沈：宋庄也要摩登起来!这是他们的口号，另外我对艺术也很感兴趣，我原来也是学美术的。一方面对这个一直很关注，而且你看他们刚才宋庄放的那个大屏幕，他们的规划特别棒。所以我觉得肯定要找到一些契合点，做一些事。

袁：除了参与艺术节的活动举办摩登天空音乐会这样的方式，你认为艺术节与音乐还可以在什么方面有更多结合点呢？艺术节结束后摩登天空在宋庄还有其他计划吗？

沈：我们正在讨论呢。应该说以后的合作会挺深入的，而且实际上“摩登天空”本身也会在艺术方面做一些事情。我觉得以后音乐，艺术，影像之间的界限会越来越小。我挺看好宋庄的未来的，所以我觉得有更多的往下进行的可能。

袁：08年摩登天空音乐节在海淀公园进行，而迷笛音乐节则换了老地址。于是有人认为摩登天空已经取代迷笛成为中国最大的摇滚音乐节，你是否认同这个看法？

沈：我觉得还不能这么说，我觉得我们其实只是档期的问题。应该说参加“midi”的人数还是要比我们多很多。而且“midi”有很多年的基础。但我们有我们的特点。应该说音乐节的市场还很大，还可以容纳很多音乐节。

袁：包括我们手里的《宋庄音乐》创刊号，我们看到张楚、崔健这些老一代的摇滚音乐人仍然是摇滚乐舞台上的主角——尽管他们看上去都有些老了。是因为新音乐人无法超越他们吗？还是媒体的舆论与时代的机缘造成的？你认为在音乐上是否有其因由？

沈：我觉得这个问题同样适用于我们有没有超过“滚石”的新的乐队？或者有没有超过“甲壳虫”的新的乐队？但从另外一个角度我们也可以说像“Radiohead”像“Oasis”这些乐队超过了他们。因为历史已经写完了，历史在之前的阶段是一个大家对一个事情比较全面集中关注的时期，但现在已经是一个碎片似的时代了。所以，不意味这个时代没有更优秀的艺术家，但我是觉得这个时代的性质已经发生了很大的变化，这是一个客观的事实。包括电视剧，以前我们都看一部电视剧，但是大家现在……，历史已经写完了，但是新的历史还在产生，我觉得还有很多不确定因素，还有很多时代的特点，有很多时代的代表人物。

袁：中国摇滚乐和当代艺术的起点是在一起的，它们最开始都是以“对体制的反叛”这种姿态出现并以此发展起来。后来摇滚乐曲折的路程里，很多时候选择走上了摩登天空这样的将摇滚普及化的路程，而最初从圆明园到东村再流离到宋庄的艺术家们，是否会对现在的情况产生疑虑：当代艺术是否会走向对体制的迎合？因为我们看到，这次第四届宋庄艺术节的新闻发布会上挂满了一长串政府官方的名字，这种“在野”状态的消失是宋庄的阻碍还是机遇？

沈：不管什么体制，我觉得需要多元的体制。不管什么体制，只要是文化有了这样一个量就一定会有优秀的东西出现，所以我觉得这个不是问题。其实现在有多种形态，多种形态是一个最关键的形态，不管从音乐来讲还是从艺术来讲我觉得都是这样的，所以有这个就够了——多元形态是最重要的。

袁：07年你们清醒乐队推出了新专辑《明日的荣耀》，《爱摇》对你的专访里你谈到，是因为十年过去了，大家又凑在一起，把想说的说一下，该玩的玩一下。你们会继续玩下去吗？

沈：不太确定，就是有“感”而发吧！有“感”就发，没有“感”就该干什么干什么，所以音乐对我而言就是发言，没什么好说的就不说话，而且对我来讲说话有挺多方式的，通过音乐说话也不一定是我唯一的说话方式，上张专辑还是说我想说点话，所以就有了那张唱片。

袁：我们知道左小祖咒当初也是和行为艺术搅和在一起的，而你们的唱片封面也制作了一个很有杜尚味的LV小便池，但大多数时候音乐和艺术似乎分的非常开，你认为它们会更紧密的糅合在一起吗？

沈：我觉得从来它们就应该是在一起的，未来的趋势也是更多的在一起，实际上，影像，声音，时尚，所有的这些东西都应该在一起，文化就应该在一起，未来的趋势也是这样。过去也是这样，如果你看过去60年代，70年代的摇滚怎么来的？摇滚影响了很多“fionshion”，电子音乐、迪斯科，会有那样的服装，实际上是一个文化，从更大范畴来讲的话。

袁：最后，摩登天空最近有什么大的计划可以透露的吗？

沈：年底会有，现在还在筹划，所以不太方便公布！

王林：今年批评家年会做三件事

来源/99艺术网

内容概要：我觉得艺术市场应该是一个自由市场，如果全都产业化了，反而是有问题的。艺术市场和他们说的文化产业，还不是一回事。文化产业，我个人觉得其实文化产业只是一种组织方式，其实它真正要到市场上去的时候，其实是很个体的。特别是艺术创作，它既是这个市场的个体

王林

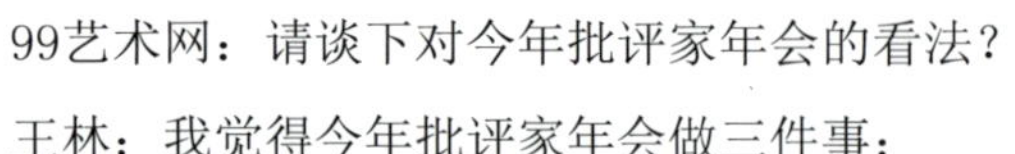

99艺术网：请谈下对今年批评家年会的看法？

王林：我觉得今年批评家年会做三件事：

第一件事，就是召开研讨会。因为批评家年会每年都是根据这一年的一些重要批评话题，还有艺术话题和批评话题，来组织批评家的探讨。这种研讨，肯定是有价值的。大家可以互相沟通思想、互相启发。还有在研讨会上也可以有思想的交锋，我觉得这种有针对性话题的讨论，是我们形成中国批评界批评思想的一个平台。

第二件事，它每年要出一本批评文集，而且这个文集的文章都是批评家自选的，大概在一万字到一万五千字之间。这样的话，这个文集是一种积累，它把每一个年度，批评家自己认为能够代表自己观点的文章集中起来，就为中国美术界留下了批评的文献。而且今年，我们还把去年研讨会的会议纪要整理出来，也放在文集里面，以后也会是这样。这样就把批评的争论也好，思考也好，写作也好，把这样的批评成果积累起来。相信如果长年坚持下去的话，就会形成中国批评的一种文献。起码大致的，或者是基本上可以勾勒出中国美术批评的一种动向。基本上也能够汇集中国批评界学术的一种成果。

第三件事情，从今年开始，我们要进行批评家年会、年度艺术家、年度青年艺术家、年度批评家和年度新锐批评家四个项目的评选。每个项目评选一名作为获奖人。这个批评活动跟其它的杂志和媒介的批评还是不一样的。它不是一个娱乐的操作。就我们做这个活动的做法和本性来说，我们都是希望它能够推动中国当代艺术和批评的发展。而且对当代艺术进行一种研究，对中国批评进行一种研究。所以，奖励办法也不一样。

比如年度艺术家、年度青年艺术家，就是由批评家年会专门组织批评家，对这个艺术家的作品召开创作研讨会，进行专题的研究，做比较深入的个案研究。我想，这样对艺术家的创作来说，对艺术家的创作研究来说，都是有益处的，并不是奖励艺术家多少钱，或者给他多少大的名誉。主要是对他的创作，大家为什么要奖励他，他的价值在什么地方，作为一种历史性的研究。

比如对批评家的奖励，像“年度批评家”我们的奖励就是给他提供一个出国考察的机会，就是提供出国考察的费用，让他自己选择到国外去考察，回来报销。这个主要还是推动批评家出国去看，有更好的视野。实际上是一个促成，并不是拿多少奖金给他。

“青年批评家”是准备在下一届宋庄艺术节给他提供策划展览的一个机会，策划一个重要的展览。来推动批评和艺术创作之间的一种联系性。这些做法的考虑都是一个出发点，这个评选更多的不是一种利益性和权利性的东西，而是一种带有实际性的推动作用。当然批评家年会是一个会议组织。在某种意义上说，我们对它定位，它是中国美术批评家自由联合组织的民间学术会议。所以它只能用它自己这样的方式来做一些工作，它不想去涵盖什么东西。但是它肯定有它独特的角度。

记者：作为一名策展人或批评家，有时会同时担任几个展览的策展人或艺术顾问，这样的现象总让人有策展人在频频赶场子的感觉，这样的现场是否说明了批评家在一定程度上丧失了批评的独立性？

王林：我觉得这个问题一般来说，是一些艺术机构为了拉一堆所谓的名人给自己撑场子，他们就用一些这样的方式。其实，我觉得做展览用策展人的方式，就是个人的一种判断，你个人的判断，个人的组织，个人的思路，然后你去做展览。这样一种“独立策展”，那么独立策展人就需要有独立性，如果没有独立性，你老是一个群体，那谁来负责啊？你自己策划的展览，从批评的学术立场上，从社会反应上面，你要独立，既然要独立策展，这个就要独立。所以我个人还是不赞成这样一种所谓拉大旗、做主题声势浩大的东西。当然有一些大型的展览，可能需要一个策展团队，因为像艺术节，一个大型的活动，他可能有一个总策展人，下面还有很多策展人分别地去策划具体的展览，这是可以理解的，保持了他策展的独立性。

我个人觉得，这个策展人的独立性是批评家负责任的一种表现。所以，我赞成你的那个说法，还是要提倡独立负责的策展人、策展方式。我策划的展览，好像还没有是群体作战的。

记者：高名潞老师最近有个观点，说的是批评家的尊严问题，他认为批评家在解决了生存后，应该要开始关注关注生存的尊严问题了，批评家不应该为了钱而从事批评活动，而应该更专著与学术和理想的问题，对此，您怎么理解？

王林：你说的这个问题是一个很事实的问题，但也是一个永远都说不清楚的问题。因为批评家有他的劳动，比如他给艺术家做评论，他应该收取费用，这也是应该的。但是，最关键的东西就是批评家的立足点是什么，这个是每个批评家自己去判断的，这是一种自我要求。比如说，你的主要方向，是做学术研究，是做批评研究。我们都知道在中国做学术研究、做理论研究是最不赚钱的事。出版社要出一本书，还得自己去找钱。所以，大家判断批评家的时候，在这个问题上的态度有几条：

第一条，看他写了多少有理论、研究型的著作。这种著作是赚不着钱的。还有写了多少长篇的研究现象，研究美术发展方向的文章，这样的文章也是不赚钱的。这种长篇大论，杂志还不愿意登，但是中国的美术批评需要这样的机会，需要这样的学术研究。往往是那种写展览的短文章，写艺术家作品评论的短文章，是可以有回报的。所以我觉得看一个批评家，还是要看他对理论研究，对批评本身的研究有多大的投入。所以我们批评家年会，今年我编这个文集的时候，我就要求尽量地减少那些给艺术家写的个人的评论，尽可能多的收入和选择做理论研究的东西，做批评研究的东西，做现象分析的东西。这样来保证批评家文集的学术性，而不光是挣钱的文章的文集，那样就没有意义了。

当然收钱的文章，也有写得很认真的，也有写得好的。我们也不能说收了钱的文章就不好，这样要有选择。

收钱有两种情况：一种情况是见钱眼开者，管他艺术好不好，都去写文章，这种就没有价值了。还有一种，是人家的艺术作品本来就有价值，批评家愿意去给他写文章，这个是一个不谋而合的事，没有太多可非议的东西。批评家做批评也是一种劳动，他有相应的报酬，是一种社会回报。但是，我们在判断一个批评家的时候，我们没有必要去攻击他写文章收了钱，关键是他拿出来的批评的东西，我们就可以对他分析，他文章本身好不好，他理论研究的本身好不好，他的批评思路本身有没有道理。我们还应该对他的批评去做分析。因为批评家也要接受社会的考验，也要接受社会的批评。批评就是一个不断被批评的过程，我觉得是这样的。

记者：高名潞老师还提出“艺术市场产业化”的概念,你怎么看待这个说法?

王林：我觉得艺术市场应该是一个自由市场，如果全都产业化了，反而是有问题的。艺术市场和他们说的文化产业，还不是一回事。文化产业，我个人觉得其实文化产业只是一种组织方式，其实它真正要到市场上去的时候，其实是很个体的。特别是艺术创作，它既是这个市场的个体，但是这个个体的确有一个机制，在西方艺术运转的机制是很完备的。中国市场运转的机制是不完备的。它是一个初始的，所以它是有问题的，也就是不健康的。这个说起来话题就长了，真正的原因就是因为它不健全。它不健全，于是它就不健康。不健康的表现，就是它常常是一种买空卖空，常常是投机倒把，常常是一种没有诚信的背后的一种暗箱操作。其实我们看到艺术市场的那些很混乱的东西，就是这么来的。

杨卫：我们希望唤起的还是批评的自律

来源/99艺术网

内容概要：艺术市场产业化是必然的，任何东西形成市场以后都产业化。我们过去的艺术是一种地下状态，是隐蔽起来的，是鲜为人知的。那么当它拿到大庭广众之下，广为人知以后，它必然会成为一种产业。也就是说艺术市场这么发展，它必然会是一种产业，这种产业是因为社会的一种需求。

99艺术网：宋庄批评家年会已经进行到第二届，您认为批评家年会在艺术史上存在的价值是什么？

杨卫：首先还是批评的自律，我们希望唤起的还是批评的自律。过去在美术批评领域，要么成为了统领江湖的一种角色，要么就完全挤到边缘，什么都不是。所以，就需要批评队伍自身的一种自律性的建设，而不是依附于市场，同时也不是依附于过去的权力的话题。而是它能够独立出一种真正自律的批评声音。这是我们做批评家年会的初衷。所以就把它做成一种常规性的，比如每年一次。一方面我们可以就这一年来发生的艺术事件相互进行探讨、交流。同时也加深这些人情感的一种联系，大家都是从事这样一个职业，也希望把批评从艺术市场和艺术创作这几层关系当中脱离出来，成为一种相对独立的，或者说在这个链条里面不可或缺的一个元素。

也就是说，当我们正常的艺术市场也好，或者是正常的艺术也好，艺术史也好，它是由几个环节构成的。首先是艺术家的创作，再有批评家的阐释，然后到收藏家最后的收藏和认定，这几个链条不可或缺。所以想做的就是能够把批评家年会常规性地做下去，最后在这样的一个链条当中成为一个不可或缺的元素。

所以每一年的年会都会有一个探讨的主题。这个主题有可能跟当下的潮流有关系，也有可能没有关系，是关于批评自身的一些讨论。都有可能。最主要的，就是我们希望批评不要太被动，而是应该主动地去解释我们这个时代，解释我们现实的各种现象，这是它的初衷。

我想它之所以存在的价值和意义，可能都在于此。也在于它是整个艺术链条形成当中不可或缺的一个重要元素，也是继续办下去的意义。

99艺术网：作为一名策展人或批评家，有时会同时担任几个展览的策展人或艺术顾问，这样的现象总让人有策展人在频频赶场子的感觉，这样的现场是否说明了批评家在一定程度上丧失了批评的独立性？

杨卫：会有一些。当然我们也要看到具体的一种现状。比如我们这些具体的现状，因为批评家也是人，他可能也有很多朋友，有很多熟人。那么很多机构，或者是很多展览，需要有一些所谓拉大旗，肯定要做一个活动，需要有能挂挂名、长长面子之类的，这是中国比较特殊的情况，谁也绕不过去，这种东西都是很无奈的一件事情。

当然我们看一个批评家，最重要的是看他自己亮出了什么剑。也就是说他自己做的一种展览，这个展览的价值和意义。我是不赞同到处挂名的，但的确是很无奈，因为朋友都碍于面子，这个时候很无奈。中国人都是这样，在处事上太爱面子，这是中国人的一种特例，但我不赞同这种事情做得太多。因为毕竟还是会耽误自身学术的影响。

99艺术网：高名潞老师最近有个观点，说的是批评家的尊严问题，他认为批评家在解决了生存后，应该要开始关注关注生存的尊严问题了，批评家不应该为了钱而从事批评活动，而应该更专著与学术和理想的问题，对此，您怎么理解？

杨卫：这是当然了，首先我们要想批评的动机是什么。如果我们是为了挣钱去批评，大可不必干这件事情，可以干别的，因为很多事情可能比批评要挣钱得多。作为一种批评，它本身的动机就是背后理想性的一种支持。

也就是为什么你要批评呢？肯定是你渴望有更好的，比你要批评的对象更好的局面产生，所以你要从事一种学术性的批评。再往前推十年，甚至是五年以前，不要说太远。五年以前的批评哪有太多的钱挣，没有什么钱挣，不像这几年，都是因为市场好了以后，批评家的出场，或者是应酬文章更多了，过去是很少的。那么当时从事这样的职业，本身就是一种理想的艺术支撑。至于这两年市场好了以后，很多批评家的应酬文章更多了，做学术，做自己东西的越来越少了，那是个人的原因，不代表整体批评界的现象。还是那个道理，优胜劣汰，他自然会被淘汰。我相信群众的眼睛是雪亮的，他那样的东西做得太多，他自己就缺乏这样一种可信性了。所以也没有必要过于担忧这个问题，因为大家都看在眼里，当然呼吁是应该的，我们还是应该围绕我们这个职业的源头，我们从事这个东西是为什么？

所以，我们应该想到他的一种初衷。就像我一样，我原来是艺术家，是后来转到批评的，不是钱的问题。我听说，甚至也有某些批评家也做作品，如果是为了钱去做，我想就太没有意义了。如果真是有一些观念想表达，也无可厚非。

99艺术网：高名潞老师还提出“艺术市场产业化”的概念，您怎么看待这个说法?

杨卫：艺术市场产业化是必然的，任何东西形成市场以后都产业化。我们过去的艺术是一种地下状态，是隐蔽起来的，是鲜为人知的。那么当它拿到大庭广众之下，广为人知以后，它必然会成为一种产业。也就是说艺术市场这么发展，它必然会是一种产业，这种产业是因为社会的一种需求。当你有影响以后，必然就会有附带的东西，希望开发你的隐蔽。产业形成需要有很多依附于艺术和市场之外的别的门类，比如经纪人、拍卖公司、媒体等。它围绕你的产业核心在运转，形成了一种职业，形成了一大批以此为生的一类人，这是产业链，这是一个必然规律。只要它形成市场，就必然会产生这样的东西。因为有需，就必然会有供，是这样的一个关系。

99艺术网：谢谢杨老师的采访。

杨小彦：呈现摄影进行时

来源/红艺术

杨小彦

记者：您作为这次影像艺术的策展人，当时“城市裂缝”这个主题是怎样构思的？

杨小彦：宋庄委托我做一个摄影策展，我当时的考虑是两条：第一我是希望呈现出摄影界的一些比较重要的倾向；第二是我想突出摄影和城市之间的关系。摄影跟城市的关系这样一个课题一直有人在做，我也想跟他们做一个比较。城市化的扩张是30年来最重要的一个现象，城市扩张中有非常多的遗留物，当摄影家把他们的观感放在这些遗留物中的时候，实际上他们所呈现的图像跟传统的图像有很大的差别。

因为我们30年前整个艺术还是乡村跟自然景观密切相关的，尤其是很多业余摄影或者摄影发烧友，他们还是热衷于拿着相机去山区、乡村、风景区，或者说拍摄一些奇异的风光，但其实城市景观本身所呈现的现实意义和这30年变化是密切相关的。可能我一直关注的是社会性风景，我觉得社会性风景没有超过对城市的捕捉，城市所提供的风景和社会性的含义是一个非常重要的方向。

所以我首先确定这样一个方向是想通过这样一个展览来呈现摄影家或者摄影镜头对城市的考察，但是城市不是一个抽象城市，是城市发展当中的遗留物，一旦城市的发展之间会留下东西，会形成垃圾，会对人产生一种影响，我叫它“城市裂缝”是因为我认为城市不同发展阶段之间会有一些连接的地方，残留下一些非常奇怪的东西，那么我所考察的就是摄影家对城市生长当中所遗留空间的一种负向的记录。

记者：为什么会选在在宋庄艺术节上举行这个展览呢？

杨：宋庄艺术节也正值第二届美术家批评家年会，我是想给批评家年会或者给美术批评家一个影像的呈现。我当时想呈现出比较纯粹的影像类型。这个比较纯粹的影像类型包括几个部分，第一个，我没有选择艺术界的以摄影为媒介的艺术家，因为我觉得在某种意义上他们只是以摄影为媒介，同时我也没有选择所谓是纪实摄影，我是选择了一个影像的个人考察，这个影像的个人考察可以呈现出目前摄影界的趋势，也可以让中国的美术批评家看一看中国目前摄影的发展情况。我所策的这个展览里面有非常权威的摄影家，也有非常新锐的摄影家。

记者：您觉得宋庄在发展文化创意产业上有哪些优势？

杨：它发展的很早，最开始是艺术家在那里呆着，然后是艺术家之间的和平相处。原来在圆明园东村那边艺术家是“盲流”，那边到处是在赶艺术家，只有宋庄把艺术家留下来。但是现在事实证明，艺术家的确是能够创造某种奇迹，他在这个地方居留下来以后，他的艺术作品本身能够改变这个区域的文化状况。艺术本身也是有市场前景的，就真正的实现文化创意产业，艺术是最重要的一个领域。宋庄发展最快，而且支持当代艺术的发展，他们的这个判断和这个决策我认为是对的，而不是搞其他那些伪艺术。

记者：您觉得通过宋庄艺术节上的这个影像展览能够给艺术家的回报是什么呢？

杨：对于这个展览来讲，我觉得主要的就是要想告诉美术批评界摄影界正在发生的情况。因为我认为美术批评界其实有很多人并不太了解中国摄影。而对于摄影家本身来讲，我是在告诉他们：你们要用你们的作品在另外一个圈子里展现自己，就是在艺术界里面展现自己，可能是第一次在艺术界领域所做的一个展览。我认为它有一个双面的意义。

黄笃：批评本身就应该是独立的

来源/99艺术网

内容概要：艺术市场本身就是自由经济的一个产物，它就是自由经济形成的，它是由市场供求关系决定的。它如果能生存，就因为市场上有人要，如果不能生存，就是市场没有人要了。

99艺术网：宋庄批评家年会已经进行到第二届，你认为批评家年

黄笃：我觉得批评本身就应该是独立的。那么批评家年会，当然把整个中国的当代艺术批评家组织在一起进行讨论，当然是很重要的，对中国当代艺术是有意义的，或者是有推动作用的。我想的是如何在新的条件下，新的历史阶段有一个新的批评。新的批评就是面对一些问题，比如艺术发展，当代艺术发展的这个阶段和商业的关系，跟学术的关系，以及跟整个艺术发展之间的内在逻辑关系。我想这个问题是比较复杂的。

我觉得批评家年会还是有积极的作用。但是要看从哪些角度去讨论。比如有一些具体的例子，就是如何去批评？比如对一些艺术现象，现实中的一些艺术现象，艺术创作中的“大”，前一段有一些年轻的评论家也在谈论这个问题。“大”和他的观念是什么关系。比如“大”的理由是什么？是否因为大就意味着空？我想这些东西可以针对具体的作品去讨论。

问题是当一个新的现象出现的时候，我们以往的批评经验，是否跟这个社会有一个同步的角度去审视这些问题。像我们原来的审美经验和新的问题出现错位的时候，我想我们需要理性的去分析，而不是用情感式的去分析这些问题。

像我们在谈艺术颠覆性的时候，你说一个汽车放在美术馆展览跟一个装置结合，有什么不可以？那么，达明•赫斯特把牛剖掉怎么去解释？我想艺术创作总是在颠覆着我们以往固有的经验，当艺术家经验往前走的时候，批评的经验是否能跟得上，我想这些问题，是我们应该在年会上，或者是在活动讨论上要比较理性的，从知识全面的一个角度去考察这些问题。

当然我们讨论这些问题，并不是拿一个西方的经验跟我们去套，而是谈跟我们自身的现代化、文化现代性之间的关系是什么。我想这些问题都可以通过艺术批评展开。

99艺术网：作为一名策展人或批评家，有时会同时担任几个展览的策展人或艺术顾问，这样的现象总让人有策展人在频频赶场子的感觉，这样的现场是否说明了批评家在一定程度上丧失了批评的独立性？

黄笃：我想批评的独立性，什么叫批评？批评就是体现他的独立判断、独立思考、独立的文章、独立的观点。批评本身一定是有独立性，而不受制于外在的东西。在我们国内的批评里面，当然有一些年青的批评家写得不错，对艺术问题、艺术现象写得还不错，但我觉得还不够，我们应该更加敏锐地去看一些问题。

比如要严谨，比如批评本身介入多少没有关系，介入多少事情是没有关系，问题是你要把那个事情做好，做得有质量。包括你写的文章，策的展览，而不仅仅是挂一个名，我觉得你刚才说的赶场子的现象会给别人造成这样的印象。当然批评也有各种批评，有不严肃的批评，也有严肃的批评；有水平的批评和没有水平的批评，就跟有水平的策展和没有水平的策展一样，有深度的策展和有浅度的策展。我想这是各种角色，这个社会也要容忍这些赶场子的批评，也没有什么可说的。他也有存在的道理，可能他为了生存，或者是其它事情，要参与一些更多的事情。

99艺术网：高名路老师最近有个观点，说的是批评家的尊严问题，他认为批评家在解决了生存后，应该要开始关注关注生存的尊严问题了，批评家不应该为了钱而从事批评活动，而应该更专著与学术和理想的问题，对此，您怎么理解？

黄笃：我想这是一个价值判断的问题，每个人有他个人的选择，你不能用你的标准去衡量人家写得好与不好，本来他水平就在那儿，你一定要强迫他写出一个高水平的文章，他的认识就到那儿，你可以去批评这种现象。这是一个价值取向的问题。他拿多少钱，做多少事，是他个人的事情，尊严有没有也是他个人的事情，这是价值观的选择。

99艺术网：高名潞老师还提出“艺术市场产业化”的概念，你怎么看待这个说法？

黄笃：艺术市场本身就是自由经济的一个产物，它就是自由经济形成的，它是由市场供求关系决定的。它如果能生存，就因为市场上有人要，如果不能生存，就是市场没有人要了。发财并不是一个人为的东西，实际上就是市场。什么叫做市场，什么叫做自由市场？它是由供求关系来决定的，是一个杠杆。为什么有人去买，因为有人投资，有人拿去拍卖。不管是投机行为，还是个人的收藏行为，都是由市场关系决定的。

李章旭：祈愿中韩持续交流

来源/红艺术

《红艺术》：请简单的讲述关于策划这次举行的艺术节的构想？

李章旭：最近成长的中国美术是跟中国的经济成长一起在世界美术地形上带来大的地壳变动的事是事实。许多的中国艺术家在全世界的ART FAIR, BIENNALE上被介绍，引人注目，渐渐达到成功，在韩国也有中国艺术家的作品在美术品拍卖市场出来的事也再不是惊讶的事。这种美术的现象、成为日常化。

李章旭（韩国）

许多中国艺术家在韩国介绍后获得大的响应，但是韩国艺术家在中国扬名的机会相对少，所以作者每个人进入中国的艺术界是有限度。可以说即使有机会的话大部分也是一次性结束活动。所以中国画廊艺术部门和釜山自然艺术人协会是用更长期的眼光在中国介绍韩国艺术作品，还有想做一些跟中国艺术家能够沟通和交流的几篇文章。我们通过这次艺术节希望能为韩国的艺术家进入世界美术市场做出积极的支援，所以策划这次展览。而且真正的祈愿能够成为中?韩持续交流的基础。

《红艺术》：选择宋庄的理由是什么？

李：在中国有许多的艺术区！当然798是世界里最有名的，但是我来中国实地调查，其中最喜欢宋庄！而且最适合釜山自然艺术人协会的风格和艺术家之间的交流。因此就在这里设立艺术部门的画廊！我个人比较喜欢这里非常少的商业性在里面，还有在宋庄画家村的艺术家的人味和浪漫的部分，也成为我们家人都来中国的动机。虽然来中国的时间不长，但是我非常满意！

《红艺术》：觉得宋庄发展文化创业产业的条件是什么？

李：我有两种想法：一种是硬件！政府及委员会等能保证艺术家自由的创作。另一种是应合支援的软件的内容，即说作家们！和谐支援和这正好般配基础的作家们的创作活动，这样才能造成最佳的结果！

《红艺术》：通过这次的艺术节要达到怎样的目标？

李：通过本艺术节用长期性的眼光(常设化)来把韩国艺术作品介绍到中国，要给艺术家们有各种各样体裁的现场活动提供与中国艺术家沟通的机会。通过这次艺术节韩国艺术家能进入中国美术市场是我们的愿望。我更期待这就作为中韩交流可持续发展的基础。

《红艺术》：打算通过这次艺术节给艺术家什么汇报？

李：竭尽我的最大努力!努力为中韩交流和中韩的艺术交流做出贡献。

前现代、现代、后现代相互交融

来源/红艺术

记者：关于“众生喧哗”这个展览的主题，您是怎样构思的？

孙振华：宋庄的公共雕塑展已经展览很多次了，这是第四届了，至于我个人对宋庄的理解，我觉得从文化上来讲它是非常丰富的，它浓缩了当代中国很有特点的东西。在宋庄这里我们可以看到中国文化中非常前卫的、实验性的东西，同时也可以看到非常商业性的东西。其实也可以看到当代艺术目前所面临的一些处境，比如它如何面对所谓的文化产业？如何来面对比如说当地政府把它纳入到文化产业或者创意里面，纳入到地方文化经济发展的格局里面，它怎么样和政府或者说体制之间的合作？同时它在中国城市化过程中在城市与农村相互交融的地带中，有它的丰富性、多样性，它给我们的感觉是喧嚣的、混杂的，同时又是非常有活力的，所以当时的主题我就想定为“众生喧哗”。我们希望能体现当代中国文化中比较多元、很多东西共同在一起这样一种场景。比如我们说宋庄包含了一些前现代的东西、现代的东西，还有后现代的东西，这个现象是非常有意思的，这是一个方面。

另一个方面，从我们这次展览的作品来看，我希望用“众生喧哗”来描述中国当代雕塑目前所面临的状况。中国雕塑在我看来现在也像宋庄一样，是一个“众生喧哗”的状态，相对来说有一些是传统的、架上的、强调造型的，还有一些观念性的等等，更重要的是这些雕塑在宋庄出现，它会是街头文化的一个部分，这样就把观众的维度带进来了。

第三个方面，我相信不同的观众在看到这些作品的时候也会有不同的感受和理解，他们的议论和反映也是“众生喧哗”的。从这三个方面，我觉得用“众生喧哗”这个主题来概括它会比较有意思。

记者：您最初是怎样选择在宋庄举行您的雕塑展的？

孙：这里有两个机缘。一个我是在前年参加了一个展览，叫做“超女纪念碑”，当时宋庄给了我一个很特别的经验：我就觉得不能小看宋庄，它举办的一些艺术活动，比如展览，其实辐射力是会很强的。当时我们把“超女纪念碑”的展览送到宋庄的时候，其实之前在深圳展过，当时大家也就觉得好玩，没有觉得什么不妥或者特别需要争议的，但到宋庄之后，特别是在网上有些介绍以后，这个作品就好像立马引起了社会特别大的关注，有很多不同的解读，当然也有很多属于误读，但不管怎样它也成了宋庄比较有争议的一个作品。所以这个雕塑展，跟我对于宋庄的经验比较有关系。另外今年也是宋庄邀请我来做这个展览，上次我是以参展作者的身份，这次是以策展人的身份，我觉得还是挺有意思的。

记者：宋庄被北京市列为文化创意产业，您觉得宋庄在发展文化创意产业的时候在自身方面有什么样的优势条件呢？

孙：政府把宋庄当代艺术产业化也好，它艺术自身的文化使命也好，它的价值指向也好都是不同的，我感觉它未必是在一个轨道上的。我觉得我们在很多年以后再来回望这个时代的时候，我们一定觉得很多时候他们由于不同的初衷合谋做了一件事情，可能这件事情在客观上对把当代艺术放大，让它由边缘走向中心，让它引起社会关注，让更多的人接触它理解它，起了非常大的作用。至于说要把当代艺术完全的产业化或者经济学化，最后能达到一个怎样的结果，我个人看重的还不是当代艺术这方面的品质，更看重的是它面对当代文化能有它独立的立场，有独立的声音，而不是以简单的市场的效应或市场的规模来作为它的品牌标准。

记者：您觉得通过您的雕塑展能带给艺术家的是什么呢？

孙：这是两方面的。一方面我是希望观众能从这个展览里看到中国雕塑的方方面面；另外对艺术家而言，我希望除了关注一些比较有成就的艺术家以外，还能更多的关注一些年轻人，这个展览里就有四个是生活在宋庄的年轻艺术家，他们也许不是特别有名气，但是他们生活在宋庄，他们的参与应该也是非常重要的。我不回避这种大杂烩式的东西，我希望它是一个非常丰富的、混杂的，别人什么说法什么议论都可以接受的，一个兼容的展览。

李广明

对话李广明——以自己的姿态建立适合本土化的美术馆

文／吴黎浪

李广明，艺术家、策展人、上上国际美术馆馆长，2008年上上国际艺术年展学术主持。在针对中国本土化和中国当代主义的问题思路上李广明馆长提出“水墨主义”和“当代主义”两个主题概念，让大家产生认识、反思和讨论；作为中国乃至世界上建筑面积最大的非盈利民营美术馆，以后的展览安排、资金来源、管理方式等一些焦点问题在此采访中李广明馆长给予了阐释。上上国际美术馆在坚持自己独立个性化的道路上我们期待会走的更好。

打造更大的空间，聚集更多的艺术家

吴黎浪：建立上上国际美术馆最初出于什么样的考虑？

李广明（以下简称李）：上上美术馆老馆在硬件方面已经不适应中国当代艺术的发展，作为“上上”美术馆那就要上一个台阶，那我们就考虑到要重新打造一个馆，打造更大的空间，聚集更多的艺术家。目前上上国际美术馆可以承接国内外任何一个大展，上上国际美术馆现有空间面积20000多平米，占地60多亩。

吴黎浪：你也经常策划一些重要展览，此次国际年展规模庞大，从参展的人数、作品，涉及的参展国外艺术家上可以看出，那策划此次展览你的策划理念是什么？是从什么样的角度，主题来规划的？

李：新馆开馆必须拿出一个东西说话，展览为什么叫上上国际艺术年展？因为08年是很有意义的一年，是苦难和喜悦之年。所以我们起名叫年展是具有纪念意义的。

在这个之中我们提出一个观念出来，那就是“水墨主义”和“当代主义”。但这个想法和理念既然说出来了，也是代表一种声音。为什么这样说呢？这里涉及中国艺术的两大困境：第一；中国当代艺术怎么走？第二，中国本土文化艺术怎么走？我们提出这样一个观念让大家产生反思、讨论。

建立适合本土化、国际化的模式，发展中国文化艺术

吴黎浪：上上国际美术馆在建设当中遇到过什么样的困难？

李：在技术上，当时我们邀请了国内外一些设计专家。因为艺术圈这块本身面对的不是一个国内的概念，现在面临的是国际的概念，所以在这个圈子里面，一些国际设计专家、朋友参与到当中，共有50多套设计图纸，但那么多设计图纸当时我们并不太满意。不满意的原因是它不具有本土化这样一个特征，它们是西方的建筑理念，结构主义与极简主义，一种流行性的文化。

美术馆是艺术与文化的体现，所以我们还要打造自己的文化观。上上国际美术馆最后的设计是我们自己做的。

在资金方面困难很大，这么大的一个美术馆对于我们来说投资是巨大的，整个规模实施下来花费将近三千万左右。

吴黎浪：作为美术馆馆长，你管理美术馆的模式是什么？

李：严格上来说，中国的美术馆从民间到官方没有自己的模式存在，为什么呢？因为现在所有的模式都是借鉴西方的，但西方模式是否适中国还要打一个问号，西方的管理体制和文化姿态、机制与中国是有区别的。但我们会摸索和实验适合中国本土化以及国际化的模式出来。

吴黎浪：西方艺术机构是有艺术基金会、私人企业家、银行等赞助，而在中国会不会有这种现象存在？

李：目前还没有，但我相信以后会有的。

吴黎浪：上上国际美术馆的建设，对于本地政府来说是发展文化创意产业，服务文化产业链条上的节点，那政府给予你们什么样的帮助？

李：政府寄于了我们很大的希望，在资金方面给予了我们帮助。我们是为了中国文化，宋庄文化的发展在做事，政府会给予我们更大的支持和鼓励。

做到有利于社会文化艺术的发展，建立自己的文化品质

吴黎浪：上上国际美术馆的定位是什么？

李：我们是非赢利的。因为美术馆是一个交流、展览、收藏的机构，如果我们达到更有利于社会文化发展这样一个平台，我想政府一定会帮助我们的，当然目前企业家无偿的投入，对艺术、文化的这种付出是对中国文化发展的一种认可和贡献。

吴黎浪：作为新兴民营美术馆，作为馆长将如何带领美术馆在新浪潮中树立自己的品牌，打造国际品牌走出自己个性化的道路，将有怎样的规划？

李：我们要做的是站在本土化这样一个姿态下，以本土化、民族化去和西方对话，掌握我们的话语权。像这次展览，我们邀请了国外艺术家一百多位，国内艺术家一百多位，五十多个国家参与我们的展览，当时有一百七十多位国外艺术家参与，但最后我们只选了一百一十多位，为什么呢？当时我的姿态很简单，在尊重当代艺术的价值的基础上，我们要有自己的文化态度和自己的话语权。

吴黎浪：作为非赢利美术馆，资金问题非常关键，那上上国际美术馆如何解决日后维持美术馆运营资金问题？

李：资金目前有几家企业在支持着，这种支持我想还是他们对中国文化的一种理解与肯定，今后我相信有更多的企业包括政府会投入到这里来。

吴黎浪：上上国际美术馆今后展览内容是怎么确定的？

李：我们有几方面的考虑：一、鼓励中国一些有作为的年轻艺术家来展示他们的作品；二、和国际合作，与各大美术馆、博物馆等艺术机构建立合作机制关系；三、把中国的艺术推向国外，把国外的艺术引进中国。以上是我们后期要做的工作。

目前与几家包括德国、波兰、法国、美国的艺术机构建立了合作关系。

吴黎浪：上上国际美术馆有没有可能建立自己的分馆？

李：还没有想到这一点，因为首先必须把自己打造好，建立一个品牌，树立自己的高度，把美术馆的文化品质和内在的张力体现出来，只有这样才有机会建立分馆，但我希望是在国外建立我们的分馆。

吴黎浪：2008第四届中国·宋庄文化艺术节将要开幕，你是如何看待今年的艺术节？

李：我认为宋庄艺术节一年比一年有进步，有很大的发展。今年的艺术节我希望应该比前三届更好，我想肯定能做到这一点。

上上国际美术馆艺术总监牧野专访

文 / 吴黎浪

吴黎浪：上上国际美术馆做了一个巨型的国际性大展，展览囊括了当代艺术的各个领域，（如架上、雕塑、影像、水墨、篆刻、汉字艺术等），在这么多门类组成的展览中，是如何找到隐藏在它们背后的学术主线的？

牧野（以下简称牧）：我只能说这是一场在中国本土实现了的“乌托邦国际艺术展览”，正如人们看到的，展览不仅完全呈现了在中国本土的当代艺术各类别的表现，也纳入了相当部分的国际艺术家的作品，可以说，这才是完整的国际当代艺术展览，我们想告诉艺术现场和社会的事实是，全球化的国际当代艺术不是隔离东方艺术、只有西方化语境的艺术，也不是后殖民语境统摄的全球化艺术。这样的全球化是有缺陷的，也是值得怀疑、非常可疑的。

如果我们没有一个依然有着强劲生命力的东方文化背景和文化基因，丧失自身的身份与话语是可以接受的。事实上，30年的当代艺术实验正是如此在国际当代艺术现场表现的，充其量只有社会发生学意义。

我们认为，有着强大东方文化支撑、有着庞大艺术创作群体的东方艺术样式，应该是世界当代艺术的组成部分，也应该有自身的艺术立场和文化身份。这样的展览，我们希望，在世人关注的西方各个大型展览中，将来能够成为经常性、正常化的国际展览。我们把一个看似乌托邦的国际艺术年展样式，提供给了当代艺术现场，同时提出了我们艺术家的身份和能够在国际舞台上平等对话、交流的形式和明确的展览理念。

吴黎浪：做这样的一个大展，你们提出两个非常鲜明的学术理念（水墨主义、当代主义），是如何在展览中具体呈现这两个学术理念？

牧：事实上，我们所说的当代艺术，跳出艺术本体来看，就可发现，是西方基督教预言的末日状况，我把由此带来的文化艺术现场的焦虑称为“西方末日情绪”，我们每个人都感染了这种情绪。我们介入国际艺术现场的艺术家引以为自豪和骄傲的也是这种情绪的镜像，对人类未来的想象是很不正常的，

牧野

它需要东方文化的出场和拯救。

在近300年来由西方文明推动的全球化进程中，世界被动地接受了西方文明的形式，也陷入了“存在的虚拟存在”之中，我相信，通过东西方文化的平等对话、交流，未来，将催生全球语境的新文化，文艺复兴已经不可能只是一个地理意义上的地域文化的文艺复兴，一定是全球化的文艺复兴。

这次展览提出的当代主义我们只是强调艺术的生存语境，而李广明先生主张的水墨主义，提出了我们在国际当代艺术现场的身份意识和话语立场，是超越水墨艺术本体论的一种主张和学术思想，“水墨”二字只是靠近艺术的方便言说的选择。

上上国际美术馆的建筑风格已经体现了我们提出的水墨主义、当代主义互为一体、对话共和的理念。展览的指导思想和核心理念同样反映了艺术生态的多样性和共在性。

吴黎浪：一个学术概念的提出之后会发现当时有一些不成熟的地方，展览之后针对你们提出的概念又有什么样的调整？

牧：一个学术概念的提出是否有效，关键不是看它字面的历史痕迹是否重要。我们知道，达达主义的“达达”一词，明显的企图——取消语言或者概念的能指、所指，仅仅是说的符码，但是 ，它经过几十年的积累，不仅成立了，而且建立了一个有着丰富内涵的艺术体系，能指、所指都具有了极强的确定性，和达达的初衷是违背的。“水墨主义”如果遭遇这种尴尬，我想也是可能的。达达主义也好，水墨主义也罢，只是一种态度，也只能是一种观看世界的态度。在我国社会转型期内，我们之所以在国际当代艺术现场以身份和话语主体的沦丧获得社会发生学的认可，恰恰是因为“态度”的缺失。

成熟的东西生命力也进入了更年期，鲜活的都是不成熟的东西，这是宿命的法度。一个新概念的提出一定不是成熟与否的问题，它是一种发现的可能，是一个出发点，是我们可以想象的事物。如果说水墨主义这一概念需要做什么调整，我想，我们需要调整的是“望文生义”的传统水墨意识。呵呵。

吴黎浪：一个学术现象的提出，需要多层次的推进，本次展览取得很好的反响，目前馆里正在筹备本次展览的延续活动——大型研讨会，你个人对本次展览研讨会有什么样的期待？

牧：正像大家看到的那样，我们这次展览是新落成的上上国际美术馆新馆开幕展览。上上国际美术馆被媒体称为中国最大建筑规模的美术馆，关于展览，媒体报道称是中国举办的最大型的国际艺术展览，当天现场观众3000多人（绝大多数是艺术家），也是改革开放以来少见的现象。参与报道的媒体应该不少于500家以上吧，既有传统报纸电视媒体，也有网络新媒体和艺术类专业媒体。我想，我们旗帜鲜明地提出当代主义、水墨主义两个学术理念，在向世界表达这样一个声音，当代艺术的“多元性”，没有强大人文背景支撑的东方艺术样式的在场，仍然是西方逻各斯中心主义的话语表演，是后殖民艺术的表现。

至于我本人对研讨会的期待，说实话，没有太奢侈的期待心理。一次研讨会不可能解决一个学术概念能够成立的诸多问题。我希望有更多建设性的话题提出。

吴黎浪：目前研讨会的筹备情况如何？针对这两个主题概念，你们会请哪些层面的专家参加？

牧：研讨会还在紧张的筹备之中。这个研讨会比较筹备上上国际艺术年展而言，丝毫没有懈怠的意思。我们对待研讨会的态度是严肃认真的，压力也很大，主要是自我给出的压力。上上国际美术馆希望有更多具有身份意识和话语意识的专家学者、艺术家、诗人、策展人、批评家参与到讨论之中。普通大众也可以参与。人人都是艺术家嘛。我们还将邀请国内外重要媒体记者参与其中，将艺术现场与社会联系起来，一起在路上走。

吴黎浪：你作为上上国际美术馆的艺术总监，你是怎样看待中国当代艺术的学术动态及走向？

牧：中国当代艺术有学术吗？我在现场这么多年也没有看出来。批评家的批评我看了不少，理论家的理论也看了不少，我只能读出“资本叙事”四个字，看到市场学术的动态和表现。我们说的当代艺术，是市场化的消费主义趣味的艺术，一发生就首先悬置了学术和美术史价值，只是艺术商品的价值。我们的学术批评也是如此，今年发生了几件著名批评家之间恶性谩骂斗殴事件，还不足以说明问题吗 ？都是假借艺术批评理论的名义彰显批评的市场消费要求，反、正我看到文字背后都是利益之争，而不是独立艺术批评家的立场观点之争。这是其一。其二，批评家、理论家希望建立的艺术体系，和学术有关吗？我看没有。和独立学术立场有关吗？我看也没有。他的出发点不是为维护艺术批评的独立尊严和立场，所以才会像农贸市场的奸商一样为利益争吵，显摆知识财富谁比谁家的更多。其三，我们一些优秀的艺术家已经走出西方美术史要约系统，但是在现场我看到的事实是，批评家只会用逻辑化的西方批评史语言和僵死的西方哲学引经据典，捧杀和扼杀鲜活的中国当代优秀艺术家，总是一把将他们扔回西化、欧化批评方法论的牢笼中。其四，不说了。他们也未必懂得中国艺术市场初创期和欧美常态艺术市场的差异，说些危言耸听的哗众取宠的揭幕事件，又是利益分化的势利求诉，懒得听、也懒得看了。

西方文化改写了世界的历史，东方文化颠覆了西方文化的根基，已经几百年了，一明一暗，恐怕没人想得到吧。我想说的是，现在，该相互催生新文化的时候了，至于艺术，先确立自身的文化身份和“在场”再说，将来生出什么样的全球化的艺术，是由我们的态度来决定的，否则，流产再媾和，时间只能是用来浪费的啦。

对话吴震寰——做事的原则和态度决定了我的成功

作为“上上国际艺术年展”总策划，吴震寰每天忙个不停，微笑着去面对每一个人。率性、果断、热情等特性在他的身上随时可以发现。经过几个月的努力，他带领自己的策展团队完美的策划了这次上上国际艺术年展，从展览的自身影响、规模上观众都给予了充分的肯定。

吴震寰

吴黎浪：你目前在宋庄上上国际美术馆是一个什么样的身份？

吴震寰（以下简称吴）：呵呵，是上上国际美术馆执行馆长和上上国际美术馆主办的《当代主义》杂志主编。

调整、统一，在完整的思想体系下把握尺度

吴黎浪：上上美术馆这几年策划的“宋庄制造”在宋庄、国内乃至国际上都产生了很大的影响，今年4月份你策划的宋庄制造3——“与传统打一照面”水墨展，可以说规模也比较大，去年宋庄艺术节上你策划了“宋庄原创艺术展”，那么如果没有上上国际美术馆这个平台的存在，你会在这次宋庄艺术节上策划一个什么样的展览？

吴：我做事是两方面都同时兼顾，很随意很率性的一个人。看什么人找我做什么事情，我会在这个基础再调整，按照我一贯的整体思维去调整，小的方面调整，大的方面去做一个统一。像这次上上国际艺术年展，4月份的宋庄制造3，去年宋庄艺术节的宋庄原创艺术展，这些都有一个内在的联系，挑作品要涉及到各个门类等等，都是在一个体系下去做细节上的调整。所以如果我不在上上国际美术馆做展览的话，也要看具体的情况。我每年要挑几个重要的能合作的展览去做，就是在一个大的体系下会有不同的命名，去年的宋庄原创艺术展，今年4月份的宋庄制造3，这次上上国际艺术年展都是具体情势下的灵活调整，我喜欢在一个完整的思想体系把握下，根据现有的资源和前提去做事情。

吴黎浪：为什么上上国际艺术年展会走在宋庄艺术节之前，而不是选择在2008第四届中国•宋庄文化艺术节同一天开

幕？

吴：这涉及到几个方面：一、当时考虑到奥运会，大家对奥运会都有一个期待；二、上上国际美术馆刚好在这个时间段建好；三、做这么一个大型的展览，如果和宋庄艺术节同时举行的话，那就要考虑到很多方面，比如参展艺术家的选择，运输作品的麻烦，布置展览人员的不充分，像去年我策划的宋庄原创艺术展，找几个人布置展览都不方便。所以综合考虑以上几个原因就把展览往前推了一下。

有容乃大，建立自己独立的思考方式

吴黎浪：作为上上国际艺术年展总策展人，最初每个主题展览单元的设置是怎么构建的？每个展览单元策展人与参展艺术家选取的标准是什么？

吴：作为一个策展人必须有一个前提，此次是一个大规模的展览，展馆非常大有20000平米，很有可能是国内乃至国际上面积最大的，首先就是规模上大；其次是开馆展，中国人办事讲究红红火火做热闹一点，让大家关注的点多一些；再次是这么大的一个平台，必须要求做大的事情，那做大事的概念是什么呢?那就是有容乃大，不能以个人的态度或以某一小方面的思考命题。说到大包容就涉及各个门类，那说到各个门类我就有自己独立的思考，比如对当代艺术现状整体的一个观察、调整，一种导向性的东西存在，制定一个框架首先定各个门类；

中国当代艺术现状的混乱，一方面表现在艺术家本身对商业过分的关注，也表现在商业对艺术家过多、过分的干涉。

混乱的另一原因是当下群龙无首，没有真正伟大的艺术家，没有足以成为榜样和领袖的精神力量。第三是我们民族本身的特殊性。对于西方民族，当代艺术的几大模式是自古就有的，西方当代艺术只是对传统的继承与发展问题。但中国的当代艺术却不同，一方面是无条件、全盘地接受了西方所有的艺术门类，一方面自己民族的水墨传统在所有人心中根深蒂固、血脉相连，本身也自成体系，有着足可与整个西方艺术传统相抗衡的伟大成就。两种艺术源流在终极处或是相通相融的，但表现在当下，却有不可回避的太多冲突。这次展览所以囊括几乎所有门类，尽可能多、尽可能全面地邀请所有有代表性的艺术家，目的就是试图对中国当代艺术现状做个全面的考察，试图把所有艺术现状摆到同一平台上。考虑到艺术本身是没有国界的，我们也邀请了近百位国外的艺术家把近三百件国外作品与国内的艺术作品同时展出。我们的想法是，如果可能，我们每一位艺术家既从个我，也从整个艺术现状，整个人类艺术史的角度和高度重新面对和审视的基础，从现在开始，重新开始，走一条健康的、纯粹的、有真正的品质和高度的希望之路。这是我策划这个展览的初衷和出发点。然后在这个基础上找合适的策展人，让他们个人负责具体门类的展览。

我只要一个大的标准那就是品质

吴黎浪：每个展览单元策展人与参展艺术家选取的标准是什么？

吴：选取策展人的标准：首先是策展人尽可能是有眼光，水平高、修养高、肯做事情，能为大家做事情的人；其次是有胸怀能包容的人。而对于参展艺术家，我有一个大的标准就是首先是好的艺术家，然后是好的作品。那这个好体现在什么地方？必须有一个精彩的部分去打动你，这里面都有一个品质的问题，在某一个合适的时间段，某一个适合的平台上哪些东西是好的？我自己有一个大的标准就是好的，以后具体的我就不要求他们了，因为每个人对好的标准不一样，既然这样也不会影响我整体的规划，因为我本来的出发点就是大包容。策展人与总策展人的眼光与要求有差距，他们认为这个是好的，而这样就形成了互补。如我个人独立去做的话，我就有一个自己强硬的规划，就是我必须要求挑选几个门类的一些艺术家，必须把他们请过来。这个概念这里面会有，但主要还是尊重他们的。这就涉及到总策展人与分策展人之间的合作与协调。

合作要相互尊重，才能愉快

吴黎浪：此次展览策划中，遇到什么样的困难？又如何去解决的？

吴：小困难是不少，但大困难是没有的。小困难比如说艺术家最初答应参加这个展，但后来又没有参加，这里可能有很多原因造成，比如策展人与他们的协调可能性。还有像一些一线的艺术家答应参加展览，后来涉及到保险费问题，我们馆一开始没有那么多的经费，都是民间组织的，不像官方组织有雄厚的资金，所以这就造成这些艺术家不可能参加这个展览。这些都是小问题，但这个跟策展人的协调能力，邀请艺术家的态度有关，比如这个艺术家是我强调邀请的艺术家，但单元策展人有自己的想法，那么我们之间就要有个协商，相互尊重。但在大原则上还得尊重总策展人的意见，小方面调整你得自己把握，我是这样处理的，所以大家合作的非常愉快。

吴黎浪：作为总策展人，你在单元展览中与美国策展人彼得•温路易斯共同策划了国际艺术展，彼得•温路易斯是怎样的一个人？你们是如何认识建立这种策展关系的？

吴：彼得•温路易斯是美国麻省艺术学院美协主席，也是在我国比较活跃的国际策展人。我和彼得•温路易斯是通过朋友介绍认识的。

艺术是没有国界的

吴黎浪：像此次国际艺术展览，一些外国艺术家被邀请参与到展览中，那仅仅一些外国艺术家参与到中国的艺术展览能代表整个国际艺术吗？

吴：具体说这是三方面的概念。第一，当我们说到国际艺术的时候，我希望把艺术做成没有国界、民族的，所以定一个国际的概念，像毕加索、达芬奇等无数的大师你不会首先想到他们是那个国家的，而是因为他们的作品好才喜欢的，在我心中，艺术是没有国界的，就应该是国际的；第二，作为具体操作考虑，艺术可能没有国际的，但作为是有国际的。上面我们说到有容乃大真正的艺术时代都是国际上很多艺术家共同参与组成的，像荷兰的伦勃朗、梵高，西班牙的毕加索、达利等一大批有名的艺术家共同组成了法国辉煌的艺术。中国要做成真正的国际有影响的艺术，仅仅中国艺术家是不够的；第三，我们虽然说精神、品质方面要求是国际化的，但身份上也是一个，起码这是一个信号。

懂得包容才有进步

吴黎浪：此次展览中，观众欣赏到了包括国内、国际上有名的艺术家作品，但他们展示的还是观众比较熟悉的艺术作品，那会不会给观众又带来视觉上的疲劳？

吴：那会有的，但为了展览影响度就要涉及几个方面：第一是上上国际美术馆馆的作为问题，必须有一个影响度存在；第二是要对整一个美术现状做一个审视，如果忽略这些有名的艺术家又谈什么？审视什么？所以有很多名家在，但也有很多未知名的艺术家在。我是想把整一个状态梳理出来，以后在这个基础上往前走。就是说有名的将来可能会更有名，现在的重视也许还不够，比如参加展览的尚扬老师，我认为在有名的艺术家中他的画是最好的，但目前并不是大家公认为最好的，那就需要另一个力量去重新定位的问题。还有另些未知名的比如年纪很大一辈子都不受人重视的，还有刚刚来宋庄画画的，但我们认为他们很好，将来会更好。所以观众反应是正常的，喜欢看老面孔作品会有的，但有些人就不屑一顾，喜欢看一些新面孔，那这就形成一种互补，这种包容性是有必要的。

要有追求态度的勇气、信念、价值观

吴黎浪：当我们论及中国当代艺术时，“当代”是指过去二十多年艺术现象；而我们说中国当代艺术的当代性时，它是指中国当代艺术中符合时代发展进程的那些特性。在中国从来就没有什么主义、流派存在，中国艺术缺少连续性的发展，可以说它时断层的。那么在这次展览中提出“水墨主义”、“当代主义”是一个什么样的概念？如何去建立这两个主义？

吴：这个提法是李广明馆长提出的，我只是在理论上做了叙述。最初提出的是“水墨主义”，之前中国一直都是传统水墨，再到后来的当代水墨，这里面有一个演化的问题，但没有一个系统化的概念。这十几二十年来，“实验水墨”的提法影响比较深远，虽然出现了很多人物，画了很多画，但我们重新审视它的时候会问：什么叫实验？实验就是说在做一个一定不确定的东西，暂不确定它的好与坏这是在实验，这就意味着没有一个高度、胆略、系统、品质的内容在里面，就觉得非常可悲。而提到主义就有自己的主张，有自己的高度与自信，自己认可的价值在里面，即使我们做不到，起码也要有追求这种态度的勇气、信念、价值观存在。提出“主义”这个词虽然有点让人反感，我觉得这个不重要，最重要的是你如何重新审视自己，重新定位自己才最重要的，像上上国际美术馆这次做这个，别人可能又去做其他的，大家一起做事，各人的品质和影响或互为影响，互为鼓励，互为补充，然后形成一个全新的的格局，更高的品质。或者哪一家众望所归，一家独秀为当代艺术做为贡献。无论哪一种情况都是好的。我的意思的，最重要是要有真诚，勇气和具体的行动。上上关于“主义”有提法或具体展览的实施都是出于这方面的考虑，也是上上的态度和努力吧。

同样，“当代主义” 也是基于这个出发点，我们中国没有当代美术史，只有时代史，因为当代艺术还没有真正的大师和艺术史出现。 我们需要的是努力，真诚且有品质和高度的努力。

要懂得重新审视自己

吴黎浪：上上国际美术馆主办的《当代主义》杂志有一篇吴幼明采访栗宪庭的文章，栗宪庭在文章中说道：“‘国际当代艺术’这个词太恐怖了，很吓人，老栗先放弃当代艺术这个词汇”，那你是如何看待和评价当代艺术？

吴：栗老师的身份、经历以及他的思考和高度跟我们是不一样的，他有自己的认识态度。当然，我们也应该有自己的态度和认识，但这都不重要，重要的是大家都去做才重要。

中国到目前还没有真正的艺术更不要说是当代艺术，其实重要概念是整一个中国当代的艺术现状都是这样，只是一个态度没有实际的作为。我在画册前言写到：“当你做的东西连艺术都不是的时候，还谈什么当代！谈什么东西也许都是假的。我的理念是先往后重新审视自己，先看艺术什么是艺术，以后再往前。往前和往后的审视态度我们必须要改变。

吴黎浪：上上国际艺术年展取得的展览效果（影响、参观人数等）与你最初想象的一样吗？或你预想的效果达到了吗？

吴：出乎我的预料，参加开幕式的就有三千多人，是从卖票和签名统计出来的，那绝对是超影响的。现在展览进行好几天了，每天买票看展览的还有几百人。但这只是从观众参与的热情来看的，我更看重展览参加艺术家和艺术品本身的价值和分量。也更看重往下做展览的延续性。

吴黎浪：上上国际美术馆今后的展览有什么样的一个规划？对宋庄艺术家又会有什么样的计划？

吴：大的涉及面还是像这次展览一样，国内、国外兼顾好的艺术家，还有理论方面的建树。还包括主推一些艺术家、尤其是将来能成为真正的艺术，属于时间和历史的艺术家。

另外，我们在宋庄做事，不可能忽略本土的艺术家，像这次展览也有一部分宋庄艺术家参与。像以后我们可能会做宋庄这样的专题展览。

吴黎浪：2008第四届中国•宋庄文化艺术节即将拉开帷幕，你对此次艺术节有什么样的想法和祝福？

吴：我来宋庄这几年中，感觉到宋庄文化节是一年比一年好，我希望宋庄整一个艺术状况，包括艺术节一年比一年做的好，做的更专业，面更广，包容性更大，品质更高。希望此次艺术节比去年做的更全面，更到位。

2008第四届中国·宋庄文化艺术节总策划郑娜专访

来源/非艺术

1、你觉得策划第四届宋庄艺术节这样的大型活动其重点和难点在什么地方？

时间短、资金紧、主题展没有专业人员配合、没有正规的美术场馆可供使用，这些情况给实际操作增加不少麻烦，也带来很多问题。

就宋庄自身而言，已连续举办三届艺术节，形成一定的社会影响，积累了不少实战经验。因此，对本届艺术节提出了更高的要求，无论从学术定位、展览组织形式、还是从文本呈现、媒体宣传等各方面，都希望较前三届有更大的突破。2008年9月份至今，国内外各大美术馆、艺术机构接二连三举办了许多重要的国际性展览，这给宋庄艺术节——本年度国内最后一项大型艺术活动带来无法回避的潜在压力。凸现宋庄自身的特点与亮点，需要与众不同的思想生成与文化呈现。

既然接手此事，我自然会从美院系统和美术馆系统的学习背景与工作经验出发，挖掘、梳理、呈现那些不曾被注意到的中国当代艺术中独特的人文精神和创造活力。尽可能给各个层面不同群体提供丰富的话语实践平台，探讨精英与大众、主流与边缘、学术与商业、实验性与市场性等尚未廓清的诸多与当代艺术相关的问题。要达到这样的效果，必须清晰以下几点：一是对宋庄地缘文化的熟悉；二是对中国当代艺术发展脉络的了解；三是对正在发生和可能发生的艺术现象的敏感；四是对宋庄以及国内外当代艺术创作状况的体察；五是对媒体资源的运用。六是对展览结构的整体把握和突发事件的应对能力。一场大型活动的实施运作，牵涉到方方面面极其细致复杂的事务性工作，需要一个团队各个环节紧密配合。当然，对难点的突破往往意味着对重点的把握。

2、谈谈你对宋庄的印象以及接手本届艺术节的初衷？

宋庄给我最强烈的感觉就是这里最不缺两种人：农民和艺术家。最缺乏的是具有学术背景和专业经验的人去统筹运作一些事儿。每个艺术家都是独立个体、每个艺术机构都自行运转，每个人都可找到适合的生存方式，一句话，各自照看一亩三分地，少有干扰。从这个意义上讲，宋庄具有很大的包容性，就像这片开阔厚重的庄稼地，大气沉浑，充满生机与活力。但不可否认，宋庄同时又是一个不折不扣的草莽江湖。你可以感受到一股彪悍的血气、散淡的野气、还有无法预测的蛮气和敢为天下先的胆气，它们彼此混杂，相互交融。泛黄武侠小说中才可觅迹到的松放与自在、率性与坦荡，似乎在此蛰伏栖息着。这里，个体状态得以生动地释放，嘻笑怒骂、放浪形骸、少有顾忌。客观地说，中国的江湖精神与西方现代启蒙精神有其相通之处，不然，金庸小说干么那样畅销呢？

今天，在中国现实情境下，我们不能越过现代性谈论后现代问题，正如我们不能放弃对公民自由权力的捍卫来谈论中国当代艺术的公共性。随着全球化的进一步推进，人类面临越来越多的问题：经济危机、集团性国际冲突、对待冷战的态度、以及生态问题等等层出不穷。这意味着学界对现代性的反省方兴未艾，值得注意的是，反省的目的乃是清理工具理性对个体意识的无形操控，而不是对独立思想和个体自由的否定。

关注宋庄边缘的、在野的、草根的民间性，探源中国当代艺术创作的根性精神，是我策划本届艺术节初衷所在。因为我坚信：在野的创作状态有利于保持艺术家的民间立场，与既定的意识形态保持距离；边缘的生存状态亦有利于催生独立思想和个体意识。

3、宋庄是否让你看到一种实现这种理想的可能性？

宋庄恰恰具备这样的条件。早在1995年左右，就有艺术家陆续迁至此处，慢慢聚拢，逐步形成今天的规模。应该说，艺术群落是今日中国文化中非常重要的现象，是考量艺术生长的社会条件和现实环境的一面镜子。宋庄艺术群落能够在中国现行体制下得以存在，意义非同一般，它见证着中国当代艺术争取合法化的艰辛历程。从早期前卫美术（1976－1985）到85新潮美术（1985－1989），延续到90年代以至今天，经历了从地下走上地面的风云变换，其历史实在令人感慨。宋庄有早期前卫艺术人文遗存，有中国当代艺术流变的真正见证者，重要的是他们大部分人仍以民间、野地、边缘的状态生存并进行创作。草根的力量从来都自内而外，像岩浆地火，浓烈炙热。适当的时间点燃它，把它牵引出来，让这股力量成为中国当代艺术实验的推动力，让宋庄能够藉此成为中国当代思想的萌发汇聚之所。不管是草创者也好、落脚在此的艺术家也好、还有接过这件事儿想继续推动艺术节往前走的策展人也好，都是基于这种理想，这样一种在其它地方找寻不到、在这里还能唤起的激情与冲动。在这里，有可能动员中国潜在的文化力量，促使真正具有中国智慧的思想生成和艺术创作。

4、策划人的学术思路与价值判断将会直接影响其策展活动。

的确如此。无论从学术视野还是从文化战略角度考虑，宋庄艺术节的定位是具有国际性的大型展事活动，但这并不意味着可以忽略本土生成、拒绝中国经验。恰恰相反，真正具有历史意义的展览，都是基于对本土文脉的深刻理解，直面人类沉痛的历史记忆，尊重个体生命体验，以公共知识分子的道义与情怀去追问、反省既成的文化意识。就像德国卡塞尔文献展，乃是德意志民族对二战彻底反省的文化产物。今天，数年一届的卡塞尔文献展已成为最具学术影响力的展览，得到国际学术界和当代美术界的普遍认可。

关注本土文化生成、尊重本土文化资源，才能真正推动中国当代前卫艺术持续发展，才能让个体经验得以不断延伸，也才能寻找到源于内心直抵心灵的思想生成。鉴于此，拟定本届艺术节主题：宋庄进行时，英文To be going to。从语言学的角度来讲，现在进行时态，指向现在也指向未来；从语用学的角度来讲，和具体的、现实的、正在发生的艺术事实保持联系。它是流动的、开放的、具有思想穿透性，是一种动态的文化精神。本届艺术节想要呈现的是当代艺术的真正在场状态，它并不仅仅是形式和形态的实验，而是艺术促进人作为精神个体不断生长和发展的现实呈现。

5、你是什么时候受邀作为本届宋庄艺术节的总策划？请具体介绍一下本届艺术节的展览结构？

8月初，决定承担2008年第四届中国·宋庄文化艺术节总策划时，离10月25号开幕不到三个月。但9月中旬才从广东赶赴北京，全面投入本届宋庄艺术节的筹备工作，此时离开幕不到一个半月时间。

首先需要落实方案，组建策展团队。本届艺术节策展团队邀请了在各自领域卓有建树的批评家和策展人，独立策划各自的展览。他们分别是：王林（四川美院教授、中国著名美术批评家、策展人）、孙振华（深圳雕塑院院长、美术史博士）、杨小彦（中山大学教授）、杨卫（美术批评家）、朱日坤（栗宪庭电影基金会策展人），李章旭（韩国釜山基金会负责人），有幸邀请到他们，意味着此次主题展的水准和质量将得到保证。

其次，开始部署本届艺术节的媒体宣传，并于10月8日在宋庄原创博展中心召开新闻发布会，介绍本届艺术节的总体布局及其特点与亮点。本届艺术节主要由四个板块构成：一是学术板块；二是生态板块；三是产业板块；四是市场板块。四个板块之间即各自独立，又相互交叉。学术板块由高端年度论坛（中国美术批评家年会等）和学术主题展览（综合艺术展《野地穿越》、《本生故事》）；公共艺术展（《众声喧哗》、《无用之用》）；影像艺术展（《城市裂缝》、《我想知道》）构成。本届主题展参展艺术家一百多人。《野地穿越》综合艺术展是对原生性、民间性、边缘性生存状态与创作状态的关注。17位应邀参展的艺术家，来自不同的地域、种族、国家，分别以行为、装置、影像、绘画、雕塑、新媒体等创作方式提炼本土文化经验，挖掘自身生命记忆，并以充满实验和挑战的方式予以转换，真正呈现具有智慧的思想生成和基于实验的艺术创意。《本生故事》则汇聚了近二十位宋庄当代资深艺术家的创作面貌，体现了宋庄艺术区丰富的创作活力，反映出宋庄中坚力量的原创精神。《城市裂缝》邀请了20位从事当代影像创作的艺术家，展示他们的最新力作。参展作品具有的独特审美视野、历史感和穿透力。《我想知道》由栗宪庭基金会负责人朱日坤邀请八位独立电影创作者，把最具实验意识和先锋精神的力作呈现给本届艺术节。《无用之用》则由王林教授邀请三位艺术家，利用建筑体的墙面、地面，为宋庄营造浓郁的、充满当代艺术气息的人居环境，并为第四届宋庄艺术节留下永久性的标志性文本。《众声喧哗》由孙振华博士邀请30位艺术家的30件分格迥异的作品参展。作为公共艺术展的组成部分，30多件雕塑作品将与地标艺术展一起实现艺术与大众、艺术与空间、艺术与社区之间的人文互动。

除了主题展外，各项具有凝聚力的活动也纷纷在艺术节期间拉开帷幕。其中，“艺术机构联盟展”由和静园艺术馆、虹湾艺术馆、北京当代艺术馆、上上美术馆、宋庄A区美术馆、宋庄美术馆、嫘院画廊、小堡驿站艺术馆、李伦美术馆、国防工事艺术区、左右艺术区、伯•铂画廊、、安东•汉文D 现代艺术博物馆等机构组成。另外，“艺术家工作室开放展”，由国防工事艺术区、小堡原生态村落艺术区、宋庄原创艺术博展中心、艺术园区中心区、东区艺术中心区、喇嘛庄艺术家大院等工作室集中区组成，让关注当代原创艺术的爱好者与艺术家进行零距离接触。

由于本届艺术节立足于对宋庄艺术生态的培育，因此，特别举办“本生故事”、宋庄艺术家自选作品展、艺术家工作室开放展、艺术集市等一系列展览活动，以多元交叉的方式，尽可能地给宋庄艺术家提供宽松、自由、开放的展示机会与展示空间，综合立体地展现宋庄艺术家真实的创作状态。艺术集市则引进新的市场运营机制进行重新调整布局，让市场来验证原创艺术的真正价值，搭建4000平米的正规棚房，共征集2000多件作品，参展艺术家约400人。另外，摩登天空音乐现场也是艺术节的亮点之一。

6、能否简单介绍一下前三届艺术节的概况，本届艺术节较之前三届有何不同之处？

回顾宋庄艺术节自2005年举办至今，已历三届。首届中国·宋庄文化艺术节以“宋庄路”为主题，举办了大型露天展览，两公里长的街区布满316位宋庄艺术家760件作品；第二届中国·宋庄文化艺术节以“打开宋庄”　为主题，因“超女雕塑事件”引发了社会各界的极大争议，由此产生的相关社会文化问题影响至今。第三届中国·宋庄文化艺术节以“艺术链接”为主题，促成了中国批评家年会的举办，引起了中国美术界、国内外艺术机构的强烈关注。同期，还成功举办了艺术节主题展“底层人文”，成为2007年最重要、最有影响的学术展览。自此，宋庄艺术节的学术立场和独立姿态开始初露端倪。前三届艺术节的举办为本届艺术节奠定了良好的基础，但也提出了一个很高的定位，那就是坚持学术立场，与惯性意识和流行文化拉开距离，凸显宋庄关注民间、底层、边缘和另类的独特视野。

宋庄艺术节不同于中国任何一个地方举办的艺术节，原因在于它是庄稼地里长出来的艺术节，在于其所处的地域充满原生性、边缘性、民间性。如何既能给艺术节准确的学术定位，又能和其所处的地缘文化发生密切联系，抛砖引玉，为宋庄带来更多更好的艺术资源和市场资源，吸引更多的普通观众、艺术家、策展人、艺术机构、基金会走入其中，实现真正意义的资源互动与重组，营造良好的艺术生态环境，创立独特的文化品牌效应，乃是宋庄主办艺术节的期待。因此，本届艺术节的特点，在于对地缘文化和本土生成的挖掘和推动，即注重中国本土经验也关注国际前沿问题，坚持学术的纯粹性又尊重艺术的野生性，保持底层、边缘的血性和活力。这是宋庄艺术节努力的方向，也是本届艺术节努力的目标。

具体来说，在三大方面凸现我对宋庄地缘文化的把握和对本土文化推动的决心。首先，本届艺术节期间，付诸全力促成“2008第二届中国美术批评家年会”的成功举办。在第一届基础上，动员中国美术界资深力量进一步完善批评家年会的章程及评选制度。把去年没有做成的评选活动认真完成，以体现年会对艺术探索者和批评耕耘者的尊重。批评家年会对于年度艺术家、年度批评家、青年艺术奖、青年批评奖的评选，旨在褒奖艺术探索和批评研究。还出版了约70万字的批评文集，反映了2007——2008年度中国美术批评家、策展人的学术成果，基本上能勾勒出本年度的批评动向。这项工作由今年年会的轮值主席王林教授负责组织实施。

其二、本届艺术节立足于对宋庄艺术生态的培育。这个问题我在前面已具体谈过。

其三、是我对主题展《野地穿越》的策划与实施。

7、众所周知，本届艺术节引起各大媒体的强烈关注，北京绝大部分媒体都对本次艺术节做了详细报道。艺术节整体布局严谨周到，流程清晰，从开幕式到参观主题展，再到2008中国批评家年会的展开，都做了精心安排。你能对艺术节的空间布局做一简单介绍吗？

宋庄不同于美术馆空间，也不同于艺术机构密集的798，它是可以看到地平线的北方农村。在这样空旷辽阔的空间中如何造势聚气，是一个很大的难题。鉴于此，艺术节的空间布局紧紧把握以下原则：化零为整，以团块的形式把握空间的分布。以原创艺术博展中心为主线，以各个分散的美术机构和艺术工作室为基点，分别用几个显要的元素加以连接：一是30个放置于雕塑平台上，靠近原创博展中心马路对面的露天雕塑。二是原创博展中心门口马路上一字摆开的100辆被压平的自行车装置作品。三是两座分立左右对应的建筑涂鸦，与地面永久性装置，分布在原创博展中心的公共空间里。四是进入宋庄的主干道路口直至原创博展中心，间隔30米电线杆上拉出的展览广告，沿彩带广告行走即可到达主题展中心展区——原创博展中心。五是在原创博展中心至宋庄美术馆东侧（开幕式地点）的马路上，竖起一排广告墙，贴满本届艺术节主题展、批评家年会以及各项活动的巨幅海报。六是在宋庄各条干道上，在展区主线和星罗旗布的展点之间挂满艺术节道旗。七是在主路段上分布红袖志愿者。导览册上特别标注“有事请找红袖志愿者”，在彩条上同样悬挂着这样的提示条幅。八是在开幕式现场、主题展现场、小堡广场艺术促进会等几个重要场所设置站点，放置所有与本届艺术节相关的资料，以便参观者购买、查阅。

另外，宋庄小堡目前没有可供召开大型会议的条件设施，因此，批评家年会只好在离主展场较远的地方——运河酒店召开。这给会务组、与会批评家、还有嘉宾以及媒体界的朋友带来许多不便。

8、在策划第四届宋庄艺术节期间，在筹备本届艺术节主题展《野地穿越》时，有没有一些比较有挑战性的事件发生？

可以毫不夸张地说，意外不断，事件频繁。谁能料到颇有气势的开幕现场在6小时前因意外而调集人马重新搭建。还有为了艺术集市近两千张作品的悬挂，昨晚敲碎了宋庄小堡村所有卖电钻枪老板的美梦。参加主题展《野地穿越》的行为艺术家幸鑫，从成都把自己装在箱子里经历了近两天两夜的封闭式运输，于凌晨三点抵京，用叉车卸箱时艺术家身体状况又是如何呢？《野地穿越》的另一件装置——100辆自行车经与有关相关部门几经协商，于三个小时前如愿趴在主干道的路面上。在午夜降落的暴雨中，艺术家与门卫发生激烈冲突；原创博展中心另一处展厅宋庄会所奇迹般地施工完毕仍在紧急布展之中。文集画册等于24号晚从不同的地方或路运或加急空运刚刚到位。布展期间及开幕之后，个别作品被迫从现场撤走，理由莫名其妙，我只能瞠目结舌，不知道找谁申诉或抗议。——意想不到的事情接二连三不断发生。

开幕前两天晚上，主题展《野地穿越》展厅还处于混乱之中，当我把艺术节所有展览相关事宜基本落实到位后，才得以腾出手来处理这个展场的布展事宜。宋庄艺术促进会给我配备的主题展助理，在此之前一个展览也没接触过，第一次临危受命居然是本届艺术节展况最为复杂、最具挑战性的展览，实在难为她。幸亏，还有两个晚上一个白天的时间，幸亏还有各位经由历次大展磨砺出坚强忍耐力的艺术家，也幸亏还有宋庄的哥们儿——王强等人。

9、身兼青年批评家和策展人两重身份，在艺术节中你是怎样切换角色？

我想，批评与策展是相互生成的，二者水到渠成，无需切换。

在这里，我愿意重复我在第一届中国美术批评家年会中的发言：批评思想和展览思路，与艺术家创作之间的关系是一种互动关系。如果策展中没有批评意识，策展人只是艺术市场的操盘手，意在名利而已，批评意识其实就是问题意识，展览学术性是有思想性的思路和方向，没有批评意识介入的展览，不是真正具有学术性的展览。

10、作为年轻的女批评家和女策展人，你是怎样看待自己的身份问题。据我所知，你是中国当代艺术节中首位女性总策划，也是以鲜明的学术姿态和民间立场策划艺术节主题展的女策展人，能谈谈个人真实的内心感受吗？

前一段和朋友聊天，他这样说：坚持容易，放弃很难。想想，有道理。

就学时常听导师唠叨：在中国做事，需要三个条件：第一是命长、第二是要有耐心、第三是要有责任。想想，很受鼓舞。

然入道，那就认真做事。中国女性总是有太多理由、太多退路、太多借口可以逃避其作为公共知识分子所必须承担的责任，遇到困难，心灰意冷时，我也曾萌生此念。但内心深处更愿意选择能够实现自我价值的生活方式，来守护自己作为个体生命的精神追求，并让它不断生根、发芽、成长。批评是对于既成秩序、既得利益和既定舆论的不断质疑，对我来说，质疑起码传达了两种含义：一是作为女性自身的身份认证；二是以此为据的个体诉求。前者呈现出真正的女性经验，是对其真实社会文化地位的去蔽；后者则是自清末以来，中国人对现代公民社会的期盼，只不过对女性而言更为艰难，对中国女性更具挑战性。

我个人更注重内心的真实感受，是个人自由而不仅仅是女性作为一个社会群体的自由，我提醒自己不能局限在自然性别引出的批评话语之中。因此，我一直在思考理性的多元性及其和感性、知性的关系，找寻个体对价值的追寻，找寻女性智慧对社会历史文化的意义。

11、作为本期《非艺术杂志》的特约主编，请你为第四届宋庄艺术节主题展《野地穿越》做一个导读。

我想用《野地穿越》的前言作为导读，以飨读者：

现代主义的语言学思路已开始转向后现代的语用学思路，后者关心的是语言在交际交流过程中的生成意义，具体的、现实的、正在发生的言语事实。对艺术而言，则是以个体的当下的具体存在直面问题本身。因此，艺术作为解构力量，其根本要义在于揭示问题并揭示问题的遮蔽者。甚至我们可以说，正是艺术的去蔽功能才能使问题成其为问题，使问题能够真正呈现出来。

从这个意义上说，穿越即是以创造性的视觉方式质疑和反省、否定和追问。当代艺术的真正功能，并不仅仅是形式和形态的实验，而是针对既定的权力关系结构和文化生活现实，保护和促进人作为精神个体不断生长和发展的需要。从这个角度上讲，穿越即是穿透，穿透包容一切、规范一切、限定一切的元语言，穿透威权主义的元叙事，从而秉持异议姿态而让艺术成为精神文化更新的见证。

“野地穿越”，之所谓“野地”，乃是民间立场与在野状态的鲜明表达。艺术只有坚持独立思想和价值追求，只有保持对既有文化意识的警惕与警醒，才能彰显其存在的深度与意义。因此，提炼饱含力度的文化经验，挖掘自身独特的生存记忆、以充满实验和挑战的方式予以转换，才能真正呈现具有智慧的思想生成和基于实验的艺术创意。

《红艺术》专访2008第四届中国·宋庄文化艺术节总策划郑娜

来源/红艺术

1、作为此次宋庄艺术节总策划，你能大致介绍一下你们这次活动的内容吗，预期达到什么样的效果呢？

本次宋庄艺术节主要包括以下几个方面的内容：

一是继续举办“2008第二届中国批评家年会”。去年，2007首届中国批评家年会得以在宋庄艺术节期间顺利举办，实为不易。它是中国美术批评界众多批评家和宋庄艺术促进会共同努力的结果，不仅让美术界众多学者多年宿愿得以实现，也为推举真正的批评家和策展人搭建一个良好的平台。因此，组委会把年会列为每年宋庄艺术节重要的常规性学术活动之一。

今年年会将在去年的基础上进一步完善自身的组织结构和评审规则。经上届组委会推举，王林教授将作为本年度年会轮值主席，负责年会的组织和评选活动，并担任2008中国批评家年会文集主编。王林教授在中国美术批评界素以严谨犀利、独立不羁的评论著称，相信，今年的年会将会继续秉持开放、透明、公开的原则，在学界同仁共同参与下，开得更有成效。同时，年会在宋庄召开，也为批评家和艺术家提供共聚一堂的机会。

二是关于艺术节的展览活动。今年艺术节的展览由几个明晰的板块构成，分别是：主题展、特别联盟展、艺术家工作室开放展、宋庄艺术集市等。首先，主题展由以下几个部分组成：1、公共艺术展，又分为公共雕塑展和地标艺术展；2、影像艺术展，又分为摄影作品展和独立电影展；3、综合艺术展。主题展参展艺术家估计在85位到100位左右。

其次，特别联盟展由位于宋庄的各个美术机构独立承办，或由基金会支持的国外策展人独立策划，在艺术节期间同期推出的展览活动。宋庄美术馆、上上美术馆、虹湾美术馆等都已开始进入紧张筹展之中，其它画廊机构也纷纷有所动作。据汇总数据显示，特别联盟展参展艺术家数量将在100人以上。

目前，据不完全统计，宋庄附近驻扎着近四千位艺术家，综合展之一《本生故事》、艺术家工作室开放展，以及宋庄艺术集市将以立体交叉，多样组合的形式，为生活在宋庄的艺术家提供更多的展览交流机会。

另外，宋庄艺术节期间，还将举办摩登天空·宋庄音乐现场等先锋音乐活动，为艺术节注入更多的活力与激情。

2、本届宋庄艺术节和以前相比，有什么不同吗，具体的突破在哪里呢？

前三届艺术节的成功举办，为本届艺术节奠定了良好的基础。特别是上一届宋庄艺术节主题展《底层人文》，至今仍有很多人谈起那个展览和那本很有意思的画册。这为本届也为今后宋庄艺术节提出了一个很高的定位，那就是坚持学术立场，与惯性意识和流行文化拉开距离，凸显宋庄关注民间、底层、边缘和另类的特点。

从这个意义上说，如何既能给艺术节准确的学术定位，又能和其所处的地缘文化发生密切联系，还能抛砖引玉，为宋庄带来更多更好的艺术资源和市场资源，吸引更多的普通观众、艺术家、策展人、艺术机构、基金会走入其中，实现真正意义的资源互动与重组，营造良好的艺术生态环境，从而创立独特的文化品牌效应。这是宋庄艺术节努力的目标，也是本届艺术节努力的方向。

因此本届艺术节的特点，在于注重中国本土经验也关注国际前沿问题，即有坚持学术的纯粹性又尊重艺术的野生性，保持在野的血性和力量。而这一切来源于：一是对中国历史文化情境与当下社会的洞察与把握、二是对西方文脉的了解与体悟，三是在二者基础上用心考量属于自身文化品质的思想发生和历史积淀，及其未来的可能性。本届艺术节主题“宋庄进行时”，从语言学的角度来讲，是一种进行时态，指向现在也指向未来；从语用学的角度来讲，它和具体的、现实的、正在发生的艺术事实保持联系。本届艺术节想要呈现的是当代艺术的真正在场状态，它并不仅仅是形式和形态的实验，而是艺术保护和促进人作为精神个体不断生长和发展的现实呈现。

3、本届宋庄艺术节对艺术界中的一些新现象、新问题关注多不多，观众能从中感受到哪些新的兴奋点呢？

2008年9月是中国，乃至整个亚洲展览最为频繁的一个月。双年展、三年展、艺术节伴随着奥运会同期火热登场之后，比资本、比声势、比地理位置、比政府支持，比国际团队，还是比宣传运营操作？这些都是瞎掰。但就是在这些方面都不如别人的情况下，宋庄艺术节坚持举办了三年，而且打出了一定名声。平地起高楼，不管是草创者也好、落脚在此的艺术家也好、还有接过这件事儿想继续推动艺术节往前走的策展人也好，都是基于一种理想，一种在其它地方找寻不到、但在这里还能唤起的激情与冲动，那就是：动员中国潜在的文化力量，促使真正具有中国智慧的思想生成和艺术创作。这里有早期前卫艺术人文遗存、有中国当代艺术流变的真正见证者，重要的是他们并没有成为既得利益者，仍以民间、野地、边缘的状态生存并进行创作。艺术界不是卖场、不是秀场、更不是明星效应和宣传广告，来的人是冲着这片与众不同的土地来的，也会始终关心这片土壤施了什么肥，开了什么花，结了什么果。这是庄稼地里长出来的艺术节，这是由下自上民间生成的艺术节。参加主题展《野地穿越》的加拿大艺术家Michelle不久前来宋庄看展场，吃农家饭，高兴得不得了：“在中国终于可以参加一个和中国艺术家有接触机会的展览了。”这说明了什么问题？至少说明宋庄可以按自己的路数出牌。

4、这次艺术节举行的主题活动比较多样，可以说涵盖了大艺术的定义，主题“宋庄进行时”将如何呈现呢？

宋庄给我最强烈的感觉就是这里最不缺的是两种人：农民和艺术家。最缺乏的是能够理性统筹运作一件事儿的人，这是宋庄最有意思的现象。主题展览活动就是基于这样的体会做出的规划：化零为整。以团块的形式把握空间的分布，宋庄展览空间不同于美术馆空间、不同于艺术机构密集的798，它是可以看到地平线的北方农村。在这样空旷辽阔的空间中如何造势聚气，是一个很大的难题。因此我想以小堡广场和原创艺术博展中心为主线，以各个分散的美术机构和艺术工作室为基点，分别用几个显要的元素加以连接：一是30个放置于雕塑平台上，靠近小堡广场一侧的露天雕塑。二是两座分立于小堡广场左右对应的建筑涂鸦。三是在小堡广场对面拉出的五彩的展览广告和巨幅的艺术节分布图，以此环绕形成以小堡广场为中心的围合空间。沿彩带广告行走即可到达主题展的另外一个重要展场：原创艺术博展中心。四是在主线和展点之间，凡有展览活动的路线上都有路标，展点旁都有展旗。

客观地讲，宋庄的生态空间绝非是我们看到的那样舒展平静，里面暗潮翻涌，鱼龙混杂，但它具有一股精神品质，即边缘的躁动性和隐蔽的生命力，这是一个不折不扣的草莽江湖。草根的力量从来都自内而外，像岩浆地火，浓烈炙热。适当的时间点燃它，把它牵引出来，让这股力量成为中国当代艺术实验创作的推动力，让宋庄能够藉此成为中国当代思想萌发汇聚之所。这是我作本届展览的初衷，也是个人对于宋庄的期待，同时，也是宋庄进行时名称的由来。

5、那你们的策展团队以怎样的方式合作呢

本届策展团队中的每个人都是在各自领域卓有建树的批评家和策展人。有幸邀请到他们，意味着此次主题展的水准和质量将得到保证。每个策展人独立策划各自的展览，挑选符合各自策展思路的艺术家。

6、这次活动加入了很多互动性的活动，公共艺术展较多，这是出于哪方面的考虑呢？

除了上面提到的一些原因，更重要的是考虑到艺术与社会、作品与空间、思想和场域、以及三者之间的互文多元关系。比如地标艺术展就邀请三位艺术家。两位艺术家分别在两栋公共建筑上进行创作，另一位准备在广场上制作地景作品。待艺术节结束后，三位艺术家的作品将作为本届艺术节永久性作品留在此处。再比如，二、三十个雕塑台放置于小堡广场一侧，雕塑展以后都可重复使用，展览结束就成为村民歇脚的地方。公共艺术展更多的是站在观众的立场，让艺术与环境融合，让当代艺术与宋庄有更加紧密的联系。

艺术节评介和研究

孙振华：当雕塑遭遇宋庄

目前“798”已经成了北京的门脸，外国人去得多，高档画廊、艺术机构云集，各种展览云集，这种盛况的确是拉动了该地和周边的房地产，一般艺术家工作室在那里现在是呆不起了。

宋庄不同，它目前仍然是艺术家的聚集区，据说，目前统计在册的艺术家就有两千多人，还有大约一、两千人住在那里但是没有登记注册。所以，说宋庄是目前中国最大的艺术家聚集区是不为过的。

就我而言，对宋庄的兴趣至少在三个方面：首先，它见证了中国当代艺术由边缘出发，最后举着“文化产业”的旗帜下走向中心，走向节庆式的狂欢的历史过程；其次，宋庄的文化性质代表了基层性、群众性的社会主义文化，到娱乐性、消费性的后社会主义文化的转变过程；第三，宋庄在中国城市化进程中，兼具城市和乡村的双重问题，所以，它比较典型地浓缩了在这一时期人们观念的变化、身份的转变、角色的定位等诸多变化过程。

这10多年来，宋庄的变化不可谓不大。在宋庄布展期间，曾经和本村一个开车的居民聊天，他曾经是一个地道的农民，10多年前，6000块钱把父亲闲置的一个小院卖给了一个画家。如今，这个画家发达了，可他却很郁闷，想把院子要回来，又说不出口。

我不明白：“怎么这么便宜就把房子卖了呢”？他说：“当时也就这个价”。

可见，今非昔比，宋庄作为普通的京郊农业村庄，经过这些年的社会变迁，尤其是经过当代艺术意外地介入，它的变化有多大！

现在，小小宋庄已经有了12个美术馆，艺术家的工作室还在一幢幢地盖，最特别的是，在这里，前现代、现代、后现代各种丰富的文化景观相互交汇，形成了繁荣、混乱、兴旺、杂多、并置、冲突的空间特质。所以，把宋庄作为中国当代社会的一个缩影，将它作为解读当代中国的一个重要空间文本。应该是很有意义的。

我为展览提出的主题叫“众声喧哗”。我认为它首先是对宋庄这一特殊社会空间的描述；同时“众声喧哗”也与中国雕塑在目前的状态相吻合；最重要的，雕塑遭遇宋庄，我最希望看到的，是一种“众声喧哗”的街头文化景观。

展览作品就在宋庄主干道边的道路上放置，公共雕塑在街头与公众零距离地接触，将有利于当代雕塑更有效地参与到公共生活之中，在众多的议论、质疑、赞许中，形成雕塑与公众的对话关系。营造出一种街头文化的热烈气氛。

让人高兴的是，观众对展出的雕塑非常有兴趣。在其它户外的雕塑展览中，雕塑也总是更能吸引人流，让观众流连，这也许与雕塑的门类特征，与雕塑的放置地点有着密切的关系。

我在选作品的时候，强调好看，好玩，有观赏性；我希望一种充满活力和生气，具有各种可能性的艺术，就在众声喧哗，略嫌纷乱嘈杂的宋庄生长。

行走江湖 结缘宋庄
——2008第四届中国·宋庄文化艺术节纪行

文/郑 娜

“野地穿越”，之所谓“野地”，乃是民间立场与在野状态的鲜明表达。艺术只有坚持独立思想和价值追求，只有保持对既有文化意识的警惕与警醒，才能彰显其存在的深度与意义。因此，提炼饱含力度的文化经验，挖掘自身独特的生存记忆、以充满实验和挑战的方式予以转换，才能真正呈现具有智慧的思想生成和基于实验的艺术创意。

——《野地穿越》主题展序言

8月初，笔者决定承担2008年第四届中国·宋庄文化艺术节总策划时，离10月25号开幕不到三个月。当时笔者却在千里之外的广东美术馆，9月中旬赶赴北京，才全面投入本届宋庄艺术节的筹备工作，此时离开幕不到一个半月时间。

一、宋庄非同寻常背景

从未想过，宋庄与我居然缘分非浅。

宋庄位于北京往东25公里，处于城市农村中间地带，面积约116平方公里，47个行政村中有22个村子驻有艺术家，人数达三千多人。这里房租便宜，生活费用低，少有干扰，特别适合潜心于艺术创作。早在1995年左右，就有艺术家陆续迁至此处，慢慢聚拢，逐步形成今天的规模。应该说，艺术群落是今日中国非常重要的文化现象，是考量艺术生长的社会条件和现实环境的一面镜子。宋庄艺术群落能够在中国现行体制下得以存在，意义非同一般，它见证着中国当代艺术争取合法化的艰辛历程，经历了从地下走上地面的风云变换，其历史实在令人感慨。

从地缘角度看，宋庄是典型的北方农村，一马平川，地域辽阔，老百姓祖祖辈辈在此繁衍生息。这里有中国当代艺术流变的真正见证者，重要的是他们大部分人仍以民间、野地、边缘的状态生存并进行创作。当然，宋庄的生态空间绝非像我们看到的那样舒展平静，里面暗潮翻涌，鱼龙混杂，但它却有一股精神力量，即边缘的、躁动的、隐蔽的艺术生命力。这是一个不折不扣的草莽江湖。草根的力量从来都自内而外，像岩浆地火，浓烈炙热。适当的时间点燃它，把它牵引出来，让这股力量成为中国当代艺术实验的推动力，让宋庄能够藉此成为中国当代思想的萌发汇聚之所。不管是草创者也好、落脚在此的艺术家也好、还有接过这件事儿想继续推动艺术节往前走的策展人也好，都是基于这种理想，这样一种在其它地方找寻不到、在这里还能唤起的激情与冲动。在这里，有可能动员中国潜在的文化力量，促使真正具有中国智慧的思想生成和艺术创作。从这个意义来说，早期前卫艺术人文遗存和三千多位艺术家凝聚的活力与血气是宋庄的精气神所在，因此，宋庄也是中国当代艺术最有希望成为在未来继续生发的原创之地。

宋庄艺术节不同于中国任何一个地方举办的艺术节，原因在于它是庄稼地里长出来的艺术节，在于其所处的地域充满原生性、边缘性、民间性。如何既能给艺术节准确的学术定位，又能和其所处的地缘文化发生密切联系，抛砖引玉，为宋庄带来更多更好的艺术资源和市场资源，吸引更多的普通观众、艺术家、策展人、艺术机构、基金会走入其中，实现真正意义的资源互动与重组，营造良好的艺术生态环境，创立独特的文化品牌效应，乃是宋庄主办艺术节的期待。因此，本届艺术节的特点，在于对地缘文化和本土生成的挖掘和推动，即注重中国本土经验也关注国际前沿问题，坚持学术的纯粹性又尊重艺术的野生性，保持底层、边缘的血性和活力。这是宋庄艺术节努力的方向，也是本届艺术节努力的目标。

回顾宋庄艺术节自2005年举办至今，已历三届。首届中国·宋庄文化艺术节以“宋庄路”为主题，举办了大型露天展览，两公里长的街区布满316位宋庄艺术家760件作品；第二届中国·宋庄文化艺术节以“打开宋庄” 为主题，因“超女雕塑事件”引发了社会各界的极大争议，由此产生的相关社会文化问题影响至今。第三届中国·宋庄文化艺术节以“艺术链接”为主题，促成了中国批评家年会的举办，引起了中国美术界、国内外艺术机构的强烈关注。同期，还成功举办了艺术节主题展“底层人文”，成为2007年最重要最有影响的学术展览。自此，宋庄艺术节的学术立场和独立姿态开始初露端倪。前三届艺术节的举办为本届艺术节奠定了良好的基础，但也提出了一个很高的定位，那就是坚持学术立场，与惯性意识和流行文化拉开距离，凸显宋庄关注民间、底层、边缘和另类的独特视野。

二、宋庄艺术节进行时

按此脉络，笔者拟定本届艺术节主题：宋庄进行时，英文To be going to。从语言学的角度来讲，现在进行时态，指向现在也指向未来；从语用学的角度来讲，和具体的、现实的、正在发生的艺术事实保持联系。它是流动的、开放的、具有思想穿透性，是一种动态的文化精神。本届艺术节想要呈现的是当代艺术的真正在场状态，它并不仅仅是形式和形态的实验，而是艺术促进人作为精神个体不断生长和发展的现实呈现。

主题已定，思路明确，就全力付诸实施。

首先落实方案，组建策展团队。本届艺术节策展团队邀请了在各自领域卓有建树的批评家和策展人，独立策划各自的展览。他们分别是：王林教授、孙振华博士、杨小彦教授、杨卫先生、朱日坤先生，以及韩国釜山基金会的李章旭先生，有幸邀请到他们，意味着此次主题展的水准和质量将得到保证。

其次，开始部署本届艺术节的媒体宣传，并于10月8日在宋庄原创艺术博展中心召开新闻发布会，介绍本届艺术节的总体布局及其特点与亮点。本届艺术节主要由四个板块构成：一是学术板块；二是生态板块；三是产业板块；四是市场板块。四个板块之间即各自独立，又相互交叉。学术板块由高端年度论坛（中国美术批评家年会等）和学术主题展览（综合艺术展《野地穿越》、《本生故事》）；公共艺术展（《众声喧哗》、《无用之用》）；影像艺术展（《城市裂缝》、《我想知道》）构成。本届主题展参展艺术家近百人。其中，主题展《野地穿越》是对原生性、实验性、边缘性生存状态与创作状态的关注。17位应邀参展的艺术家，来自不同的地域、种族、国家，分别以行为、装置、影像、绘画、雕塑、新媒体等创作方式提炼本土文化经验，挖掘自身生命记忆，并以充满实验和挑战的方式予以转换，真正呈现具有智慧的思想生成和基于实验的艺术创意。《无用之用》则由王林教授邀请三位艺术家，利用建筑体的墙面、地面，为宋庄营造浓郁的、充满当代艺术气息的人居环境，并为第四届宋庄艺术节留下永久性的标志性文本。

除了主题展外，各项极具凝聚力的活动也纷纷在艺术节期间拉开帷幕。其中，“艺术机构联盟展”由和静园艺术馆、虹湾艺术馆、宋庄美术馆、小堡驿站美术馆等几十家机构组成。“艺术家工作室开放展”由国防工事艺术区、小堡原生态村落艺术区、宋庄原创艺术博展中心、东区艺术中心区、喇嘛庄艺术家大院等工作室集中区组成，让关注当代原创艺术的爱好者与艺术家进行零距离接触。

由于本届艺术节立足于对宋庄艺术生态的培育，因此，特别举办“本生故事”、宋庄艺术家自选作品展、艺术家工作室开放展、艺术集市等一系列展览活动，以多元交叉的方式，尽可能地给宋庄艺术家提供宽松、自由、开放的展示机会与展示空间，综合立体地展现宋庄艺术家真实的创作状态。艺术集市则引进新的市场运营机制进行重新调整布局，让市场来验证原创艺术的真正价值，搭建4000平米的正规棚房，共征集2000多件作品，参展艺术家约400人。另外，摩登天空音乐现场也是艺术节的亮点之一。

艺术节的文本呈现至关重要，乃是本届艺术节学术品质的最终反映。本届宋庄艺术节文本主要由三个部分组成：一是70多万字的《2008中国美术批评家年会文集》，反映了2007——2008年度中国美术批评家、策展人的学术成果，基本上勾勒出本年度的批评动向。二是《2008中国宋庄文化艺术节——宋庄进行时》画册，攘括本届艺术节的所有内容；三是艺术节导览册与导览图、以及艺术节主题展海报成套盒装礼品。这项工作能够在短时间内顺利完成，得益于我的导师，本届批评家年会轮值主席王林教授的全力支持。

宋庄不同于美术馆空间，也不同于艺术机构密集的798，它是可以看到地平线的北方农村。在这样空旷辽阔的空间中如何造势聚气，是一个很大的难题。鉴于此，笔者拟定艺术节的空间布局：化零为整，以团块的形式把握空间的分布。以原创艺术博展中心为主线，以各个分散的美术机构和艺术工作室为基点，分别用几个显要的元素加以连接：一是30个放置于雕塑平台上，靠近原创博展中心马路对面的露天雕塑。二是原创博展中心门口马路上一字摆开的100辆被压平的自行车装置作品。三是两座分立左右对应的建筑涂鸦，与地面永久性装置，分布在原创博展中心的公共空间里。四是进入宋庄的主干道路口直至原创博展中心，间隔30米电线杆上拉出的展览广告，沿彩带广告行走即可到达主题展中心展区——原创博展中心。五是在原创博展中心至宋庄美术馆东侧（开幕式地点）的马路上，竖起一排广告墙，贴满本届艺术节主题展、批评家年会以及各项活动的巨幅海报。六是在宋庄各条干道上，在展区主线和星罗旗布的展点之间挂满艺术节道旗。七是在主路段上分布红袖志愿者。导览册上特别标注“有事请找红袖志愿者”，在彩条上同样悬挂着这样的提示条幅。八是在开幕式现场、主题展现场、小堡广场艺术促进会等几个重要场所设置站点，放置所有与本届艺术节相关的资料，以便参观者购买、查阅。

10月25号终于到来，睁大布满血丝的双眼进行最后一遍巡场，进入宋庄开幕式及主展区道路已清水洒道，沿路布满工作人员，巡逻车辆来回穿梭，空气中似乎迷漫着大战之前不同寻常的气息。一切安排就绪，此时是上午9点，离开幕式还有整整一个小时。站在晨曦的阳光下，谁能料到颇有气势的开幕现场在6小时前因意外而调集人马重新搭建。还有为了艺术集市近两千张作品的悬挂，昨晚敲碎了宋庄小堡村所有卖电钻枪老板的美梦。参加主题展《野地穿越》的行为艺术家幸鑫，从成都把自己装在箱子里经历了近两天两夜的封闭式运输，于凌晨三点抵京，用叉车卸箱时艺术家身体状况又是如何呢？《野地穿越》的另一件装置——100辆自行车经与相关部门协商，于三个小时前如愿趴在主干道的路面上。在午夜降落的暴雨中，艺术家与门卫发生激烈冲突；原创博展中心另一处展厅宋庄会所奇迹般地施工完毕仍在紧急布展之中。文集画册等于24号晚从不同的地方或路运或加急空运刚刚到位。——意想不到的事情接二连三不断发生。但在开幕前一刻，所有的事情都似乎烟消云散，辛苦付出换来的成果触目可及，虽困倦已极，但心跳却在加速。

开幕式顺利进行，各方代表上台致词。作为总策展人，笔者上台致词答谢。紧接着，贾方舟先生上台简要说明第二届中国美术批评家年会评选出的四个奖项（年度批评家奖、年度艺术家奖、年度青年批评奖、年度青年艺术奖）及评奖规则。朱青生教授则上台宣布获奖名单（栗宪庭、隋建国、朱其、张小涛）及评奖理由。张小涛代表获奖艺术家发表获奖感言。开幕式后，批评家、艺术家和嘉宾以及现场观众马上从开幕现场转到原创博展中心参观主题展。《野地穿越》三场行为表演开始实施，它们分别是幸鑫的《托运》、刘成端的《刮子移土》、还有原弓与其影像装置作品《中国尺度》的表演互动。艺术节主题展《野地穿越》让笔者的对本届艺术节的批评思路得以付诸实践。

次日，召开2008第二届中国美术批评家年会，由艺术国际进行现场全程直播。自此，“2008第四届中国·宋庄文化艺术节——宋庄进行时”开始了为期整整一个月展览。意外仍然在发生，个别作品被迫从现场撤走，理由莫名其妙，笔者只能瞠目结舌，不知道找谁申诉或抗议。除了坚持个人学术立场，还能说什么呢？所幸的是，大的格局都能按初衷得以实现，已十分不易。

三、后记

撰写这篇文章时，仍心系宋庄，此时正在紧张撤展。

驻扎宋庄一个多月，一遍又一遍穿越那片干燥而风凉的原野，一次又一次眺望天边若隐若现的地平线，乃是为了舒缓心力交瘁的神经，转身更好地投身如同打战的工作。现在终于结束了。.在轻松而又有些失落的心情中，我突然特别思念宋庄，思念那些活跃在草莽江湖之上曾与我并肩作战的兄弟们！

2008年展览 | Four

宋庄的重要展览和相关文献摘录

娇素线 三人绘画展

策展人：黑洞

展览时间：2008年1月12日 ——1月24日

展览地点：北京市通州区宋庄小堡日博爱努画廊

参展艺术家：秦娇娇 胡绮素 黄阿线

生命的力量

策展人：黑洞

展览时间：2008年1月26日——2月28日

展览地点 1：北京市通州区宋庄小堡 日博爱努画廊

2：北京市通州区宋庄小堡 原创艺术博展中心

参展艺术家：阿莱 安大伟 毕旭 柴睿 陈柔媚 陈善强 付豫 高通 黑洞 丁酊 董斌 郭俊贤 郭柯君 郭亮 韩羽良 何必 胡燃 黄娣 柯墟 李建国 李晶 李鹏波 刘辉 刘磊 刘美 刘休 刘永斌 刘征 柳巍巍 吕广磊 罗庆发 马远星 彭钦 邱兆文 屈伸 商立博 沈耸 宋广袤 苏晋院 王芳 王胜利 王焱 王佑灵 韦晓天 纹子 武嘉慧 武文成 夏俭宁 夏莹 谢福金 邢琬 薛志峰 玉石 阳春白雪 杨大慰 杨玉芳 尹鹏飞 曾建阳 张杰 张利平 张荃禹 张霞 张艺法 郑晨 朱晔 赵月 林丰 达达 丁一 孙宇 王建明 王佩 刘险峰 郑旭东 锦萨 代佳 刮子 刘金秋 师会来 杨凯华 王奇志 吴粱焰 姜义涛 张旭 张黎 匡雅明 谢峰 孙齐 詹二锋 李恒彪 陈曦 王原强

主办单位：宋庄艺术促进会 日博爱努画廊

协办单位：北京宋庄旅游开发有限公司、北京市小堡驿站文化艺术有限责任公司

展览推荐艺术家：何必、李鹏波、宋广袤

何必作品

何必

1978年生于湖南岳阳

2000年结业于中央美院版画系

展览

2004年《在山之水》油画展　　　酱艺术中心
2005年《在山之水》小画展　　　哈特艺术沙龙
2006年《印迹》当代艺术展　　　上上美术馆
2007年《生活在宋庄》作品展　　宋庄美术馆

李鹏波

李鹏波

甘肃徽县人
2002年——2006年就读于太原理工大学油画专业
2007年至今从事职业艺术创作
现寄居北京宋庄北寺村339号
2006年 山西省首届小幅水彩写生展　山西省文联
2007年 "在这儿"当代艺术展　大兴艺术空间
"成长的烦恼"艺术展　上上美术馆敬艺术空间
第三届宋庄艺术节　宋庄
第二届彩虹之约艺术展　上上美术馆
2008年 生命的力量　北京日博爱努画廊
首届五四国际青年艺术节　虹湾艺术馆
左右国际艺术节　左右美术馆
2008宋庄当代艺术展　北京宋庄原创艺术博展中心
"生存现场"当代艺术展　上上美术馆

宋广袤

宋广袤作品局部

现居北京宋庄，职业画家
2001年 毕业于安徽教育学院
2001年 入住北京宋庄，师从何大桥学习油画
2008年 艺术集市展 宋庄

2007年 东区艺术中心第二届油画邀请展　东区艺术中心
"生活在宋庄"大型联展　宋庄美术馆
"镜像物语"油画展　样艺术空间

早春二月艺术联展

展览时间：2008年2月23日——3月18日
展览地址：东区艺术中心

主办单位：东区艺术中心

“写与情感”——斯洛伐克美术家张曙光个展

展览时间：2008年2月23日——3月7日

展览地点：尚东·艺术车间画廊

展览地址：北京宋庄艺术东区1号院101室

“她们！她们”——当代女性艺术家作品展

策划：刘丽　大味

展览时间：2008年3月8日——3月30日

展览地点：中国宋庄原创博展中心

主办单位：北京偶当代艺术空间　ART概艺术空间（798）

协办单位：中国宋庄原创博展中心　中国宋庄网　维基艺术网

参展宋庄女性艺术家名单：刘丽 郎小祁 洪帆 吴雪 杨春 白雪 王南飞 王红 王媛　米亚 龄子 赵跃 日出 马燕泠 李雳 赵俊涛　陈美 黄璟

展览推荐艺术家:龄子

下午茶——龄子访谈

米拉.佩雷侍（法国艺术评论家、艺术咨询编辑）

龄子（自由艺术家）

访谈地点：　宋庄龄子工作室

米拉.佩雷侍（以下简称　米）：你的工作室非常漂亮，什么时间建造的？

龄子（以下简称 龄）：全部完工大约在07年底。

米：设计的非常大气，是你们自己设计的？

龄：不完全是，设计师根据我们的用途和生活习惯进行布局安排，后期又进行了部分改造，也算集体创作吧。

米：庭院中间那棵大树是后来的吗？

龄：是，朋友送的。

米：我知道你在长春读大学，你是那一年来北京的？一直住宋庄？

龄子

龄：96年来的北京，先在燕莎附近的东坝河，后来住在通州滨河，再后来搬到武夷花园，03年来到宋庄。

米：几年前我在朋友家里看到过你的作品，和现在的作品有所不同，感觉画面发生了一些变化。

龄：我个人到没有这种感觉，整个过程在不知不觉中完成的，也许你只看到两头，看女儿的成长过程会很惊讶，翻看五年前的照片会有所感觉，变化非常大。

米：没错，你在过程之中。

米：这几天我看了一些艺术家工作室，包括798、草场地、还有宋庄，也看了很多作品，感觉你的作品还是很轻松、也很中国。但又有很强烈的设计感在里面，与其他艺术家的作品有很大的不同。

龄子作品

龄：这也许是骨子里的东西，我在大学里学的是中国画专业，来北京后才开始转换材料，做作品首先感觉好玩才会轻松。外界也很少会影响我的喜好，我觉得艺术完全是个人的事。同时我又是一个很较劲的人，无论生活还是艺术都来不得半点马虎和草率。追求完美是很沉重的。

米：你最近在忙些什么？今年有展览吗？

最近在看些书关于宗教和哲学方面的，也在思考些问题。原来总是闷头干自己的事，忽然间抬头不认识这个世界和周围的人。

米：是，这个世界变化太快了。尤其是中国，让全世界人民瞠目结舌。

龄：是呀，每个人都象赶班车一样紧追慢赶，忘记了欣赏路边的风景。结果是可悲的。今年我没有重要的展览，主要精力出还是希望能出点好的有意思的作品。

在我看来好的作品是要准确的表达自己的情感和观点，以及我个人对文化的理解，通过作品诠释了我对中国文化的一种情感表达 。

米：在你的作品里有很多篆刻 文字等具有中国特色的符号，它们有什么特殊的意义吗?

龄：作品里确实出现了大量的中国书法、篆刻及线描，它们在我的作品里只是一种符号而已，它已被抽离了文字本身的意义，是一种俊美和神秘的文化指向。这些篆刻和书法都是我自己刻写的，我非常的喜爱这些篆刻和书法 。

米：我很喜欢你的作品，我想很多西方人会跟我一样喜欢你的作品，喜爱中国文化，还有中国茶。

“角度”——宋庄当代女性艺术作品展

策展人：马鸣

展览时间：2008年3月8日——3月30日

展览地点：中国·宋庄原创艺术博展中心

学术主持：栗宪庭 廖文

参展艺术家：单竹兰 高旋 李秀芳 马鸣 王赛 林伟 刘桐文蒂 张照会 也宁

“韧度”——女性艺术在宋庄当代艺术作品展

策展人：月峦 刘丽

展览时间：2008年3月8日——3月30日

主办单位：中国宋庄原创博展中心 中国宋庄网 维基艺术网

展览地点：中国·宋庄原创艺术博展中心（宋庄东区艺术中心斜对面50米）

参展艺术家：日出 李姝青 月峦 钟瑶 吴丹 申芳 虹灵 韩雅 陈平 王芳 邓英 李磊 赵默 张杰 姜丽丽 石萍萍 王会丽 姜靖 李可 黄璟 刘崇瑶 李丽 朱晔 陈活活 唐豫 阎莉 李书英 林红 云眠溪 李磊

“散点透视”——十人油画邀请展

展览时间：2008年3月15日——4月3日

展览地点：尚东·艺术车间画廊

参展艺术家：崔贵龙 冯路敏 关旨越 华军 吉晓美 刘毅 王雪林 许洪涛 张学海 张延昭

“看图说画”——王皆、廖羽、东方玉铭作品展

策展人：夏可君

展览时间：2008年3月15日——3月30日

展览地点：北京宋庄左右美术馆

主办单位：北京宋庄左右美术馆

RT18号春季开放展

展览时间：2008年3月18日——4月18日

展览地址：宋庄小堡艺术大道18号

东区艺术中心第二回油画邀请展

策展人：栗春

展览时间：2008年3月22日——4月20日

展览地点：宋庄东区艺术中心

主办单位：中国宋庄东区艺术中心

闪·艺术家连展

策展人：日出

展览时间：2008年3月29日—— 4月29日

展览地点：北京市通州区宋庄小堡村 日博爱努画廊

参展艺术家：吕贯刚 刘延明 庄保林 张铁鹰 未平 薛耀军 李亚平 宽虹 潘洵 韩旭成 宋广袤 崔龙虎

展览推荐艺术家：韩旭成

韩旭成

1962年　生于河北邯郸

2000年　定居北京 职业画家

2002年　《澳门回归》油画展　中国澳门

2002年　上苑画家工作室开放展　中国北京

2002年　当代油画拍卖会　中国北京

2003年　今日美术馆举办《青年油画展》　中国北京

2003年　“少励画廊”举办个展　中国北京

2003年　“茶马古道”举办个展　中国北京

2004年　中国当代油画展　中国北京

2004年　“十成十”当代艺术展　中国宋庄

2005年　“宋庄十年邀请展”　中国宋庄

2005年　“江山如此多娇”展　中国北京

2005年　“人间烟火”视觉艺术展　中国宋庄

2005年　首届中国宋庄文化艺术节　中国宋庄

2006年　北京首届当代职业艺术家绘画联展　中国北京

韩旭成

作品收藏：加拿大、法国、意大利、台湾和中国等个人收藏

新眼线当代艺术展

策 展 人： 姜进

展览时间：2008年3月16日——4月16日

展览地址：北京·宋庄东区艺术中心三号院、五号院

主办单位：玩·艺术空间

艺术集市延续展

策展人：张建龙 大曹 周宝军

展览时间：2008月3月23日——4月23日

展览地点：北京小堡驿站美术馆

主办单位：北京小堡驿站美术馆

协办单位：北京大风画廊

“易水古砚画廊”——安佑十作品个展

策展人：启慧

时间：2008年4月1日——4月20日

展览地点：易水古砚画廊

“笔触”——和静园艺术收藏展

展览时间：2008年4月8日——5月30日

展览地址：和静园艺术馆

展览地址：北京宋庄文化创作艺术区

“苏蒙画廊”——“缘”义祥个展

展览时间：2008年4月8日——4月28日

展览地点：苏蒙画廊

“宋庄一代第二回展”——当代艺术展

策展人：杨卫

展览时间：2008年4月12日——4月27日

展览地点：北京798灿艺术中心

走进宋庄艺术联展

展览时间：2008年4月19日——4月27日

展览地点：宋庄艺会馆

参展艺术家：陈晨　崔阅章　杜青峰　贾巧乔　李贺 李佳佳　李悦　宋立 吴齐 武姝慧　肖鹏　薛乐　杨希　张静　张义　赵晓乐 赵紫云 代佳　郭亮　韩羽良　刘征　邱兆文　熊泓翔　徐祖德　许可　张霞　张准　卜键　董茜　方天荣　韩林燕　胡国卿　蒋国清　李平磊　邱兆文　苏少英　唐琼慧　王建明　文青　吴唯　张妍　赵紫云

主办单位：宋庄艺会馆、北京青年政治学院艺术设计系

承办单位：宋庄艺会馆

宋庄美术馆影像展览

开幕时间：2008年4月24日

放映地点：宋庄美术馆放映厅

放映作品：导演甘小二作品《山清水秀》、《举自尘土》

主办单位：栗宪庭电影基金会

“雕塑PARTY”—— 首届宋庄雕塑交流展

展览日期：2008年4月26日——5月25日

展览地点：北京市通州区宋庄小堡百富苑环岛吉祥伯乐国际艺术园区内

参展艺术家：蒋佑胜　刘枫华　胡军强　黄璟　窦子　王铁龙　王琪　索探　洪海金　吴良焰　池益岍　王勇　王浩　包筱瑜　徐也秀

展览推荐艺术家：池益岓、王浩、索探

池益岓

池益岓作品

池益岓雕塑作品解读

文/郭晨希

摘录：池益岓却寻到了属于自己的一眼山泉——雕塑，作为载体映射和探询对于生命和人生的思考。他的作品首先是用艺术语言对于当下人状态的忠实记录。在还原真实的基础上，他所采取的雕塑语言对与作品从一个朴素的记录功能转化并升华到艺术的思想层面上来，通过作品诠释了感官世界和精神世界对生命和世界的观察和理解。这种转换对于许多的雕塑家是难以跨越的门槛，是需要有非常敏锐的洞察力和深厚的思想基础的。他所表现的不是一种作为无病呻吟的所谓真实表达，而是用心去吟唱着关于对于生命诗歌。

生如夏花，作品中所表现的中年男子的形象正是如同在夏日开放的花儿，艳丽而灿烂。这样的一群人也正是如同夏日的花儿处于人生最热烈的季节，热烈而又绚丽。我们看到了旺盛的生命力在宽阔而结实的胸膛里，在他们血脉喷张的血管里激烈的燃烧着，他们有着可以左右社会的臂膀，人们称他们为社会的脊梁。然而在身体的另一面，我们看到了他们无力支撑他们健硕躯体的四肢，无法伸向他们渴望权杖扭曲的手臂。我们看到了他们在烈日下光亮的头颅里那一丝难以琢磨的笑。在如同夏日般热烈的面容下，看到了并不遥远的年华老去。

王浩

王浩作品

王浩，原名王俊豪，字智宽、号归原居士。1969年生于河南平顶山市，现定居北京。

1997年5月，在中国美术馆画廊举办《王浩艺术展》，CCTV4做报道。

2007年参加（北京）中韩美术大展。

2007年参加（北京）水墨同盟交流展。

2007年雕塑作品《墙啊墙》受到广泛关注。TOM文化、正义网等数家网络媒体，以及《检察日报》、《方圆》杂志等多家传统媒体进行报道。

2007年11月，荣登美国PRESTIGE杂志。

2007年12月，（北京）日博爱努画廊举办个人展览。

2008年5月，CCTV-4做专题采访

2008年7月，参加《当代与传统打一照面》水墨名家邀请展

2009年1月，北京清华工美 《白雪。阳春》大成艺术基金首届水墨提名展

王浩作品先后被日本、法国、香港等多家机构和个人收藏。

索探

索探

摘录：索探将中国传统风景绘制在此系列的女性身上，由此产生的幻觉效果与马格利特的超现实主义绘画极为类似。在这种形式中的景物似乎存在于该绘画作品的原始平面之外，由此产生一种比表面的人物和风景更显飘渺的形式感--从明确的有形到某种程度的无形。透过前景中的画面看去是由一个“窗口”来提供的，即女性形状的外轮廓起到一个窗户的作用，导引视线探究正面平面之外的物体，由此在一个丰富多样的平面和其后置的神圣、自然的风景产生一种强烈的对比。这种明显的二分法又被几个女性形状中血迹的出现所打破。这样的呈现方式富含某种暗示——变化毕竟是要付出代价的，虽然我们无法确定艺术家是否以正在流出的鲜血来寓意这种付出。这毕竟不是一个渐进过程的革命。

这种“离析状态”继续反映在“我爱江山我爱美人”系列里。在这里，人物虽然身体上呈现关联属性，而实际上是处于分离状态。

在“我爱美人”系列里面，艺术家通过运用对比色的技巧使情感因素成为其支配的主题。索探将男性人物赋予了过多的颓废、愤怒甚至震惊的情绪（艺术家把自己绘制成多种姿态），而唯一不同的是女性——女性保持着安详而平静的神态，完全不去理会男性的规劝，纵然赤身裸体也依旧保持着矜持的仪态。或许可以从总体上说，女性是男性眼中崇拜的一个理想的化身，同时又导致男人们产生恐惧心理。用艺术家自己的话说这种状态是无法调和的——“这是一个没有结果的、永恒的争斗”。（文/亚历山大·克鲁）

自然代言艺术展

展览时间:2008年5月1日—— 2008年6月1

展览地点:宋庄原创艺术博览中心

参展艺术家:老子、庄子、孔子、伯拉图、哥白尼、牛顿、诺贝尔、爱因斯坦、霍金、田芒子、徐凤岭、王勇、李正衡

宋庄第一届青年艺术家作品展

学术顾问：杨卫

展出时间：2008年5月4日——6日4日

展览地点：宋庄原创艺术博展中心（3、4号馆）

主办单位：宋庄艺术促进会 北京青年政治学院团委联合主办

承办单位：中国宋庄网

“体验·印象”——中国艺术研究院中国写实油画工作室海南写生作品展

展览时间：2008年5月9日——2008年5月25日

展览地点：当代写实美术馆

主办单位：中国艺术研究院通州校区、当代写实美术馆

“传承的经验”——《中国书画》杂志社成立五十周年名家邀请展

展览时间：2008年5月10日——6月10日

展览地点：缘品画廊

参展艺术家：汪为新 老圃 许元庆 朱培尔 张公者 徐涂 周祥林 高英柱 张纬东 王秋人

“五月绽放”——当代女性画家五人联展

策展人：月峦

展览时间：2008年5年11日——5月25日

展览地址：北京宋庄小堡北街185A，拿弓艺术沙龙

主办单位：《当代画坛》 拿弓艺术沙龙

“觉圆美术作品展”——纪念佛陀辰

策展人：云眠溪 孙吉祥

展览时间：2008年5月11日—5月31日

展览地点：宋庄镇小堡南街75号李伦美术馆

主办单位：李伦美术馆

韩中艺术与文化交流·36名韩国艺术展

展览时间：2008年5月14日——6月14日

展览地点：北京宋庄美术馆

主办单位：北京宋庄美术馆、现代美术研究所

协办单位：韩国国际交流财团、韩国文化艺术委员会、paradise文化财团

林宇新 李志宏 双人展

策 展 人：冯　春

开幕时间：2008年5月17日

展览地址：北京·宋庄东区艺术中心三号院

主办单位：玩·艺术空间

八个80后作品展

开幕式时间：2008年5月17日

展览地点：上东-艺术车间画廊、宋庄小堡东区艺术中心一号院101室

参展艺术家：刘美、邱兆文、王建明、孙宇、王佩、金艺（赵子伟）、高璇、池海翔

【中国艺术家群落档案】从圆明园到宋庄系列主题文献展

策展人：徐志伟

展览时间：2008年5月18日-5月28日

展览地址：北京798艺术区红石广场吉祥伯乐画廊

从圆明园到宋庄海报

主办单位：BAIC吉祥伯乐艺术投资管理（中国）机构

【第一回 】影像记忆——从圆明园到宋庄文献展

展览时间：2008年5月18日——5月31日

参展艺术家：徐志伟 邵振鹏 石 头 沉 波 陆东之 邓 华 赵亮 王浩

【第二回】重忆理想——-圆明园时期作品展

展览时间：2008年6月1日——6月14日

参展艺术家：方力钧 岳敏君 杨少斌 王庆松 刘炜 刘枫华 伊 灵 片 山 王秋人 林春岩 杨卫 石 头 李伟 李志强 饶松青 刘牧 陈牧 师若 马野 杨清杨德清

【第三回】双生花——当下宋庄作品展

展览时间：2008年6月15日——6月30日

参展艺术家：高惠君 蔡富军 鹿 林 王能涛 胡军强 尹 坤 赵光臣贾 穹 陈 曦 李凯亮 张晓红 刘 桐 尹 俊 祁百成 索 秀

“文化遗传因子Meme Tracker”——作品展

展览时间：2008年6月5日6月17日

展览地点：北京通州区宋庄镇小堡村宋庄美术馆

“置换”——廖羽作品展

开幕酒会：2008年6月7日下午2点

展览时间：2008年6月7日至6月22日

展览地点：北京市通州区宋庄小堡广场向北200米上上美术馆后境界艺术沙龙

主办：境界艺术沙龙

“海猫，赤猫”——中韩当代艺术交流展

展览时间： 2008年6月12日至6月29日

展览地点：宋庄原创艺术博展中心

主办单位：宋庄艺术馆、宋庄原创艺术博展中、心韩国巨

济美术馆

宋庄制造3

展览日期：2008年6月15日—2008年7月15日

学术主持：李广明

学术委员：范扬、韩涛、李广明、李铁军、吕子真、梅墨生、吴震寰、王秋人、王非、许元庆、徐志伟、箫泉、余峰、叶植盛、朱培尔、周祥林

展览地点：上上美术馆

展览推荐艺术家：吴震寰

涂写的诗意和自由——— 吴震寰作品解读

文/夏可君（人民大学教授，评论家）

摘要：吴震寰的画面，有时候保持为一种未完成状态，这也是余像绘画的特征，绘画保持着即兴的状态，这是对破碎瞬间的接纳，是对当下个体生命情态的记录，这在他画的很多身边朋友的人物肖像画的作品上有着淋漓尽致的表现，这些看起来随意的记录却有着深厚的艺术史背景，有着对传统东西方肖像画人物画传统的内在对话，又体现了画家自己与这个要画的朋友或者熟人之间的一种奇妙的关系，他结合了中国传统大写意人物画的轮廓勾勒，但是又有着西方圣像画传统的某种象征意味。比如《画家四毛》这个作品上，画家四毛成为了基督教绘画中的基督形象，不仅仅是背后十字架的强烈象征意味，而且这个赤裸的带有基督下十字架结实古铜色的躯体，似乎暗示画家的艺术家朋友也处于一种为艺术本身而牺牲的处境，手上提着具有吴震寰个体标记符号的灯泡，这是对个体不可及创伤的照亮。

吴震寰作品

因此，我们还可以在吴震寰的作品上看到一种新的意境，作品上的简率风格是他对传统水墨艺术反复揣摩而转换出来的，带有他水墨作品的精巧与随意，深得传统画家徐渭、八大山人和金农之神韵，有时看起来拙稚但却大气，有着内在原始的勃勃生机，轻松的流淌和随意的涂抹其实有着内在的心绪和生命的情调，再次恢复了传统墨戏的游戏姿态，却为这个混乱无序的时代以及商业艺术增加了一种新的英雄气概。

“聚”——当代艺术邀请展

策展人：田军

开幕时间：200年6月21日

展览地点：北京田艺术空间

“绽放”——袁富国展览

展览时间：2008年6月21日——7月30日

展览地点：北京·东区艺术中心3号院，玩·艺术空间

主办单位：玩·艺术空间

协办单位：水墨同盟

“新生艺术画展2”——无束的年代

策展人：农夫

展览时间： 2008年6月22日——7月12日

展览地点：小堡北街意简真工作室立足202号

“我派对”——林志鹏摄影个展

策展人：栗宪庭

展览时间：2008年6月28 ——7月13 日

展览地点：北京宋庄美术馆

“烈酒浓情”——伍礼油画作品展

策展人：李　冰

展览时间：2008年6月28日-—7月28日

展览地点：北京和静园艺术馆

老栗和伍礼

摘录：伍礼访谈：心理现实的焦虑与感性表现的狂野

王宝菊（以下简称王）：你小时候喜欢画画，你觉得是与生俱来的天份，还是受了的谁的影响?比如说家里人。

伍礼（以下简称伍）：没受别人的影响，就是喜欢。在80年代出生的我们这一代人，都喜欢看葫芦娃、变形金刚。那时也没学过画画，就看着电视，拿着本子，看一集，就把那些人

物给画出来。像什么“圣斗士星矢”，当时在我们小学的那个地方画这些东西，我就是个高手。

王：我觉得在你的画里面，看得到南方特有的土地的质感和植物的茂盛。但我同时感受到了一种压抑着的扭曲着的生长。

伍：对，不单单是茂盛的，它可能有一种……比如说这个人他有一点诡异……在我的画里面叫做“掠夺者”。这个笋子挖出来以后，我就看见这么一个小的东西，它本来可以长成很大的一个竹子，却被人吃掉了，把一些原本的生命给夺走了。我对家乡的泥土一直很迷恋。这个颜料一拿到我手里面，我有时候就控制不了了。至于为什么要画这样的一个题材，没有想过。我有一点跟别人不同，有时候我的感性比理性更准确。但是这样的话，一张画的失败的可能性会更大，我也经常画得失败，偶尔也会出一两幅满意的。

伍礼作品

王：实际上我觉得，宋庄也好，现在的中国当代艺术也好，艺术家大多走的是一条现实主义的套路，比如说现实主义，批判现实主义。但在你的作品中，你将人无法说出的内心矛盾、焦虑和痉挛，复杂的心绪，以一种感性的表现主义方式表达了出来，探讨了人与世界关系的存活、困境、犹豫不安、痛苦或悲剧，以一种奇异感伤的悲悯来描摹心灵的哀愁、混乱和暴力，探求人类形而上的焦虑和精神状态。可以说，你是一个心理现实的描绘者。就是说外界的林林总总，折射到你内心以后，形成内心的一个现实，然后再形成到你的画布上去。

伍：这可能也是长期的一种无意识吧！就是说我的这种性格，就变成很随意，很洒脱。因为我画速写，包括我以前写生，长期以来的这种感觉，我已经把自己训练成一个很敏锐的人，或者说一看到什么东西，可能就突然有一种想表达的欲望。我画速写是画得最快的，也画的不错，画多了自然就形成了一种直接的表现方式。其实我这几年、十几年、二十几年已经形成一种习惯性的东西。画画这东西总会存在很多问题，过一些时间，人总是会成熟的，慢慢的，很多事情不去想它，自然会明白的。

我喜欢纯天然的东西。

当然生活中的一些事情也会触动和引发我内心的情绪。你看这张画，上面有道闪电，迸发下来，打到那个树皮上，然后我把自己包在泥土里面，左边画了一颗种子，我趴在泥里保护着它。那个闪电就出来干扰你；结果把大树给劈开了。我们这一代人，不会完全听爸妈的，包括社会上的，我也有我的想法，我也有我要释放的东西，你可以压抑我，但阻隔不了我的心。画面看上去有点受伤，这幅画的名字叫作《不要击碎我埋下的种子》。就是说，每个人都有他的价值，应该大胆表现，没有什么可怕的。

王：在你的作品中，更多的画的是植物，还有动物和人。植物似乎是荒诞的、拟人的，场景是诡异的……你不是在描摹自然的物象，而是在描摹心理的风景。

伍：对，我很喜欢把植物拟人化，我也画过几只恐龙，因为当时我需要一只怪兽，但也没想过要画恐龙，然后无意中画了一个四不像的猛兽。

王：在你的整个成长和创作过程中，你觉得自己的爆发力来自那里？

伍：要是你能将生活的条条框框能简化到一定程度的话，创作时爆发的可能性就会越大。因为单纯，所以没有太多杂念，当然这也和个性有关。朋友告诉我，我是射手座。很准，射手座的人就是不想做别人的孙子，要做就做别人的老大。如果要把一件事干好，就要干到最好。

王：那就是说，一份激情、一种理想一直在牵引着你往前走，但同时你的内心又特别敏感，很容易发现外界的变化，并被这些变化触动？

伍：是的。任何人都有悲哀或是高兴的时候。有个人看到我的画后告诉我，“你的画是跟着天气的变化在走”。我发现他说得对，因为很多时候，我春天的时候只画春天的东西，夏天的时候只画夏天的东西，秋天就画秋天的东……这个是我去年夏天画的，呆在画室里面就很炎热，画面就是很暖的感觉。我感觉外面的生命都在生长，如果画面能够与外界产生一种共鸣的话，那最好不过了。

王：你的作品很有视觉冲击力。那种堆积的凝重而又自由狂野的色调，强烈的厚涂效果，激烈的动感，天雷地火如岩浆般奔腾、恣肆、撕裂，诡异的造型，可以强烈地感受到你创作时感情的激越，不可遏止。

伍：其实大多数画家都是相当独立，相当孤独的。我唯一能够找到自信的，就是画画，顶多是自己提着自己走，你真的要我说，我为什么每天都有这种能量，我说不明白。我觉得一切都是自然的。我觉得我的那种性格和梵高有些相像。

王：我觉得每幅画里面的人，大多是一种半伏半跪的状态，面目模糊，状态颓唐、迷茫，它具有人类生存状态的表征。就是说，你超越了青春话题的表面感伤，而进入到对生命的一种思考或者人性的思考。画面里的这些人物，在某种程度上代表你自己，是吗？

伍：嗯。

王：我觉得它有一种精神上的、一种形而上的焦虑，这种焦虑是你自己生活状态的一种反应吗？

伍：对，就是我当时一种状态的反应。

"边界"——马冰、申亮二人展

展览时间：2008年6月28日——7月28日

展览地点：北京艺术110空间

"争疯"——艺术邀请展

展览时间：2008年7月6日——8月1日

展览地点：宋庄A区美术馆

参展艺术家：单智 成宇 迟大平 贺洪志 花歌 刘港顺 栗春 庞勇 孙涛 田小赤 万军 邢波 叶力萌 赵光臣 张啸天

主办单位：艺术宋庄当代空间+A区美术馆

展览推荐艺术家：刘港顺

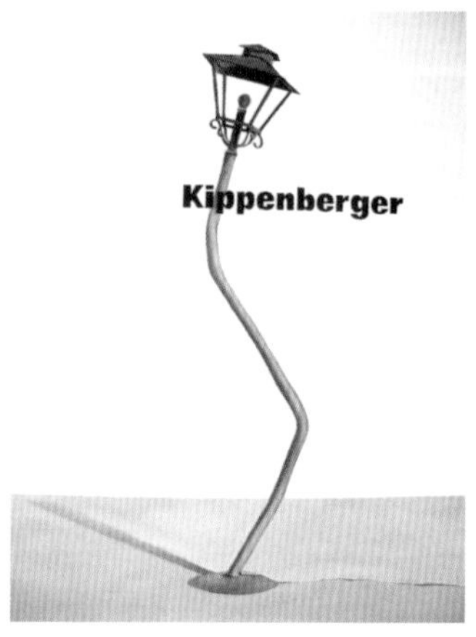

刘港顺作品

我的作品置身于当代艺术创作的总体环境中，其工作过程，也包括不断的审视，自己在做什么？这是介于思考、过日子，说话和空无之间的一种操弄。我想创作怀疑与无常的艺术，着重心理填装，变化是我的思想基础，重要的是保持内心清明的空白。我们每一个人，如果不是各种经验、信息，我们读过的书所想象过的事物等等的复合体，又是什么呢？我使用我所熟悉的文化作为源泉，而文化只是一种交互训练的管道。因此，我一直重视所有可能的因素，最好让画笔随着思想走。我对艺术感兴趣，那是因为我身后有整个艺术的历史，一幅绘画应该给人其他的东西，而不仅仅是做作的画面，用心画画比用手画画更重要。跟大家一样，我必须从容不迫地稳步前进，平实而不失内涵，做好想做的一切。虽然我是个早熟的孩子，其实我的发育很慢，我最好的时期还未到来。（文/刘港顺）

“背对阳光的少年”——宋庄新势力联展

展览时间：2008年7月26——9月26日

展览地点：千瞳空间

参展艺术家：邓彬、刘休、刘旭东、陆佩、亓文章、王焱、吴帅、伍礼

展览推荐艺术家：王焱

欲望的形状——读王焱的《欲》系列作品有感

文/邹跃进

王焱

我以为给欲望一种新的形状，并从一个新的角度理解欲望的本质，是王焱这批油画艺术作品的主要艺术特征。事实上，《欲》系列作品中那些令人恐惧和恶心的人物形象，正是在表达人类欲望这一思想指向上，才具有艺术和文化意义的。当然，在王焱的艺术观念中，这个欲望不是人类生存所必需的基本欲求，而是无穷的占有欲和贪婪。这意味着只有在否定的意义上，人类的欲望才能对人类自身的生命造成伤害，这一点不仅是王焱艺术中那些非正常状态的病态人物形象得以存在的原因，而且也为王焱能给欲望创造一种新的形状提供了独特的视角。而从另一角度看，王焱用如此的形状表现欲望，也表明了艺术家的立场，即对物欲横流的当代社会的反思和批判。

王焱作品

当然，在王焱的这批艺术作品中，如果欲望的新形状只包含着艺术家对当代社会的体验和反思是不够的，更为重要的是它在根本的意义上，对历史上已有的关于欲望的身体和理性的头脑之间的冲突与矛盾给予了新的认识。我之所以这样说的原因是，在王焱的《欲》系列作品中，对人物头部的关注和对身体的忽略，恰好是与已有的思想对人的欲望来自身体而不是头脑的看法是相反的。我们知道，在过去的哲学观念中，身体与

头脑的对立，体现为欲望、本能的非理性与理性的对立，而后者往往被视为人作为人而存在的本质。笛卡尔所说的“我思故我在”，其实就是要在逻辑上证明用头脑来思考的理性才是人的真正本质。所以在我看来，王焱作品中那些仿佛被欲望烧坏的头像，一方面承续了过去把欲望视为万恶之源的思想，另一方面则通过把欲望转向头部而改变了欲望的部位和形状。

在《欲》系列作品中，王焱把人的头部作为欲望的形状来表达，也许是为了从另一个角度强调人的头部同样具有身体化的欲望，如色欲之于眼睛，食欲之于口。但从我对《欲》系列作品中的人物形象的感受看，我更愿意把艺术家用头部来表现欲望的形状，看成是一种与身体无关，而只与能进行理性思考的头部相关的形状。其实从人类的历史看，只有当欲望获得了理性的内容，合法的借口和富有感召力的理由时，才能真正给人类自身造成巨大的伤害。回想二十世纪以来人类社会发生的所有人为的重大灾难，无不是某种欲望获得了理性的形式和内容的缘故。从这种意义上说，我认为王焱《欲》系列作品中那些被欲望毁坏的人物头像，作为欲望的形状，不仅体现了艺术家对欲望的独特认识，而且对于我们的生存来说，也具有警世的重要作用。

和平·友谊

策展人：李铁军

实施时间：2008年7月26日

展览地点：北京当代艺术馆(通州区宋庄镇大兴村500号)

参展艺术家： 秦 冲

“生命本元”——韩金英个展

展览时间：2008年8月2日——10月15日

展览地点：北京宋庄原创艺术博展中心

“生活在宋庄（三）”——宋庄及周边艺术家群落田野调查展

调查人：吴黎浪、郭赟、曹英、玉石

展览时间：2008年8月3日——9月3日

展览地点：宋庄美术馆

艺术总监：栗宪庭

展览推荐艺术家：刘正勇、王世君、宋娇、吴勇、浮图耩、万里雅、玖佰、刘灰、彭丕、汪凌、赵新政、余世民、武文成、彭渊、可夫、尹鹏飞、吴修玲

刘正勇

刘正勇作品

回到语言的激情——由刘正勇的油画所想

文/杨卫

摘录：刘正勇是二十世纪八十年代出生的艺术家，2004年毕业于天津美术学院，之后便一直以职业艺术家的身份在北京从事艺术创作。这些年辗转反复，迫于生计，刘正勇周转过许多地方。但无论身体怎样游动，他的艺术却是持之以恒，保持着前后一致的激情方式与语言的连贯性。我看过刘正勇这些年来创作的不少作品，总的感觉是他的作品中始终包含着自己的那种原始冲动，创作的热情丝毫没有受到社会潮流的影响。应该说，这是刘正勇的一种幸运。作为“80后”的艺术家，他的成熟正好赶上了中国社会的平稳发展期。因此，在艺术创作上可以避免因时局动荡造成的不稳定因素，也就能够更加持续地关注某个精神主题，探索一些更为个人化的语言风格。当然，外在条件只是艺术家成长的一个因素，对于一个创造型艺术家而言，内因有时候比外因更为重要。回到刘正勇，他的艺术作品之所以感人，更为关键的原因还在于他的感受力与表现力。

刘正勇的艺术语言，在风格上可以归为表现主义。不过，表现主义并不能一概而论，大致也只是一个泛称，在这个泛称下面其实还有着更为丰富的语言方式。就刘正勇的语言方式而言，内涵上我总觉得更加接近于中国传统的水墨画，比如他很注重画面的“意气”，也很强调作品的“神似”。这些都是中国传统水墨画的语言精髓。可以说，刘正勇是在以一种当代人的方式表现着这样一些传统精髓，只不过换取了一种油画材料而已。当然，材料的不同也会直接影响到语言的呈现，所以，刘正勇的绘画不是简单的回到传统，而是对传统的一种观念吸收与借鉴，为的是能够从更深的文化层次上来表现当代中国人的心理感受。

也许正是由于心理感受过于丰富的缘故，刘正勇才取用了表现主义风格，取用了这种近乎于抽象的写意方式。因为只有意才能传神，也只有神才能对人的丰富性进行高度概括。事实上，通过这种意象的表现方式，我们看到的已经不再是形，而是比形更加深邃的心绪。正如刘正勇笔下的人物也好，景色也罢，都一个个被抽象成凝固的色块一样。这种深沉与凝重所反映出的“胸中盘郁”，又何偿不是我们在当代社会都有过的一些复杂体验呢？这也使我看到了注重语言表达的魄力，相比图像对时代内容的承载，这种语言的表现却能够更加深入地勾通时代的情绪与时代的精神。或许，这也就是近几年中国当代艺坛为什么会出现语言回归现象的原因吧。因为随着社会开放的深入，无论是与世界的交流，还是对自己的理解，都已经越过了图像中国的表面方式，而需要有更多贯穿自身文脉的表现激情与情感语言来不断填充。

王世君

1960　生于北京通州

1999　进驻宋庄

2008《生活在宋庄》 宋庄美术馆 北京

2008《生存现场》　上上国际美术馆　北京

现居北京

职业画家

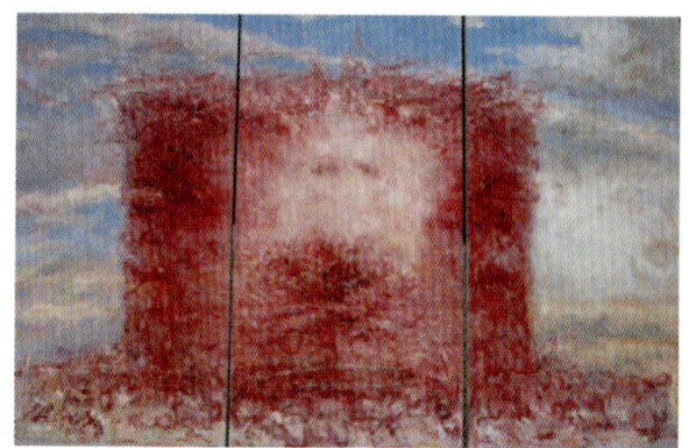
王世君作品

宋娇

1985年7月出生于湖南湘潭

2003 年考入四川美术学院油画系

2007 年毕业于四川美术学院油画系获学士学位

展览

2007　2007当代艺术院校大学生年度提名展（北京今日美术馆）

2007年 “黄漂”漂进美术馆（重庆美术馆）

2008年 杂烩川美 （北京今日美术馆）

2008年　更当代——2008首届中国当代油画展巡回展（香港大会堂）

宋娇作品

收藏：

2007年 作品《迷恋已久》被重庆美术馆收藏

2007年 作品《其实想在这里NO.2》被上海证大现代艺术馆收藏

2007年 作品《不想去 远的地方》被美国美林国际有限公司收藏

2008年 作品《形只影单》被北京今日美术馆收藏

2008年 作品《不想去遥远的地方之离开后又能去哪》被香港亚洲艺术基金协会收藏

吴勇作品

吴 勇

1978年 生于河北省唐山市

2000年 毕业于河北轻工业学校美术专业

1999年 个人作品展（轻校美术馆）

2006年 参加宋庄艺术节

2007年 “宋元风度”第一回展

2007年 宋庄艺术节

2007年 韩国墨画廊“力捧艺术家亮相展”

2008年 宋庄小堡驿站艺术集市延续展

浮图耩作品

浮图耩

1989年在北京举办个人画展

1991年新加坡《中国美术家作品展》获奖

1993年参加德国汉堡东方艺术绘画展《中国艺术家作品展》美国

1995年在北京举办《三人视线》油画展

1996年《新表现油画展》天津美院画廊

1997年作品《十渡》等五幅被荷兰康士画廊收藏参加中国青年油画作品展获优秀作品奖，《香港回归美术展》北京

2001年举办《浮图心象》个人作品展于桥艺术工厂

2002年参加中国《女性油画提名展》《上苑工作室开放展》

2003年参加荷兰《走向心座》七人作品展

2005年参加新锐力量中国收藏家展

2007年大部分作品被国内外收藏家、私人、美术馆等艺术机构收藏

2008年参加《中国北京奥运会艺术家联展》 一号地国际艺术区

万里雅

万里雅作品

1963年生于青岛

1988年毕业于青岛远洋学院航海系

1987—1990年青岛“露天画展”

2007 年上海国际当代艺术博览会　上海

2007 年亚洲当代艺术博览会　纽约

2008年“ 噬” 装置艺术展 北京TS1画廊

2008年 “局变“ 新绘画八人展　妙音鸟画廊　青岛

玖佰

玖佰作品

1982年生于西安

2004年毕业于西安美术学院

现生活创作于北京宋庄

展览

2004年《玩世》个人行为展　西安

2005年 成立凹凸艺术公社　上海

上海艺术家联展　上海

2006年《都明白》群体行为展　上海

2007年宋庄第三届文化艺术节　北京

2008年首届五四国际年轻艺术节　北京

刘灰

1979年生于河北沧州

2002年毕业于河北师范大学美术学院油画专业

现居北京宋庄

刘灰作品

彭丕作品

展览

2007年中国宋庄当代艺术家大展

北京大风画廊开幕展

艺术集市延续展

彭丕

1984年出生于湖南岳阳

2003年考入广州美术学院版画系

2007年广州美术学院毕业获文学学士学位

收藏获奖情况:

油画《闷》，《女人体》之一，之二，之三，之四广州美术学院藏

版画《鸭》，《怀念亲人》，《绿帽》，《青春期》广州美术学院版画系藏

素描《女人体》之一，之二，《男人体》广州美术学院版画系藏

油画《飞天》广州美术学院美术馆藏，入选《中国大学生美术作品年鉴》

水墨《女人体》广州美术学院国画系藏

水墨人体入选之一，之二，之三《中国大学生美术作品年鉴》

作品《青春祭〉王佳廉奖学金提名作品　　马利艺术奖学金二等奖

汪凌

1986年出生于湖北

2007年入住宋庄

2005年就读于新疆艺术学院

2006年参加《出血线》当代艺术展

2007年装置作品《对童年梦想的一次纪念》在乌鲁木齐人民广场展出

2008年策划并参与新疆《黑白边缘当代艺术展》

参加新疆自治区图书馆首届当代艺术

共间在武汉等地创作，部分作品由画廊及私人收藏

汪凌作品

赵新政

1984年生于河南

2005年参加《出血线——当代艺术展》

2006年毕业于新疆艺术学院

2006年于新疆中亚美术馆举办个人艺术展

2007年参加宋庄艺术节

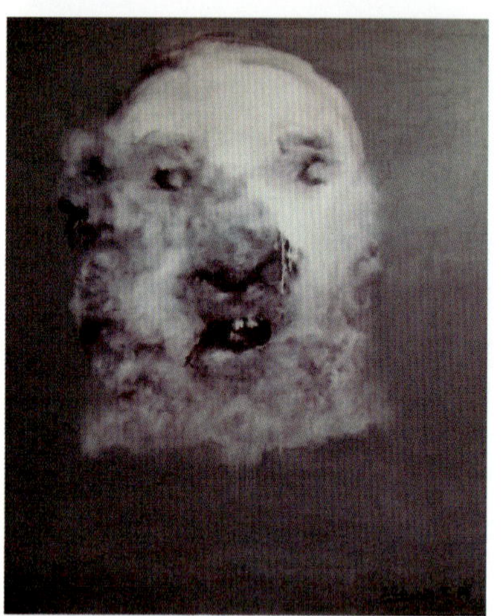
赵新政作品

余世民

1985年6月生于江西

2003年考入四川美术学院油画系

展览

2003年 四川美术学院外出写生风景展 （重庆美术馆）

2004年 第12届油画系学生作品年展 （重庆美术馆）

2005年 第13届油画系学生作品年展 （重庆美术馆）

2006年 “自转视界” 当代绘画展 （坦克库当代艺术中心）

第14届油画系学生作品年展 （坦克库当代艺术中心）

2007年 四川美术学院学生作品年展 （重庆美术馆）

中英交流展 （重庆美术馆）

中国当代艺术实验教学展（上海证大当代艺术馆）

“黄漂” 漂进美术馆 （重庆美术馆）

2008年 杂烩川美 （北京今日美术馆）

收藏作品:

2007年 作品《我们一定要解放》被重庆美术馆收藏

余世民作品

武文成

职业艺术家

1980出生于兰州

现工作生活于北京

彭渊

彭渊作品

1975年生于贵州省剑河县

1993——1997年就读于贵州省艺术学校

2001——2003年就读于贵州省师范大学

2005——2007年就读于西安美术学院

2006年在西安美院举办个人画展

2007年11月入住宋庄

可夫作品

可夫

1981年出生于湖南永州新田

职业画家

现生活工作于中国宋庄A区艺术中心

展览

1999年 新田学子双人展

2001年 个人水墨展

2006年 深圳新人新作展

第五届深圳国际水墨双年展全国城市山水展

2007年 宋庄A区艺术中心可夫工作室开放展

2008年 东区艺术中心第二届油画邀请展

中国情境当代艺术展

尹鹏飞作品

尹鹏飞

1979年出生于湖北武汉

2003年毕业于湖北美术学院油画系

2005年毕业于中国艺术研究院俄罗斯油画研究生班

2002 年 作品选登《当代大学生作品年鉴》

2005 年“感觉——时间”作品展，武汉

2006 年“当代北京”联展 ，北京农展馆

中国宋庄艺术节展

2007 年“流逝——五人”联展，北京宋庄彩虹之约画廊

“风景 · 风情全国小副风景油画展”，上海美术馆

“宋庄集市”联展，中国宋庄

个展：宋庄上上美术馆

现居于北京宋庄，职业画家

吴修玲

吴修玲作品

1985年出生于山东省枣庄市

2007年毕业于鲁迅美术学院版画系，同年入住宋庄。

2004年　辽宁省第五届青年美术作品展　沈阳

2005年　广州第一届综合版画展　广州

2006年　中美版画新技法交流展　沈阳

“青春印象”辽宁青年艺术展　沈阳

参演电影《大雾》

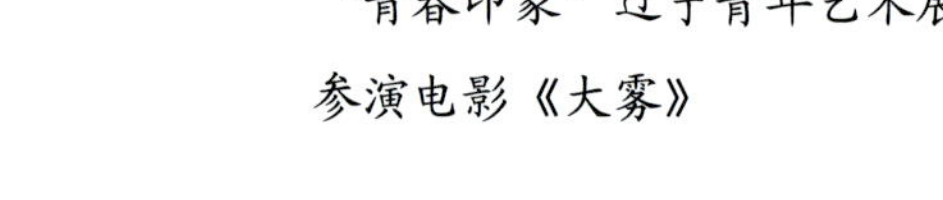

“烟民”——严宇新作展

展览时间：　2008年8月2——8月31日

展览地点：　宋庄画家村画廊

“形色各异”——女艺术家联展第一回展

展览时间：2008年8月2日——9月2日

展览地点：宋庄艺术园区中心展厅 中坝河文化艺术中心

参展艺术家：包筱瑜、陈宏、陈美、陈鱼、单竹兰、邓英、傅微薇、关力鸣、候丽梅、蒋林英、郎小杞、李琳瑛、李姝青(天青)、 李秀芳、李云云、林红、丽莉、林伟、林子、蔺婉莹、刘桐、毛珺、米娅、明丽华、沈九美、索秀、王成城、王红、王南飞、王琪、吴文萍、徐春丽、扬树、亦云、张永平、赵俊涛、赵映岚、周红、周丽、朱乒、张照会

展览推荐艺术家：陈鱼、张照会

眩目的微光——简析陈鱼绘画近作

文/刘宇

从本质上讲，陈鱼是一个诗人，她以一个诗人的感受和表达方式来建构自己的绘画语系。她的作品敏锐、热烈、简约，从而获得了一种直抵人心的力量。诗歌是文学中的文学，是文学的精粹，对陈鱼而言，绘画也许正是这种思路的产物，她用极为简约的语言说出了一个极尽复杂璀璨的事物及其景象，这种景象下还隐隐透露出某种沉静与淡然，那与现实有关，那是

陈鱼作品

生活的内核。因此，陈鱼讲述生活的方式是一种精选的方式，有一种精神纯粹性，她懂得如何持续地剥离掉现实带来的杂质与累赘，懂得如何在当今粗鄙的艺术语境下，强化她内心那些优雅的趣味和理想，那些浑然的、通透的美。

陈鱼的语言选择是天然的，在情感自然指使下形成的，这也让她避免了某些当代绘画语言运用上的通常弊病，如因过分承载观念而导致的缺乏形式语言的质感，或者因欲望与权利交叉打击下当代语言表述的粗糙与无序等等。相反，陈鱼的画润泽、饱满，有足够的亲和力和感染力。

此外，陈鱼在表达上，坚持从中国方式出发。这里的“中国方式”实际上包含着两方面的内容：一是思维方式，陈鱼绘画的那种祥和、清静感得益于对中国传统审美观及其“道”、“仁”思想的自觉拷问；二是语言方式，中国绘画中的水墨气息在陈鱼的画中得到充分的体现，使她的画显得气韵生动、澄澈洒脱。她在用一种“中国范式”的精神表达和“西方范式”的色彩表述，来呈现当代精神的一个层面。这种努力既是坚实的，也是有效的。而且，她对语言材料的使用相当自由，并不局限于某种绘画种类的语言规范和要求，并摸索出了一条自己的道路。陈鱼发现大漆等综合材料的自然流淌特性，能够极好的将她的天然的性情抒发出来，更重要的是它能够更切近描述出女性对幸福与悲哀的复杂理解和认识，它的悦目质感能给巨大生存压力下的当代人以很好精神恢复力。

红色的主色调，其含义本身，在今天就极为观念化，但陈鱼有效地将其化入某种情绪的生发中，使“红”既保有它的现实观念意味，又充分展示出画家个体经验。使其在当代的艺术表达上始终守护着一种温情，那是女性特征艺术的鲜明例证。陈鱼的画洁净，却常常陡然生出一些暴发的力量，那是经历、命运、欲望的根。这正是她与像奥基夫那样另一种具有极强女性特质的画家的区别。陈鱼宽和，奥基夫尖锐；陈鱼自然，奥基夫强力；陈鱼暧昧，奥基夫神秘。

陈鱼抽象绘画的主题主要有两部分：花非花系列和山水系列。而实际上所谓“非”意味着一种抽象的体悟，既是表象上的抽象，也是表达的“似与不似之间”的抽象，既是明示，也是隐喻。正是由于这多层矛盾的抽象视觉，及心理关系造就了陈鱼绘画的多重色彩。花属女性，盛开属于她们，但同时那种极度的灿烂之下，总有一种不可言喻的东西在起着奇异的作用，因为，凋零也属于她们，枯萎也属于她们。那是“一事物，一系列事物或一个环境的基本特质。”（内森·卡波特·黑尔《艺术与自然中的抽象》）所以，陈鱼的花在其意义上并非确在的实物，而是某种情感的替身。加上本身抽象语言材料的形式美感，一切都处于一种欲说还休的女性的氤氲气氛下。而陈鱼的山水系列虽然从形态和色系上有了很大的变化，但其精神内核与基本语式都是相对稳定的，因此，其给观者的感受仍是既神秘又优雅的磅礴而细腻的浓郁气息。

“放松到一种自然忘我的状态，更可以接近‘梦一样的语言’，表达自由、自然，潜意识流动、以及灵光一现地出彩。”这是画家陈鱼在描述她绘画时全身心展开、投入的情景，“它是美的、融化的、愉悦的。”它不仅仅成为陈鱼绘画的一个基点，而且还成为陈鱼生活的一线微光。毋庸置疑，陈鱼属于那种从心灵内部出发的画家，有时候那就是从艺术的本真出发，这正是一个独立艺术家必然的要求和愿望。在这种要求和愿望下，画家陈鱼构建了她丰腴的词语脉络和情感微光。那眩目的微光，对陈鱼而言，可能就是她绘画的诗歌。

张照会

一路奔跑

文/ 陈晓峰

摘录：照会的油画直接触入了生命力中最为坚韧的那部分。她用大结构式的造型与一拼到底顽强的色彩想象力，冒险似的直达藏匿在植物表里深处的生命。

简单的说，这点就是这位女性艺术家在艺术上的全部实践。她用油画的形式精练地揭示与提升了本属于看不见的生命。

张照会作品

照会的油画作品，给予了人们体验厚重生命喷然勃发的血性冲动。画面聚集的视觉与人们心里深处普遍存在的对生命的默想形成了强烈的感应，一时令人难以忘怀。

照会的油画作品，一再地表现了来自生命最干净的那份受到重重压抑与遏止的渴望与冲动。同时，她非凡的绘画才情，

叶有良作品

使她的作品能够让人回味有余。

无论是从《太阳转》、《仙人掌》、《天堂》、《向日葵》，抑或是《生灵之园》等等组画作品中，你会强烈的感受到画家对生命中最坚韧部分的述说；你会看到艺术家与自然生命进行了激烈的心灵交流留下的纯粹艺术形式；你会感悟到平凡人生的某种艰辛却又不失奋斗的经历。

叶有良个展

策展人：田军

展览时间：2008年8月2日——8月22日

展览地点：田艺术空间

主办单位：北京田艺术空间

协办单位：北京黑桥美术馆、北京视宽融通空间艺术有限公司、上海香地艺术中心

叶有良，与平谷的山水有缘；从邯郸学步的地方出发，走了许多地方；把小半生的"人生积累"带到平谷来"反刍"的时候，那个叫"雕窝"的地方为他于雕鹏之侧腾出一块空间。

叶有良在这儿，把整个生命"反刍"成诡异斑斓的形色，喷涌出来让你看。看过的第一感觉是什么？是不是惊讶？是不是震颤？惊讶震颤之后是不是一种绝底的畅快与折服？

这不是油画吗？这不是版画吗？这不是最神奇、最灵动、最轻盈、最沉重的油画与版画艺术吗？

喜欢风花雪月的，您别到叶有良的展室来。这里所张扬的，是对生命的关注，是对世界的思索，是对人类社会进程中许许多多事件的抽象。他的每一幅作品，都不让你轻松。看看他对"绿色"的呼唤，看看他对世事的洞察，看看他对丑恶的鞭挞，看看他对美妙的吟咏。你能感觉到一颗"上帝之心"的狂跳吗？金钢怒目的里面，其实是菩萨低眉的一副柔肠啊！

对艺术的真谛感兴趣的，请您到叶有良的展室来。这里体现的，是极端，是个性，是笔墨中的这一个，是让人对艺术产生一种特别感动的地方。

叶有良已经是一位成了大名且具有影响深远的大画家了！

叶有良把他的"个展"主题定名为"天亮之前"，是对自

己“超现实”风格的一种自信吗？

乡间的黎明太温馨，容易让人慵懒。或者应该有一只为我们叫叫早儿的鸡或一位叫叫早儿的人吧！

莫扎特当年评价贝多芬说：请注意这个年轻人，他将震撼整个世界！我拿来说给叶有良！（文/刘廷海）

幸福+幸福的旁边

策展人：赵默

展览时间：2008年8月2日——12月2日

参展艺术家：

《幸福》：李琳瑛 何必 何刚伟 文鹏 郑旭东 张同帅 郭俊贤

《幸福的旁边》：邓英 黄志琼 胡艳 刘旭东 马修 亓文章 谭海山 邢波 王海涛 杨心广 张震宇 周丽

展览地点：小堡驿站艺术中心

展览推荐艺术家：亓文章

亓文章

1981年出生于山东莱芜

展览

2002 世方艺术中心群展 世方艺术中心，北京

2003 上海艺术博览会，上海

2004 米兰画廊开幕展 米兰画廊，武汉

2005 “在山之水” 油画展 哈特艺术沙龙，北京

宋庄艺术节，北京

2006 80年代艺术家群展 798蓝艺术中心，北京

亓文章、曹喜丰作品展 茶马古道餐厅，北京

“新动力” 中国北京邀请展 壹美术馆，北京

中国当代艺术展 弗雷罗画廊，尼斯·法国

“暖冬” 当代艺术展 798艺术场地，北京

2007 “有些不同的画” 亓文章、袁克华作品展 壹空间画廊，北京

亓文章作品

上海艺术博览会国际当代艺术展 上海展览中心，上海

“Art北京” 农业展览馆，北京

“无主题”绘画联展 虹湾国际艺术中心，北京

“早安2008” 壹空间画廊，北京

“空”——中国当代艺术展

展览时间：2008年8月6日——9月6日

展览地点：苏蒙画廊

“天地静观”——三人联展

策展人：赵欣歌 李静

展览时间：2008年8月8日——8月25日

展览地点：当代写实美术馆

参展艺术家：安佑十、道·苏依拉图（刘海军）、徐亚奇

主办单位：中国艺术研究院通州校区

承办单位：当代写实美术馆

“心斋”——龙德轩当代艺术中心开幕展

策展人：廖雯

展览时间：2008年8月15日——9月30日

展览地点：龙德轩艺术中心

参展艺术家：伊德尔、南溪、马嫵泠、伊灵、萧昱、徐若涛、易鹤达、鲁一凡、李洁、边红

“恐慌的俯视”——王南飞个展

策 展 人： 王南溟

展览时间： 2008年8月16日——9月15日

展览地点： 北京虹湾艺术馆

董焱个人作品展

策展人：张翅

展览时间：2008年8月23日——2008年9月7日

展览地点：北京宋庄上上美术馆境界画廊

周兆明、赵本昌、张瑜水墨劲作三人展

策展人：李静

展览时间：2008年8月28日——9月11日

展览地点：当代写实美术馆

2008中国宋庄当代艺术展

策展人：李光林

展览时间：2008年9月2日——10月30日

展览地点:中国宋庄8号艺术园区

参展艺术家:安堃 白新城 班学俭 陈剑锋 陈秋池 陈鱼 单智 董青源 窦金军 戈溢 关键 关森 郭庆丰 韩斯 韩卫东 韩旭成 何宏伟 侯丽梅 华继明 黄京哲 贾励 姜进 康羽 李刚 李光林 李凯亮 李姝青 李勇哲男 李藻华 林春岩 刘枫华 刘勇 刘港顺 刘海舟 刘吉第 刘路喜 刘桐 刘毅 鲁一凡 鹿林 吕贯刚 吕上 吕顺 罗辉 罗巍 马野 马越 片山 冉令欣 索秀 谭洁 唐建英 天兵 王宏峥 王耀华 卫保刚 魏超 吴德武 吴雪 武海龙 肖千 谢仁辉 邢波 徐也秀 杨树 姚峰 伊灵 于生文 张成 张建俊 张军 张伦 赵光臣 赵险峰 赵涠 卓晓光 宋广袤 李金洋 易明豪 李卫明 任重远

展览推荐艺术家：任重远、武海龙

任重远作品

任重远

山东青岛人 75年生于青海循化

现住宋庄大兴庄

2008年

《99个帐篷99个梦想2008左右艺术区国际艺术节》 宋庄左右艺术区

《生活在宋庄——宋庄艺术家群落田野调查展之三》 宋庄美术馆

《2008中国宋庄当代艺术展》 宋庄

《宋庄艺术节——生存现场》 宋庄上上美术馆

武海龙作品

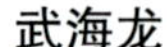

武海龙

宋庄是近年来中国乃至世界的一个热点，尤其是对于和艺术沾边的人来说。我就是在这种热点中于2003年来到宋庄的，那时的艺术家不是很多，都单纯生活在各自的原始创作状态中，我也一样寻找自己独特的语言和表达方式。从对传统文化图像的关注到对当代艺术文化话语的挖掘，我在表现手法上，按照自己的创作语言需要，并尽力使语言和内容锲合，我给画面营造了一个虚构的东西方艺术巧妙结合点。

我的代表作《经典记忆》系列，是我对于观念意义上经常思考的一个问题。画面主体人物吸收了中国现代样板经典芭蕾《红色娘子军和白毛女》的风格，这种主体形象往往一目难忘，让人去联想西方古典的高雅艺术与中国文革时期样板戏文化不同的交融，构成了一幅独特画面，展示出几种不同的生命样态和艺术世界。同时又是一种背景文化以点代面的折射。

我希望我的作品能在审美和趣味上给观众以启发并让观众从中感受一种视觉冲击，这种冲击力在于一种视觉空间自由在构成的表现主义，其表现最狂放和无边际的一种内心冲动状态，一种内心对理性和感性的思考。画面不仅仅只是运用各种嫁接相铺的形态（可爱 滑稽和怀旧）的情绪，并且还通过运用近现代中国经典艺术的风格表现特定的生存状态及生存体验的理解。即强调历史与文化的重组，而且还在于寻求一种真与虚构的对立统一的关系，从而实现在某种艺术的表现方式作用下，获得一种全新的视觉感受与升华。（文/武海龙）

“莲花系列”——罗伯特·劳申伯格作品展

展览时间：2008年9月6日—— 10月26日

展览地点：大风画廊

“童话、寓言”——王建明/王佩作品展

策展人：印炳国(IN,BYUNG KUK)

展览期间：2008年9月20日——10月20日

展览地点：Gallery Red-Art Beijing （ 北京 宋庄）

主办单位：北京洋红艺术文化交流公司 (中国 宋庄) 、Red-Art Company （ 韩国 首尔）

梁建平当代水墨展

展览时间：2008年9月25日——10月25日

展览地点：茗墨塘画廊

大家评说“梁建平水墨艺术”

摘录：刘骁纯（中国艺术研究院研究员、美术评论家）：以半抽象的表现性绘画实行佛艺双修，是梁建平的大胆之处，也是梁建平的独到之处。《苍生系列》中的众生只是个符号，它抽支张三李四的具体性，甚至也抽支了你我他、官与民、富与贫、男与女、僧与凡等类性，只剩下一个个反复出现的、若有若无的、抽象化的人的象形符号。这是因为艺术家所关注的不是具体人而是“众生”这个宗教要领。无论是单个的人形符号，还是人形符号黑压压大量重复、堆积、挤压、扭结的整体意象，都不给人以愉悦而是给人以痛感、苦感、涩感、压迫感，就像是一曲大悲咒。

梁建平

徐虹(中国美术馆理论研究部副主任、美术评论家)：梁建平的作品很有特质，非常理性，他的构图非常精细，是一个很到位的艺术家。传统的绘画，使我们看到画面是很静止的、非常稳定的一种构图，但梁建平的那个圆形构图体现的是一种动的感觉。新的体验造成了梁建平艺术既有传统的那种绣润和苍茫结合的笔墨，而他的图像又是非常现代的。在他作品里面近距离和远距离、客观和主观的搭配是有意为之的。在传统与现代的这种结合过程中，梁建平作出了自己的回答，梁建平在走向黄河源头寻找他的精神寄托的时候，他已经把传统中有生命力的有活力的而且能跟今天的人们感情线合起来的那部分东西找到了，而且通过他的方式表达了出来。

水天中（中国艺术研究院美术研究所原所长、美术评论家）：我比较欣赏梁建平对佛的信仰和研究与他的绘画的结合方式。梁建平曾跋涉至黄河源头，看来他对佛学的接受不仅仅是停留在符号的、词语的或生活习惯上，还有身心方面的精修苦练。他所受到的专业教育，支撑着他现在的绘画面貌。李叔同这样一个高僧，一旦进入艺术创作，仍然不能抛弃艺术创作本身的绘画同样有意义。既然选择了这条道路，既要学佛，又

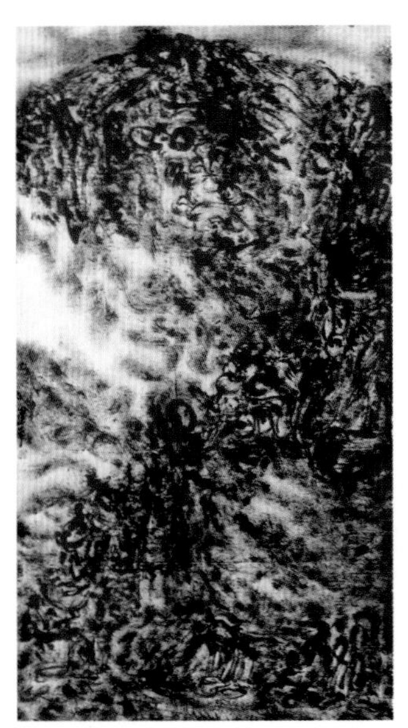
梁建平作品

要从事绘画，我希望他能在几个方面兼收并蓄，在当代绘画领域开辟一个新的天地。

殷双喜（《美术研究》副主编、美术评论家）：梁建平的画不是那种流派意义上的实验水墨，他的特点和实验水墨的区别在于他是综合性的，这正是传统国画所讲究的全面性的发展。从罗平安等具有革新精神的传统中国画家到更为年轻的实验水墨画家之间，梁建平及其他一些画家的作品因为坚守笔墨特质继承性大于断裂性，从而完成了一个过渡和衔接。他在笔墨色彩和图式甚至符号方面是一个综合性的变化，在《苍生系列》水墨作品里面，人物变成了一种符号，表达了一种主观的内心意象；用笔则是层层叠加，见笔见骨，总而言之画得很成熟，气很壮，而且有底气，而画家所具有的平常心，在这个时代也是非常珍贵的。

何宏伟个展

策展人：栾婉荷

展览时间：2008年10月1日——11月6日

展览地点：和艺术画廊

水墨演义第一回展

展览时间：2008年10月 16日——2009年06月

展览地点：北京当代艺术馆

参展艺术家：刘国松 萧勤 仇德树 谷文达 徐冰 王天德 廣曜 蓝正辉 秦风

“超验100%”—— 十年宋庄艺术精粹展

策展人：杨大味

展览地点：嫘苑画廊（宋庄小堡10号）

展览时间：2008年10月18日——-11月26日

参展艺术家：杨少斌 杨大味 高惠君 庞永杰 姚俊忠 张东红 伊灵 华继明 马野 索探 陈秋池 单智 赵光臣 刘丽 洪帆 龄子 王红 杨春白雪 朱晔 李磊 陈鱼 班学俭 池益忻 花歌 林治泯

主办单位：北京佰富苑投资顾问有限公司

展览推荐艺术家：张东红

张东红作品

张东红

1967　生于吉林白山

1992　毕业于吉林艺术学院美术系

1995　在北京建立艺术工作室

现任吉林艺术学院艺术研究院 院长

展览

2007　当代艺术三人展　今日美术馆

何去何从　当代艺术展　香港大学美术馆　香港

“人，社会，自然”　当代雕塑展　中国宋庄

‘美丽，欲望与消失’　当代艺术展　北京 Space DA

“山水有清音”　当代艺术展　北京７９８

当代亚太艺术展　德国柏林

宋庄一代　中国宋庄A区美术馆

艺术连接　中国宋庄中坝河艺术中心

“打扫旮旯”－当代艺术展　北京798第五元素

韩国光州国际艺术展　韩国光州

艺术—China当代艺术展　奥地利

2008　“中国情境”当代艺术展　北京

中韩艺术家精锐展　韩国首尔美术馆

当代艺术作品展　中国宋庄

2008当代艺术展　中国宋庄

非常08.08.08.cn　北京

中国红十人当代艺术展　北京

圆明园到宋庄系列主题展—超验100％　中国宋庄

“心”画·画“心”——李金洋稚拙油画展

策 展 人：院儿

展览时间:2008年10月16日——11月30日

展览地点：伯·铂当代画廊

“艺术节点”——五人当代油画展

策 展 人：钱洪伟

展览日期：2008年10月18日——11月18日

展览地点：中国宋庄小堡南街68号

主办单位：边之界艺术空间

协办单位：北京边之界动画公司

“忆江南”——董欣宾启示录

展览时间：2008年10月19日——12月31日

展览地点：北京宋庄美术馆

2008’第2届宋庄当代艺术邀请展

策展人：沉 沙

展览时间：2008年10月24日——11月20日

展览地点：当代艺术文献馆、抱一斋

参展艺术家：洪 耀（台北） 李二平（美国） 周智慧 何宏伟 田流沙 李娃克 王金钟 常 晋 杨 红 苏力德 沉 沙 张 海

主办单位：当代艺术文献馆 、世界华人诗书画研究院 抱一斋

“两台半戏”——中韩八位女艺联展

策展人：印炳国

展览时间：2008年10月24日——11月14日

展览地点：Gallery Red-Art Beijing / 宋庄

参展艺术家：中国：邓 英 周 丽 黄 璟 王南飞

韩国：李允钟 朴英稀 金珉秀 梁垧珉

“存在·问答”—— 当代艺术家联展

开幕时间：2008年10月25日

展览地点：北京吉祥伯乐画廊

参展艺术家：片山 张谷 唐涛 罗艺 张晓红 索秀 刘桐 胡军强 大龙 潘殿起 徐也秀 张小华 武孟春 刘勃麟 马野 苏志强 谢澜涛 朱炎 高旋 万军

“有限的距离”——当代艺术展

策展人：茅小浪

展览时间：2008年10月25日——2009年1月25日

开幕时间：2008年10月25日 下午2：00

展览地点：龙德轩当代艺术中心2号展厅

“权变”——宋庄第四届艺术节邀请展

策 展 人：田军

展览时间： 2008年10月25日——2009年11月25日

展览地点：宋庄艺术工厂区61号田艺术空间

参展艺术家：刘保民 李继森 何秉华 吴德武 韩旭成 吕顺 戈溢 苏梓寒 张建俊 房辉 鹿林 池溢圻 伊灵 陈鱼 尹俊 尹坤 邢波 王强 赵光臣 朴光燮

沉淀

展览时间：2008年10月25日——11月25日

展览地点：玩 艺术空间

“足迹”——小堡画家村国防工事艺术区首届开放展

展览时间：2008年10月25日——11月25日

展览地点：北京通州区宋庄镇小堡村国防工事艺术区

主办单位：北京泰丰龙门物业管理有限公司

协办单位：小堡画家村

“静者静动”——当代抽象艺术大展

展览时间：2008年10月25日——11月25日

展览地点：北京虹湾艺术馆

参展艺术家：陈鱼、崔广平、杜撼、顾荣恒、黄筝、孔德林、何宏伟、鲁一凡、李卫明、李藻华、鹿林、秦风、日出、上山、盛东、孙涛、索秀、唐涛、万里雅、王俊标、韦晓天、徐蓟、姚峰、雨夫、游浩、伊灵、张啸天、朱神光、周洋明

猎艺行动

展览时间：2008年10月25日——12月14日

展览地点：小堡驿站艺术中心

主办单位：宋庄艺术促进会　　小堡画家村　　北京市小堡驿站文化艺术有限责任公司

承办单位：小堡驿站艺术中心

岁月世象

展览时间：2008年10月25——11月18日

展览地点：林雅轩画廊

参展艺术家：白新城、何学升、刘枫华、王志平、雨夫、张起田、王凤霞、叶红、王继先、郑传授、詹二峰、郭金逸、蓝犁、野雪、张庆嘉、阿里、王浩

展览推荐艺术家：蓝犁

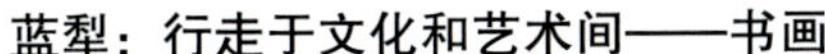

蓝犁：行走于文化和艺术间——书画

文/陈裕亮

蓝犁（左）与文怀沙

摘录：人生因磨砺而丰富多彩，而蓝犁对于生活的体悟是深刻的，所以他懂得如何用心去谱曲、作文甚至是画画，所以他也就一次次登上领奖台。1972年的中国，到处是一片红海洋，文革所弥漫的狂热思潮席卷了神州大地，蓝犁的文艺才华在这种氛围的刺激下得以发挥。深受母亲影响的他，作了一曲合唱歌曲《种葵花》，荣获中央8部委颁发的国家三等奖，此曲还入选《战地新歌》续集，制成密纹唱片全球发行。应该说，蓝犁牛刀小试而一跃成名，在接下去的几年里，他为歌舞《粉碎四人帮》作词、作曲，还有《星星，快睁开你闪亮的眼睛》等创作为他赢得了一个个荣誉。直至他担任湖北社会科学杂志社编审、副主编，他在文学界已是声名显赫。

然而，幸运的蓝犁不但得到汤文选的亲自点播，他更是被国学大师文怀沙所青睐，并于去年收他为学生。在一次文化沙龙中，蓝犁和作家、电影导演、画家等七人在一块，导演喜欢蓝犁的一幅画，他送过来。大家正在看画，文老拄了个拐杖进来，看到画后说“太美了，超现代主义，开了一代画风”。

蓝犁尴尬地说："文老，我明天去看你"，第二天蓝犁带了八幅美女画过去，文老看了以后，刚好有人打电话过来，他大声地说："太美了，我这边来了八个美女，而且一个比一个美"……从那以后，蓝犁每月去见文老一次，他们成了亲密朋友。文老曾经这样对蓝犁说，你是我的心腹。2007年，文老在他的生日宴会上说："蓝犁是我的学生"。去年六月，文老、冯今松和蓝犁共同举办了艺术精品巡展，取名为"传统与当代的对话"，取得很好的效果。别人曾经问蓝犁，你是跟文怀沙学书法吗？蓝犁说："我还没研究文老的书法，我是跟他学为苍生奔波，文老虽爱美女，但是他是维护妇女的利益的。"

蓝犁作品

"5个房间"——心理真实

策展人：廖雯

展览时间：2008年11月09日——1月25日

参展艺术家：陈庆庆 孙国娟 王 琪 吴高钟 熊文韵

展览地点：龙德轩当代艺术中心

地址：北京市通州区宋庄文化艺术创作核心区龙德轩当代艺术中心

全国青年美术家提名展

开幕时间：2008年11月27日

展览地点：北京当代艺术馆

捻转补泄4

展览时间： 2008年12月13日——2月2日

展览地点：小堡驿站艺术中心

参展艺术家：Bradlee Hicks Friedeman Banz Giulia Bowinkel Marcel Eichner Mathieu Oliver Blum 高首嫣 刘港顺 刘军 刘旭东 刘岩 邢波 伊灵 于洋 赵默 朱冥

宋庄艺术家在外的展览和相关文献摘录

宋庄艺术家在外的展览和相关文献摘录

“易”——李津、冯峰、庆庆、蔡志松联展

展览时间：2008年3月8日——4月6日

展览地点：Dr. Gallery（DR画廊）

参展艺术家：李津、冯峰、庆庆、蔡志松

“‘两度半’空间”——冯峰当代艺术作品个展

策展人：董珈含

展览时间：2008年3月15——3月28日

展览地点：第五元素

冯峰的绘画

文/叶蓓（澳）

冯峰是一个具有诗人情怀的画家。为了要看懂他的画，我们要把它们当成是一首首的诗来阅读，就好像他们试图勾勒那些若有若无、飘渺如烟的旧日时光以及我们和它交流的方式。如同一首诗，冯峰的画并没有试图要确定或是孤立任何抽象现实的感觉或是真实的含义，但他却暗示了一个事实。

冯峰

冯峰作品

这样一来，他的作品并不是教条主义的，相反，冯峰通他的作品来创造了一个给观者读懂他们自己前尘往昔的经历。他想借他的作品作为一个我们可以用来邂逅过去，从而得知我们身份的来龙去脉的镜子。他的画试着捕获一种曾经发生过的无形，一种神秘的感觉，并且能让我们得以审视自己在其中的位置。

理论家大卫·罗温索已经为我们做了详细的注解：站在不可逃避的现在，过去就好像是一个异域国度。这是建立在爱德华·萨义德的帝国主义理论和我们对“其他”的解释，它对我们比对“其他”的现实更为接近。如果是那样，我们就永远无法知道过去。因为我们永远都无法从我们主观的现实中解脱出来，那我们又如何遭遇我们的过去，我们又如何找到一些去体会它的方法，就好像它曾经存在过？冯峰不把过去看做是一个实在的整体，更多的是看成一个转变的积累过程：现在变为过

去。冯峰将过去看成是对记忆和它本身的呼唤。他对个体的主观性和我们与现在短暂的关联更感兴趣，因为过去的含义正是在这里，在这一刻它才有了意义。

这可以被视作是一种层叠效果来完整冯峰的作品。他有时候会用上几十层和多种不为他人所知的原料在他的画面中来达到他所想要的色彩。作为一个艺术家，冯峰对颜色的运用充满了热情。对他来说，色彩是一种灵魂。好比某种特定的气味能带来特定的回忆，同样的，特定的色彩也能有着或与文化内涵、或与个人回忆的特定关联。

冯峰的画和历史不谋而合。当我们回顾过去之时同样也是透过一层又一层的感受和记忆。凝固在了短暂的现实空间，仿佛找到了真实的自己，这是唯一的观察历史的方法。我们无法走进画中，进入到那层层叠叠的世界里去。但我们却可以在画外面观察，就像站在通往过去世界的大门外轻叩门环。对这些层次元素的运用所形成的画中世界别有洞天的视觉效果，就好似层叠的媒材和画中的色彩一起创造出了另一种孤立中的部分视觉效果。冯峰在他的作品中所尝试的正是这种跨越。

冯峰的艺术和思想在中国现代艺术世界中是独特的，他敢于发问时间的本性和历史，人性和人文，以及这一切的一切是如何发生的。柔美且富于激情，响亮且深沉，热烈且平和。

理解了冯峰的作品就理解了我们自己。

“一个人的风景”——饶松青作品展

时间:2008年4月5日——6月4日

展览地点：仁艺术中心

饶松青

自言自语——独自的旅行者

文/饶松青

如果这个世界说话的人太多，聆听的人太少，那么我选择自言自语。这样我可以不用隐藏也不必修饰。因为惟有自己能给予自己最大限度的宽容。艺术的潮流也许与我有关，也许与我无关。因为它无处不在，隐匿于我的日常生活中已无可查询。世界上能讲明白的道理很多，但我只接受符合我趣味的东西，因为本能的喜好，并非通过理性思考才可以决定。这也使我的艺术创作，首先以自我满足作为原则，能否触动别人，那取决于我们是否同类。我以微观的方式来把握自己的情感变化。因为它无须过于庞杂的理论支持而更靠近人性。尽管我们拥有同样的世界，但个体的差异却如此丰富。许多人习惯谈论大的历史，以及大背景下趋同的境遇。事实上在最糟糕的时代也有人辉煌，最幸运的时代也有人没落。笼统的谈论历史反而会使它抽象，局部探询个体的境遇，反而使它具体，尽管庞杂但有意义。

饶松青作品

事实上，我个人认为历史的转折取决于个人动机的变化，而这个抠动扳机的人是无数个人动机偶然达成一致的结果。这也使我时常感到历史必然性中荒诞的一面。因此，我们经常在不可返回的历史面前提出很多假设，因为，任何一种假设发生，历史可能改写。

当代艺术对技术层面的变革过于依赖，这是科学精神对艺术指导的延续。我们以征服的姿态占据各种可能的传播与感知领域。在这场竞争角逐中唯一遗忘的是静下心来体察自身，不断修整和弥补人性的缺失。似乎每个艺术家都认为自己的创造能给予社会一个奇迹，事实上社会是人类共生所产生的结果，它是所有个人动机达到相对平衡的一种形态。好的艺术是以个人的立场相互制衡而不是失衡。因此，从不存在某种绝对优势的思潮，那不过是维持平衡所随机选择的结果。

我曾到朋友王音家做客。谈到他所敬佩的前辈艺术家颜文梁。我理解他的谈话意图，这里他撇开了颜文梁先生艺术创作中技术性层面的问题，直入问题的核心——颜先生在怎样的环境下坚持怎样的艺术。这使我们对艺术的评价直接上升到对人格的评价。同时也使我想到另一文学大家沈从文先生，很显然他们都不属于1949年后中国文化主流中的一份子，但他们以艺术家自主性原则去坚守自己的文化立场。在他们身上我虽然没有看到大潮流的激情，却更深层次的感受到他们人性的光辉。

在艺术创作上，我习惯对客观事物进入主观描述，这一点在我作品中传达的十分清楚。这是一种十分传统的表达方式。我很乐意延续这种传统。在语言形式上，我迷恋东方意象美学的传统，借景生情是假托物象来对生存境域的转述，对客观物象的主观抽离，来达成心里暗示的沟通与共鸣。我看过一部电影《雾中的风景》，如果那棵在雾中若隐若现的树，暗示着人生假定的目标，那么它是存在而不确定的。但在我内心中的风景，杂乱无章的表象下，隐藏着某种秩序。生命的旅程没有绝对的目标，惟有隐约可寻的方向，这里没有结果，唯一能告诉你的是我正在路上。

“返身三次方”——庞永杰、张淳、马珂联展

策展人：时斌

展览时间：2008年4月12 日—— 5月16

展览地点：夸克美景艺术空间

“涩·色”——当代女性艺术邀请展

策展人：杨大味

展览时间：2008年4月12日——年4月28日

展览地点：ART概艺术空间（798）大库艺术区

参展艺术家：刘丽 洪帆 李雳 黄璟 李磊 杨春白雪 吴雪 朱晔 龄子 王红 姜靖 郎小杞 李姝青 邓英

主办单位：北京偶当代艺术空间 ART概艺术空间（798）

“新界面Ⅳ”——春天来了

展览时间：2008年4月13 日——2008年5月16 日

展览地点：上海红桥画廊

参展艺术家：刘炜、毛旭辉、唐志冈、王兴伟、叶永青、周春芽、曾梵志、陈可、方舟、何伟、黄宇兴、梁彬彬、李储会、林国成、娄申义、破水、尚一心、史新骥、舒杨、汤炀、王光乐、许珂、张晋熙

“早春图”——夏小万新作展

策展人：巫鸿

展览时间：2008年4月23日——5月5日

展览地点：今日美术馆1号馆2层展厅

主办单位：今日美术馆

协办单位：北京AYE画廊

早春图——夏小万新作展览海报

“朝圣之路”——李光林个人油画展

策展人：蒋伟

展览时间：2008年4月26日—5月25日

展览地点：光辉岁月当代艺术中心

朝圣之路——李光林个人油画展海报

“都市症候群”——中国当代艺术群展

展览时间： 2008年5月4日—5月13日

展览地点：上海多伦现代美术馆

参展艺术家：尹坤、石冲、张念、杨千、陈志光、杨国辛、赵能智、忻海洲、张谧诠、付泓、黄汉成、徐文涛、侯庆、徐晖

“走进纽约”——中国当代艺术家邀请展

策展人：李铁军

展览时间：2008年5月20日——5月27日

展览地点：纽约曼哈顿亚洲文化中心

参展艺术家：原国镭、索探、徐微强、吴国英、马野、马延红、华继明、齐文清、赵光臣、袁野、刘剑霞、李志强、薛昌河、赵燕峰、林中秀、索秀、胡军强、洪帆、楼思佳、明丽华、邢波、刘菁华、刘桐

“大喇叭”——胡军强作品展

展览时间： 2008年6月7日—6月19日

展览地点：不同空间

“殇”——师若个人作品展

展览时间： 2008年6月7日—8月5日

展览地点：仁艺术中心

中日名家版画展

展览时间：2008年6月14日——7月20日

展览地点：北京市朝阳区酒仙桥751老炉演艺区红色空间

参展艺术家：刘野、方力钧、岳敏君、杨少斌、尹齐、张

晓刚、曾梵志、王广义、谭平、苏新平、宋永红、许仲敏、杨越、西泽千晴(Chiharu Nishizawa)、高野绫(Takano Aya)、青岛千穗(Chiho Aoshima)、村上(Takashi Murakami)

艺术史中的艺术家

策展人：吕澎

时间： 2008年6月15日—7月20日

展览地点：北京圣之空间艺术中心

参展艺术家：方力钧、洪磊、黄锐、何森、李路明、刘小东、毛旭辉、潘德海、宋永红、唐志冈、王川、王广义、王友身、岳敏君、叶永青、尹朝阳、周春芽、曾梵志、曾浩、赵能智、展望、张晓刚、张羽

展览推荐艺术家：方力钧、岳敏君

方力钧: 就是没特征的时候, 我还是有特征

来源/《胡润百富》

方力钧作品

他是艺术圈声名远播的“四大天王”之一，也是中国当代顶级艺术家。他对所有榜单嗤之以鼻，并讨厌给出任何标准答案，认为树立标准，只会伤害到人类存在的丰富性或个人幸福感，简直愚蠢可恨之极。他不太清楚全球化，可是讨厌这个东西，地球铁板一块就太可怕了。说到自己，他笑言有分裂症。这个人有良心，也真心忧虑，他基本上不直接回答问题，给出的都是貌似离题万里又暗暗扣题的回答。方力钧很悲观，很愤青，也很温暖。

所有人都能成为艺术家

艺术家，是最幸运的一帮人！只有艺术家，他可以职业性的宣扬生命是不可替代的。

基本上各种职业，理论上来讲都是可以被代替的，如果要是说一个电镀机器能够更准确更有效更廉价的话呢，大家可能要舍弃人而去用机器。

那么艺术家呢？他正好是脱离开所有这一切，他可以公然宣称这个生命的个体是最宝贵的，是最不可以被代替的。这就

是说，在不同的社会背景，不同的时间，不同的地域，甚至不同的某一个个体，它都应该有属于它自己的艺术。因为艺术家的职业就是做这种不可替代的工作，每一个时代都会有属于自己的艺术家。所以我觉得，如果一个艺术家他真的有这样的自信心，他来做艺术应该是很简单的一件事情。

每个人都有可能成为艺术家，别想复杂了，你有你自己表达的方式，然后加上一点技术和运气，就是这样。

方力钧作品

看画，就是找出你自己的意思

看画看不懂没关系。什么意义不意义的，没那么回事儿，你就找出你自己的意思来就行，你觉得什么意思它就是什么意思。艺术创作这回事，艺术家和观众之间，打个比方说，是像螺丝帽和螺丝钉的这种关系，大家是在互相找的。这个作品其实是虚的，实际上它就是这样一个空间，跟你正好碰上了，你也喜欢它，双方就找到一致了。如果没碰上，那就是无效。

艺术家应该很坦然面对自己的失败，或者说无效工作。你可能工作了很长时间，但是人家对方呢，毫无感觉！这就是失败。其实观众也一样，你不会看到每一幅作品都心动，都去研究。有很多其实本来就是垃圾。也有一些是非常伟大的艺术品，但是对于你来讲，或者对于你现在的这一刻来讲，它就是垃圾。所以你也没有必要去上赶着弄懂，没必要觉得大家都读懂了，都觉得伟大，所以我现在一定要去读懂，一定要跟别人一样地去找个说法。

中国人讲机缘，人的一生充满了很多这种机缘，它不是一两种因素就能够凑起来的。所以在你这一生当中，你把有限的时间放在让你难受的，然后明显的让你装腔作势的这一条路，让你没有硬假装有，你把你有限的生命总是想用来作秀给别人看，这就可笑了。与其把你很珍贵的时间放在这个上面，你还不如去碰一碰其他的机缘。世界那么大，不可能面对什么东西我都很懂，我都很在行，或者都会受到别人的赞扬，这根本是胡扯。看画?也一样，不是说你看着能不能说得出来一二三四，我觉得最根本的还是你舒服，你的这种愉悦。你想作秀给人看，你就受累，但如果你说我不要作秀给别人看，我面对这件作品，我喜欢就多看两眼，我愿意待两分钟就待两分钟，愿意待两秒钟我就待两秒钟，我看这一眼我就觉得这应该立刻就走，我就立刻就走不就完了吗？那么这个时候你那种舒服，正常的状态就回来了，你就没有压力的跟艺术搭上了界。什么是好艺术？

回答这个问题，关键是什么是自己，自己是？你没有一个自己，就是说我们无论从物质上，从精神上都没有一个真实的自己。比方说一个孩子降生了，在以色列人家里长大，他就会认为巴勒斯坦人是天生的敌人，但放在巴勒斯坦人家里寄养呢，他又会以为以色列人是天生的敌人。

这说明什么？说明所有我们所认定的自我，都是后天强加给我们的。而什么是自我？这是一个根本的问题。我现在之所以呈现出来这样一种面貌，我是不得已的，我有万千种选择，但是我只能做这么一点事情。那么这是一种磨难，我也没有办法。因为我的能力有限，身体的能力，想象的能力，时间，空间，我这个个体本身就这么大。刚才说的螺丝帽和螺丝钉的关系，实际上所有的事情都是这样的，一个互相去寻找另外一个。

有的人可能天生有悟性，有的人可能靠背书，有的人可能靠锻炼，其实就跟练武术一样，练武术实际一开始都是站桩啊，或规定动作，摆姿势的。我们总认为摆姿势是秀给别人看的，一开始你看的是做的对不对，但是随着这个过程，慢慢的你有了几套组合了，师傅会怎么教你，这个如果冲鼻梁来的，你怎么样去挡开，怎么样闪躲，怎么样再回。但当你进入到真正的画境的时候，你一定是在真实生活里，而真实生活里其实一套组合也没有，因为敌人是不按谁谱出谁的。

最关键是生命和艺术品的关系。我想可能是人和疾病的关系，或者是人和排泄物，食品和排泄物的这种关系，或者是你喝水和小便的关系，它是跟随着生命状态自然而然就产生的。总之，艺术它本身是一个副产品，是一个附加值。生命本身才是主题。

方力钧作品

买什么样的艺术品？

买东西呢，每个人目的性差很多，完全不一样。有的人他就是要消耗生命，他要舒服，就像按摩一样，像谈恋爱一样。

但有的人，他就是为了吹牛，看吧，我有最贵的，还有些人是为了时髦，还有的人他就是为了表明我是谁?，还有的人就把这个当作股票来炒，他是为来赚钱。这个都还说得太笼统了，细说的话，目的多着呢。所以买艺术品，首先你得知道你是为了什么。用“舒服”这个词来谈这个话题比较合适。

我们可以去规定一切，但是当你说到舒服，任何一种规定都不能存在。你坐着或躺着的时候都会很舒服，但有一样规定说你这样舒服，那你立刻就会不舒服了。所以艺术家他本来就是万千种，无限自由当中的一种可能性，这种可能性是他最天然的最舒服的一种状态，一旦你把他规定了，这个就变成很小气了，你把这个生命固化了，那么这个生命就不成为生命了。那么这个时候生命的意义就变得非常悲惨了，就不是一个特别饱满，特别自然的那样一种状态。

那你说搞艺术，为什么就非要做行为艺术呢？我觉得做行为艺术是我无奈当中的一种选择，我也可能去做写实油??，我也可能去做陶瓷器，我也可能去做设计，我甚至可以去做文案，而因为我生命有限，所以我只能选择做行为艺术。而这个时候，这种行为艺术不只是一种行为，它是整个的生命，和整个的生命背景，是整个人类共性的平台，所以它是无限大的，而它能够反映出的作品的含量也差不多可以是无限大的。生命不固化，它就可以无限大。

说到钱，钱就是个屁

都说作品卖天价，天价对我来说就是货币。上世纪70年代，那时候农村的壮劳力赚工分，一天可能是半分钱或者一分钱，然后一年下来一个农民壮劳力他赚来的零花钱，能够拥有的现金可能有几块钱就了不得了，有时甚至一块钱都不到。70年代农村壮劳力的货币概念，基本上是以食物作为生活基本条件的。我们现在说他是极端的贫困或者极端的没有自由，但至少那个时候，他可以随便捧一口小溪里的水就着喝，他可以随便地摘一棵野草往嘴里塞，不会生病。他享受的是这个。到了上世纪80年代，我们集体的梦想是成为万元户，一个家庭一旦能成为万元户，基本上就可以觉得万代根基已定，就可以高枕无忧了。很快到了90年代，很多人一顿饭或者是一场应酬就要花掉不止一个万元户了。

就从我们这么短的历史来看，其实钱这个东西，它就是个狗屁，什么都不是！我不知道它跟人之间的关系应该怎么形容，但是我就觉得它就是个屁。假如它能够给你幸福的话，它是一个好东西，是个非常非常好的东西。但是我们看到的呢，可能更多的是因为这个屁引发了很多问题，使你自己呢变得没有时间，没有心思，甚至连美好生活的想象力都被剥夺了。所以这是见仁见智的一个问题，所以把谈论重点放在钱或者货币上头，这是最愚蠢的一件事情。当然，现在有这个机会我可以骂两句关于钱的问题，我刚才说了钱是一个屁，但是我自己放屁的时候也挺舒服的。这可能是需要你终生警惕的一个问题，如何去对待钱，它是一个最大的陷阱。

岳敏君

岳敏君作品

“天王级”画家岳敏君:从自我出发来表现社会

放在展台上的明明是一本《20世纪中国艺术史》，可标签却写着“岳各庄出土，政府工作报告等文件”；削苹果机成了“地球仪”；篮球是“通过放气使人发笑的工具”这是北京今日美术馆正在举办的“岳敏君：公元3009之考古发现”展览现场，展厅被布置成一个博物馆，常见的生活物品变成1000年后的“出土文物”。

“将来会对现在有误读，就像我们对过去有误读一样。”岳敏君说，“做这个展览就是希望人们能对历史和文化重新审视。”

“话少”、“不爱动”是岳敏君的自我评价。面对提问，他的回答抽象，且很少谈论自己。岳敏君本人已被贴了太多标签：少壮派中国政治波普艺术家、现世写实主义艺术家、“中国当代艺术F4之一”。他还曾被美国《时代周刊》评为“2007年度风云人物”；那个张着大嘴、露出一排白牙的标志性“笑脸”上过苏富比拍卖公司“亚洲当代艺术专场”拍卖图册封面。据“2009胡润艺术榜”显示，岳敏君已从去年的第五跃至第二名。

对于这些，岳敏君用“商业统计”一词来回应，“他们经常用这种方法判断，这容易让人产生误会。人们不按照自己的想法主动思考艺术作品，一看卖得贵就是好作品，便宜的就不行。”

自1991年岳敏君创作第一幅“笑脸”作品《大狂喜》起，这张笑脸已延续了18年。它的频繁出现一度被批评为“缺乏创造力、流水线生产”，“向市场屈服、向流行屈服”，但岳敏君告诉记者，“笑脸”形象会一直延续下去，变成一个电影明星式的符号，“用一个形象吸引很多人，你可以把所有想说的东西加在里面。”岳敏君说。

岳敏君作品

这次展览，岳敏君把自己的“笑脸”系列也作为调侃对象：1000年后，这些张着大嘴的“笑脸”居然被解读为“因长期饥饿形成合不拢嘴的表情”。“作品完成后已经和艺术家没什么关系了，之后一系列的解读、误读都是作品的一部分，每一种解读都是社会因素导致的。”岳敏君这样说。

策展人黄笃和旷卫认为，岳敏君这一次改变了过去浓厚的个人意识形态的叙事方式，“过去有什么问题，我们的方式是对抗或谩骂。但现在应该思考为什么会形成这样的问题，为什么会是这样的方式，应该从文化角度考虑，可能之前的方式是不对的。”岳敏君说。

在弟弟岳小军眼中，岳敏君是个“能够坚持和忍耐的人”。当年岳敏君和方力钧刚从圆明园搬到宋庄时，岳小军开着父亲的面包车，帮方力钧拉东西。那时的画室像破庙一样，阴森森的，“谁能想到他们一下子这么火呢”，岳小军说。

岳敏君的一些自画像照片是由弟弟岳小军所拍摄，“前几年没有助手，让我弟弟拍更自由、随便一点。”兄弟二人单独相处时，也会对艺术领域的一些问题进行交流，“哥哥是学美术的，他对影像、构图很有研究，会对电影提出自己独到的见解。”

弟弟岳小军经常去岳敏君的画室，“他的画激发我创作剧本的灵感”。毕业于中央戏剧学院的岳小军曾参与创作《疯狂的石头》、《疯狂的赛车》等剧本，还在《疯狂的石头》中扮演毛贼“小军”一角。“我在看他画的‘迷宫’系列时，会对画中所表现的人的迷茫和无奈产生很大感触，不由自主地去构思一个故事，再把它放在剧本里。”

做职业编剧前，岳小军在西四练过摊儿，在中关村卖过复印机配件，还开过毛衣店。他参与创作的《疯狂的石头》一剧凭着“小人物生活中鸡毛蒜皮的琐事儿”和“只有中国人才能看得懂的尖锐的苦涩和略带讽刺的幽默”获得好评。

岳小军表示，他还会在今后的剧本创作中延续关于“小人物”的题材，通过这些小人物“把自己想说的话说出来，表达自己对社会、对人生的看法。

“我们都是从自我出发，通过自己的思考来表现社会。”岳敏君说，“这可能就是我们兄弟俩的共同点吧。”

“哭泣的力量”——尹俊油画展

展览时间：　2008年6月21日—7月18日

展览地点：　八大画廊（北京）

马越

“装怂就以为人民就认不出你的嘴脸了”——马越个展

策展人:董姝

展览时间：　2008年6月28日—7月31日

展览地点：Dr画廊

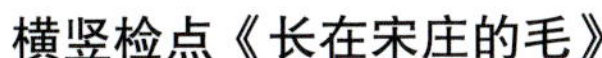

横竖检点《长在宋庄的毛》

摘录：

1.《长毛》一书，不似毛篇，胜似毛片

书名略长略拗，暂称之为《长毛》吧。

这书写得毛茸茸的。清烈的生活不失情趣，糙俗的描摹不远大道。毛已长好的人，就是熟男熟女。欲望是毛茸茸的，岂一两个“操”、“赚”字了得。马越这书不像是用电脑敲的，更像是用毛笔写的，我指的是，诸多的笔道触觉和洇染的笔墨效果。也许是画家写人状事，因职业眼光，当然有画面的气韵。更重要的是，作者对所写群体的了解，已熟稔至汗毛、腋毛以及其他毛的程度。

《长在宋庄的毛》封面

这书吸引人，夸张些说，放不下而非得看完，就像第一次看毛片。作者把那帮画家写得太有性感了。太性感不拘于性的性感，而海涵性情之感、性格之感乃至性命之感。书中时有情节，让我随之悲而痛，随之喜而纵，有时想抽里面的人，有时也想做爱里面的人，有时又想喊反动口号。

2.反映画家村的文本空白，始有所填

也不能完全说马越写宋庄是夹塞，谁让没个叫牛越或马翻的人写圆明园画家村呢。本来我等的是有谁先写出后者，甚至我等不及时干脆自己搞了“圆明园画家村访谈”的五万字，还又在去年底重访了旧址，草绘了当年村图。原画家村的房屋只剩三分之一，大部分被圈进达园宾馆和圆明园——那的地价在涨，仅存的福缘门半部也面临拆迁。据说看到宋庄因艺术家聚居而造福当地，福缘门等村的当地人物后悔当年的清理，否则哪有宋庄富甲一方的事。近代圆明园，若说有过两件事，其一是火烧圆明园，其二便是圆明园画家村。现在那里，没有一个画家，倒是有人卖火烧。

马越也有几年圆明园生活的资历，大概认为自己不算黄埔前几期的，就不宜以后来者统笔。而宋庄，他应该算先民了，故走笔勇敢不虚。这的确是填补了宋庄画家村纪事文本的空白。否则有关宋庄的书架上都是画册而无一本字书也忒不协调了。当然，一本聊胜于无，远远不够，我还期待新的。马越若有本事，请再来呀。《跪系列》乃至《爬系列》画完了，万一画才尽了，就投画笔从文笔也未尝不是谋生谋心之道。

“新风景2008”——河上·高惠君 作品展

展览时间：2008年6月28日——7月31日

展览地点：程昕东国际当代艺术空间

有画说画

有很多人问我是否酷爱古典，回答是肯定的但总觉得欠缺点什么。细究起来，我发现喜欢传统也分着很多枝杈，譬如说我喜爱传统，更多的不是能言说的东西，其中最典型的爱是：传统意味着遥远，透着神秘的遥远。我喜欢遥远，遥远在我来说适合我逃避这个混乱燥闹的现实世界；而且，遥远还最易于与神秘结缘，而我崇拜神秘。所以，我的画面里古典的味道很浓，但几乎都有魔幻的影子，说是魔幻的古典主义未尝不可。这个魔幻只是距离遥远而产生的错觉，它藏在能感觉的观者心里，在人心际的地平线之外，是可以悠荡在思绪旷野里的过去和未来。

至于山水画，我曾经说过，只有现实世界里的失意者方能从事这个事业。凡事都一帆风顺的人更适合在画面里生活，而不是像旁观者如我在内心里去用尽心思描绘一个画面：那里通

高惠君作品

常不是我真正的生活而只是我所思所想的境界。还有一点，山水画在中国绘画里是如此的重要，又与中国人的避世思维如此密不可分，所以任何人对它做出点贡献都会赢得后人的尊重。至于有人说我的山水画因为不是用纸与墨而画便不承认其为山水画，我认为不值得辩驳。譬如，音乐里盛行于世界的名曲茉莉花和梁柱，在早先都是高胡一类的民族乐器演奏，究是没有小提琴协奏曲更能打动人。请记住那曲调并没有变，精神里的东西也就是旋律还是中国人的。我的新山水画虽然材料有异，性质如我所说音乐之比较。面貌有新意，继承在骨子里。那些只会拿材料说事儿的人，何等狭隘和可怜。

至于那只没有尾羽的鸟，一只丧失飞行能力的鸟，它不能控制自己的方向，还饮鸩止渴地借助于外力，就更增加了它的无助感和对世界的茫然。我针对的是中国人的文化现实，但如果从生命的角度去衡量它，同样有切实的针对性和象征意义。

最后说一点我的绘画背景，基本上是黄昏，而且多是秋天的黄昏。诗意的人（同失意的人）肯定喜爱黄昏，因为那种灿烂的短暂非常适宜感受生命的短暂；其实，真正成熟和通达的人，因为他们对人生的睿智所见，也必定喜爱黄昏。至于秋天，那就是一年当中的黄昏啊！无论我用多少词语都很难表达对秋天的溺爱，体会不尽秋花秋雪秋风秋雨秋空秋实，种种秋意的繁杂味道，言不尽意，人生如梦。

河上-高惠君

2008年5月15日星期四黄昏于小堡工作室

“好风景”——刘路喜油画个展

策展人：蒋伟

时间：2008年6月28日——7月25日

开幕时间：2008年6月28下午3点

展览地点：光辉岁月当代艺术中心

日出作品

“五彩缤纷意象无边”——日出作品展

展览时间：2008年7月1日——7月31日

展览地点：北京顺义区后沙峪镇榆阳路4号(优山美地俱乐部）发发画廊

日出绘画印象

文/张朝晖

摘录：日出的绘画格外令人着迷，她仿佛对色彩，旋律和结构有天生的敏感。 这样的天赋在她最近的泼彩系列作品中被表现得淋漓尽致。

在她的作品中，你会感到日出展现的是宇宙的各种图景，有宏观的银河，天体，黑洞，也有大地上的春华秋实，冰霜风雾，还有来自身体内部的种种想象。总之，都是有生命的，或者说是抽象的生命理念所投射出的各个细节在不同瞬间的竞相绽放。这似乎是一种东方的神秘主义哲学，如同泰格尔写《吉檀伽利》时在手头随心画下的图形。但日出是和我们生活在同一世界和时代的画家，是用视觉语言表达自己内心感受的艺术家，她的作品比起文字和诗句则更为具体和真切，仿佛周身的雾气，伸手便可以触摸， 并激起我们的发自内心深处的共鸣。

她的作品其实女性色彩是相当浓烈和醇厚的，许多画面和图景都与性爱的感觉有关。西方艺术中的女权主义被介绍到中国后，原本具有强烈主动性和挑战性的内容在中国则演变为女性对自己身体感觉和性体验的视觉揭示，剔除了暴力色彩，而增加了自我宣泄的，性陶醉和自恋的因素，这种女性主义式的表达与社会的发展，以及其他领域的女性解放内容构成同步发展的态势。比较而言，日出的"女性主义"作品看起来很含蓄，但骨子里的爆发力，依然相当强烈，例如《太阳亲吻黄土地》和《雨-放花》等。

对话宋庄

策展人：邱奕中

展览时间：2008年7月——-8月

展览地点：新竹市博爱街78号2楼

参展艺术家：天兵 上山

“流淌的梦”——法明绘画作品展

展览时间：2008年7月5日——7月27日

展览地点：北京爱普生影艺坊

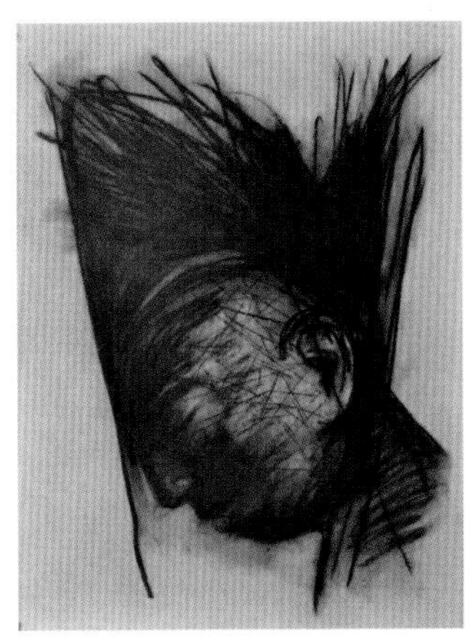

法明作品

法明

1968年出生

现居住和生活在北京

2008年6月举办在京的第一次个展《流淌的梦》

迷思的灰度和沉重的肉身

文/姜长城

摘录：初次观看法明的绘画，很容易感觉到某种超现实的意味，但是沉浸的久了就会有一些更为深层和微妙的东西浮现出来。那一个个稍具艺术家自画像影子的形体被安置在各种被极致简化的空间里，在静止冥想的状态中释放出一种神秘化的、轻灵的、反物化的信息。综观法明的作品，内里折射出的是一种自我、本我、超我缠绕的纠结和相互的观照，被纯净化和抽离化之后的自我、灵魂和外在蔓延、弥散出一种宛如实质的掺杂了解脱的快感和身体纠结的融合体。

在2007年创作的一张作品中，法明描绘了一颗蔓延、卷曲的纤细树木下两个方向相反并排横躺在水中的带翼人物，前景中的人物睁眼前望，而后面的则闭眼沉睡，在前置的倒影和后面虚化的背景中，主体人物透露出一种生命透澈的、清冷的悲怆感和性灵纤弱但富有韧度的质感，而这一切在炭笔与纸张的摩擦中，透过碳粒在纸上的铺陈和弥漫奏鸣着一种连绵的富有宽度的灰度空间乐章。

张鉴墙作品

张鉴墙个人作品展

展览时间：　2008年7月8日——8月8日

展览地点：　艺博画廊

“半梦状态”——罗根收藏品中的中国当代艺术展

策展人：杰夫·凯利

展览时间：2008年7月10日——10月5日

展览地点：旧金山现代美术馆

参展艺术家：艾未未、李松松、林天苗、王功新、刘小东、张洹、喻红、隋建国、方力钧、张晓刚、李大方、尹朝

阳、郑力、刘虹等

主办单位：旧金山现代美术馆、纽约亚洲社会画廊

“消失的现场”——王音、刘小东、秦琦作品展

展览时间：2008年7月19日——8月20日

展览地点：中国北京朝阳区安外北苑北湖渠酒厂艺术园，现场3当代艺术空间

“唤·觉”——火鉴 龚栖 周磊 当代艺术展

策 展 人： 满开慧

展览时间： 2008年7月19日——9月12日

展览地点： 3+3艺术空间

“妈的”!!!——林天苗装置作品展

展览时间：2008年7月26日——8月27日

展览地点：北京长征空间C馆

“艺术和生活纠缠”谈林天苗的艺术创作

摘录：作为一个观念艺术家，林天苗毫不掩饰她的生活体验对创作的影响。她虽然不像喻红等女性艺术家通过单纯自身的去描述一种看似没有叙事性的社会意义，但是她的很多东西还是把自己作为一种社会的人的体验去创作艺术的。在访谈中，她一再的说她的艺术只是自己的个人体验，没有站在社会的角度告诉人们什么，而且她自己一再的强调自己不是出自女性的角度去创作的，总是极力避免自己作品中的女性身份体现，但是这种避免是无力的，她的所有作品中“线”的运用本身就是很女性的。从某个意义上，她对自己女性身份之否定的坚持本身也是她的一种独特的生活态度，和她的艺术创作是分不开的。艺术创作的身份就好像一个艺术家的生命体验本身是很难从她的作品中剔除出去的，无论我们承认与否，艺术创作还是来源于生活的，生活中她就是个女性。

林天苗作品

但是每个艺术家的作品都是从自己的独特的视角出发的。林天苗就是以她细腻敏感的艺术视角来创作艺术的。对现代人

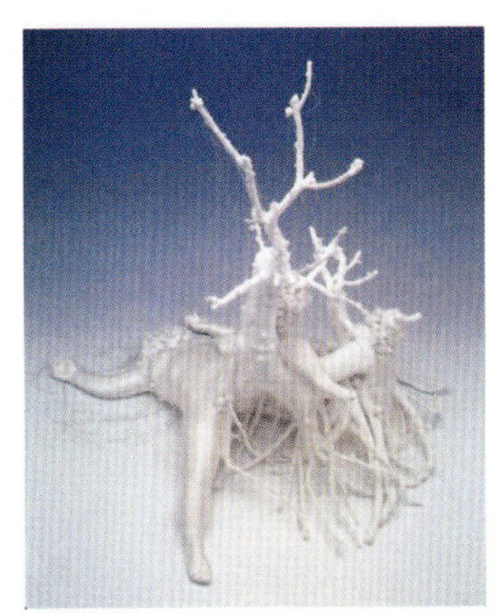
林天苗作品

习以为常的思维和行为进行了一次反动的阐述。在林天苗的访谈中，她更多的强调人与人，物与物之间的转化和人与物之间的沟通。譬如把有用的变成没有用的，简单的变成复杂的，平庸的生活就有可能发出灵性的光辉。

她的作品在形态上显现着西方的特征，但是从她的作品内涵中更多的流露着东方所特有的唯美和静谧的情绪。《GO》这件作品是她“缠绕”系列中的一个。整个作品很显然是一种幻觉中才可以存在的。以简单的形式再现了一种优美的场景，而我们再去解读的时候发现这种场景在现实中是不存在的。艺术家把自行车进行了缠绕，于是在优美的场景中阐释了一种有用到无用的转化。就是通过这种创作意图，林天苗把既有的技术功能在我们的视觉审美中变成了艺术品。在她其它的艺术中我们可以看到她很多不可能的因素假想成一种现实的可能性，假想出和谐美，这不仅是她对生活的一种批评，也是对未来生活的担忧。正如她告诉我们的，作为一个艺术家是微不足道的，很渺小的，艺术家挨只是一个偏远的社会边缘存在着，然后用自己的艺术方式来阐释自己的艺术主张和美学主张。

她以女性的纤弱的手指在自己的艺术方式上不断的缠绕，有的时候手都肿了，依然要求自己坚持下去，去完成一件艺术品。她的疲惫但是不懈的创作状态，依然体现着东方女性特有的隐忍品格。看起来任劳任怨的创作中，并没有我们想象的那么单纯，其实从她的身上我们可以看到东方女性对在家庭生活中所体现出来的那种宿命感的疲惫。

她说自己在生孩子前后的心理状态有很大的不同，生孩子后感到了一种难以言说的疲惫。《引》就是在这个时候创作的，她自己说道，这件作品的创意来源是她觉得女人生孩子后还要照顾孩子养大孩子，会消耗很多的精力，当然这不是说她不喜欢孩子，只是作为一个知识分子在当代这个压力比较大的社会环境中的一个切身的体验。青蛙的繁殖是产完就走开了，不再负责养护自己的后代。如果允许我们去追究的话，我想在她的作品里面已经体验一种东西方文化的比较。在西方，孩子成年后是独立的，老人有养老金也是独立的。但是东方的文化却是不同的。在东方文化中，养孩子的原因自古以来就是很纯粹的——养儿为防老。这应该是艺术家从美国回来后对中国传统文化的一种质疑和思考。在带着中国传统文化的质疑中，依

然象中国千百年来的女性一样，又选择了接受和忍耐，并在一种宿命感中不断的挣脱，一件件“缠绕”的艺术品就是发泄后的呈现

“个案”——艺术批评中的艺术家

策展人:朱朱

展览时间：2008年7月26日——8月31日

展览地点:北京圣之空间艺术中心

参展艺术家:曹恺、方力钧、洪磊、季大纯、李继开、李青、刘大鸿、刘小东、刘野、罗荃木、毛焰、孙良、王顼、王亚彬、翁奋、向京、徐累、岳敏君、尹朝阳、张帆、张晓刚、赵能智

杨洮样板运动之2008

展览时间：2008年7月26日——8月30日

展览地点：程昕东国际当代艺术空间

摘录一：

杨洮：两种运动在戏谑中并置

《样板运动》的成型同样具有戏剧性。2004年9月，杨洮这个名字还一文不值，为了继续支撑艺术创作，他接受了一位朋友的邀请担当了电视剧《福贵》的副美术，该电视剧根据余华小说《活着》改编，而《样板运动》的灵感就是来自这段经历，在电视剧的拍摄过程中，他来来回回地看剧本，上个世纪30-40年代再到改革开放，劳苦大众的悲苦生活和画面在他的脑海里不断闪现。当电视剧的工作完成，他的《样板运动》也于2005年3月成型。而这个时候，正好也是中国艺术市场最为活跃的一年，似乎一切机缘都向埋头创作了10多年的杨洮伸来了幸运之手。随后，宋庄的LOGO，还有放在原创博展中心里的“窍门”雕塑，都出自杨洮之手，他储蓄多年的艺术才华似乎在那些瞬间一一迸发。从此，杨洮的名字不再只是宋庄的神话。不过，不管是过去的卖得不好，还是现在的卖得好，杨洮都没有被市场所诱惑。他说，现在的艺术品价格太高了，太浮躁了。

杨洮

艺术需要沉淀的过程，艺术家需要安静的创作。所以，至今杨洮都鲜少出现在媒体之上。

杨洮作品

将描绘影像的技术延续

如果说杨洮过去黑白色调的《样板运动》给人沉重的历史感，那么今年彩色的《样板运动》则焕发出更具活力的时代感。革命的运动与体育的运动两者并置于画面，似乎敏感却有如此和谐与统一，里希特的“再现”在这里已经成为中国当代艺术的缩影，对于杨洮同样是影响深远。将照片的效果再现，并与以巧妙的替换，或许是艺术家的一种趣味、一种冷幽默。在这里艺术是绘画艺术，毋宁说是观念艺术，这是一种“再现”的现实主义批评道路。这条路杨洮还会继续下去，并深化下去。革命与奥运并置于同一画面，不禁让人会有思考，难免让人联想到敏感的话题。实际上，我们为何不换一个角度，让我们从人性本身出发，让政治就是政治，体育就是体育，人性就是人性。或许这样艺术家的作品才更令人深思。（文/杨琳）

摘录二：

杨洮这些年一直生活在离北京市区三十公里外的中国最大的艺术家聚集地——宋庄。不安定的生活，以及对艺术的不懈追求，使他生活中出现各种莫名的可能性，他重新描绘改造了“红色经典”系列，颠倒了以往人们在脑海中已有的“样式”，在“忍俊不禁”之余，艺术家试图诱惑着人们去看一部他幻想中的好莱坞中式影片。（文/程昕东）

“2D/3D”——谈判的视觉语言

策展人：巫鸿

展览时间： 2008年8月1日——9月28日

展览地点：朴敬美画廊

参展艺术家：夏小万、谭思考、洪磊、沈少民、尚扬、邱志杰、史金淞、缪晓春、沈瑞筠、蒋志、洪绍裴 、李松松

“童心”——尹坤、尹俊特别邀请展

策展人：孔文英

展览时间：2008年8月2日——8月17日

展览地点：孔画廊

主办单位：北京孔画廊

尹坤作品

倾斜面上的英雄主义——尹坤的绘画艺术

摘录：世界如此之大，充满冒险。没膝的草丛中，你和朋友们潜伏潜迈；指挥员高度警惕，拿着望远镜巡视的他等待着向敌人碉堡发起进攻的信号。首先，你是好人；其次，你也是英雄；手持刀枪，身着戎装，头戴军帽，就像毛泽东一样；而肯定的是，你将赢得最后的胜利——因为好人总是赢的！

中国的Sempe

这些英雄们可以被称为中国的Nicolas，这个法国小男孩是让-雅克-Sempe创造的，艺术家Goscinny准确的描绘了他。每天Nicolas和他的同学们都在进行着盛大的，充满吸引力的，一呼百应的冒险。读者们通过Nicolas们的眼睛，认识了10岁男孩们宏伟而渺小的生活，被孩子们成熟的应变举措所打动，所震撼，而突然顿悟成人世界里非逻辑的游戏规则。

艺术家尹坤正像Sempe和Goscinny，通过画中孩子的情景，再现了他不能忘怀的中国父母们教给孩子的故事。这些被称为“草地英雄”的故事是他的心爱。勇敢的战士向邪恶宣战，不言而喻地无可避免地争取了最终的胜利！他想为童年感受到的这种英雄的大无畏精神树碑立传，于是有了过去几年三个系列“英雄”作品：中国童话、中国宝贝、英雄。

尹俊作品

快乐地哭泣——尹俊的绘画艺术

文/尹坤

在尹俊的作品中，人物形象儿童化的处理，酣畅淋漓的哭泣转化成幽默和开心，戏谑是他对生活解读地态度．哭泣——是人类特有的急烈地情绪表达，哭——有两种原因，要么是喜及而泣；要么悲伤而哭。当婴儿呱呱坠地的第一声哭到生命走到尽头咽气时亲人的哭泣，人这一生得哭过多少回哦哭泣传达给我们的是这样的一些情绪状态：不满、不舒服、饿了、愤怒、哀伤、绝望、痛苦，以及特别地喜悦。《红楼梦》里的爱哭的颦儿，前生是泽草仙子，曾受贾宝玉前生的甘露之恩，才有这用一生的泪水回报的爱情孽缘。这贾公子得出感慨“男人是泥做地，女人是水做地”。又岂只是女人，我们所学知识告诉，人体的绝大部分是水，挤濒出的泪水虽是一小小部分，场面可是气势磅礴，可谓惊心动魄地。

在尹俊的作品里，明亮艳丽的色彩，硕大无朋的头，露出嗓子眼哭泣的大嘴，暴露的牙床上两颗可爱的兔牙，飞溅四溢的眼泪鼻涕和口水，这些都是尹俊独特的个人图式。

对于题材的选择，尹俊更多的是受他自己家庭生活地影响，哭泣的形象来自他儿子；老婆怀孕时，他创作一系列孕妇的作品，像“哭泣的孕妇”，像“回娘家”之类；尹俊的小儿子出生后，他创作了一系列婴儿的作品，像“洗澡”、“婴儿喝奶”、“婴儿和乳房”。

一个艺术家是应该把自己感兴趣的，感动自己的，让自己思考琢磨的东西，运用自己擅长手段并结合自己独特的语言表达出来，这样的作品，感动自己才可能感动观众，尹俊是这样做的，凭着他艺术天赋的本能，他做的非常好。

当代·红光亮

策展人：高岭

展览时间： 2008年8月2日——9月30日

展览地点：程昕东国际当代艺术空间（I）

参展艺术家：王广义、岳敏君、魏光庆、刘大鸿、祁志龙、俸正杰、徐一晖、常徐功、陈文令、冯梦波、汪建伟

“躁动”——叶左韬意象作品展

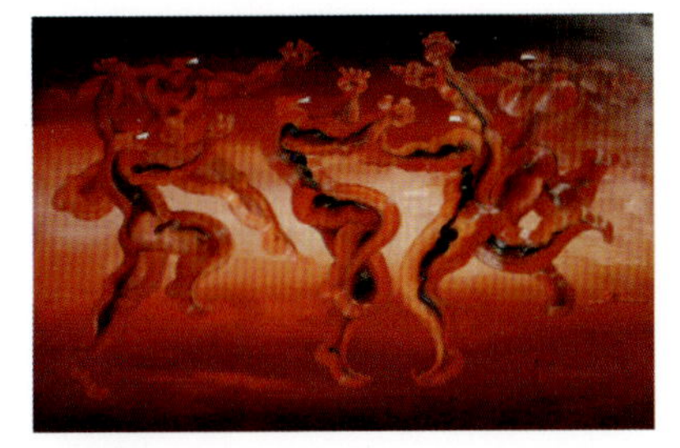

叶左韬作品

展览时间：2008年8月8日——8月22日

展览地点：中国北京市朝阳区大山子 798 艺术区内 秀画廊3层

叶左韬

1968 生于广东龙川

1989 毕业于肇庆学院美术系

2007 《意象人体——叶左韬作品展》肇庆市博物馆 广东

2008 《燥。动——叶左韬意象作品展》798秀画廊 北京

2008 《生活在宋庄》 宋庄美术馆 北京

2008 《相遇》 大麦空间 北京

2008 《生存现场》上上国际美术馆 北京

2008 《谁与争锋——刘汉军 叶左韬作品展》798art概空间 北京

“后视盲区”——杨少斌个展

策展人：卢杰

展览时间： 2008年9月4日——10月18日

展览地点：长征空间

“后视盲区”杨少斌个展海报

2004年至2006年9月的两年零九个月时间里，艺术家杨少斌与长征队伍共同深入中国河北的唐山各大小煤矿体验矿工生活，最终完成了与长征计划的合作项目—“纵深800米”。与此同时，长征计划与杨少斌已经为项目的第二期合作进行前期策划和筹备。2007年5月起，杨少斌与长征队伍在山西长治、朔州、大同等矿区深入生活，此后用一年多时间延伸到河北、东北和内蒙古等地，在实际的现场中吸取现实力量，完善项目的策划理念。

“x”光是医疗手段，利用光学原理完成对人的某种疾患的诊断，透过表层观察内部结构，由此，寻找疾病的最佳医疗方案。X同时也警示和阻止，拒绝和质疑。“后视盲区”一词则来自露天煤矿的大型运输设备“小松170”，一旦误入其前视50米，后视60米的操作盲区，将导致毁灭性后果。“X—后视盲区”项目贯穿艺术家的现实主义态度，与“纵深800米”项目所不同的是，艺术家的视野不局限于矿工生存的残酷性及社会转型期农工身份转换的情节性体察，而是以一种更为主动、主观的方式对以煤矿为生命核心的存在系统进行积极的介入和转化。如果说“纵深800米”是一次客观事件的线性描述，“X-后视盲区”则是一种主观的非线性的抽离。所谓“后视”，是历史感的追溯，是对于已经发生的和正在发生的情景之间的链接；盲区，是警示，是追问，是质疑和见证。以煤为主体的生活方式和社会组织方式，被从黑暗的地下转移到360度的地平线上，与项目

第一期“纵深800米”所附着的完全的“黑”不同，“X—后视盲区”的基调是X光片透视般的白中黑与黑中白，这种交错的互文关系贯穿于项目与艺术家、艺术家与作品，以及作品与现实之间，是反视，是猛回头，是内省，是锐利的透视，是清晰的盲点，是正反两面的置换和倒叙。“X-后视盲区”的主要现场基本离开了纵深地下的界面，它所横向聚焦的以露天煤矿为背景，跨越与煤的生产有关的多个北方省份的人文、地理、经济方式，是“纵深800米”所不曾涉及的，其所体验的不仅有高技术的超大型开采的超现实景观，也涉及了煤矿与移民、都市化、教育、地方生态与环境等微观而贴近人性的情景。另一方面，从作品的角度，我们将看到的是艺术家杨少斌更具实验性的图像学方式，曾经作为描述主体的矿工群体在“X-后视盲区”的系列作品中被“隐藏”或某种程度的“遮蔽”起来了，我们将发现的是矿工不在场式的在场。在这一X光似的显像过程中，一切都被阻隔和媒介化了，而这里的媒介是多重意义上的媒介，是与矿工的现实存在状态相关的实物体系和价值体系所构成的媒介，也是艺术家创作手法、技术上所依赖的实现途径所构成的媒介。

“My China blues”——马野个展

策展人：David Liu

展览时间:2008年9月4日--10月4日

展出地点:China Preview Gallery (美国纽约画廊区 Chelsea 511 West 25 St. New York ,NY 11001.)

刘炜作品

“我的风景”——刘炜个展

展览时间： 2008年9月10日——2008年10月16 日

展览地点：上海红桥画廊

“生活的高原”——王强作品展

策展人：黄笃

展览时间：2008年9月14日——9月18日

展览地点：今日美术馆1号馆2层展厅

从世俗欢爱到文化认同性——王强的服装作品

文／杜曦云

摘录：王强作为画家而知名，但他首先是一位耽于思辨的观念艺术家，而且他的艺术活动所涉及的领域远远不止绘画。从本意上，他甚至是厌倦绘画的，对他而言，重要的是通过一定的手段来“输出”思想。所以，即使他使用绘画手段，但也常常僭越出绘画的常规，与装置、行为等结合起来。

王强作品

1990年代后期以来，王强的作品中，最为频繁出现的是在衣服上进行的系列绘画，但这些装置意识浓厚的作品，因作者在不同语境中所思的不同，而有不同的具体文化指向。

起初，王强在时尚服装的内里中作画。他将这些在各种场合中的正装，都潜藏了一个个旨在挑逗、激发炽热肉欲的身体。这形成了一种公共形象与私密状态、文化规范与欲望身体的共时呈现。这些挑逗肉欲的身体，将某种欲盖弥彰的私密潜欲彻底袒露出来，对在文明场域中故作姿态的伪饰人格进行揭示。这种揭示，首先是对特定文明的虚伪性的质疑，虽然是以调侃的面目出现。但这种揭示也更是对泛滥或即将泛滥的享乐主义的暗示，这些竭力展示性感的女裸体，无一例外地把头部——思考的器官——排除出画面。通过衣服可以推导出：这些衣着正式而光鲜的人群，内心真正的潜欲只有肉欲，而无其它崇高、严肃的文化冲动。而这也正是1990年代兴起的消费主义文化所极力推行的享乐主义的重要内涵之一。

近期，王强开始了对服装这一文化产物本身的思考。服装的形制、样式、质料、色彩等都体现了一定的文化观念，对于选择它的人而言，一定的服装首先体现为主体的文化认同性。它提供一种可供模仿的样式来整合一定的社会群体，并将其与其他群体区分开来。认同性是主体的自我意识之体现，社会性主体的自我意识必然受到文化系统的影响。在以往的文化系统中，认同性的构建往往是比较确定的，主要涉及的是人格、素养、道德水准等内在因素，从而服装的选择也往往是单一的、变化较少的。而在消费主义文化中，消费成为中心化的行为，它所提供的建构认同性的资源和材料就是无数可供自由选择的商品-符号，而且这种商品的符号价值是频繁变化的。于是，消费主义文化中的认同性成了一种自由选择的游戏，只要选择和更换消费对象和消费方式即可——你消费什么、如何消费、你就是谁。认同性变成了表面化的、频繁更替的、多重化的、支离破碎的、互不关联的……服装也越来越多样并更替频繁。

“生活·声活”——郭金逸油画展

策展人：安圭烨（韩国）

展览时间：2008年9月19日——10月5日

展览地址：北京朝阳区画家地14号wow艺术空间/中央美术学院北门对面

“懒美人”——田流沙画展

策展人：三尚艺术中心

展览时间： 2008年9月20日——10月19日

展览地点：北京草场地三尚艺术中心

“大婚”——赵朔作品展

策展人：蒋伟

展览时间：2008年9月26日—10月26日

展览地点：北京798艺术园区798东街

主办单位：光辉岁月当代艺术中心

“王军来了”——个展

策展人：艾艾

展览日期：2008年9月28——10月30日

展览地点：北京市朝阳区酒仙桥路798艺术区4号院 伏墨艺术空间

景中之境

策展人：长风

展览时间：2008年9月28日——10月28日

展览地点：地下798艺术空间

参展艺术家：戈溢 黄岩 刘海周 罗巍 倪靖宸 舒勇 邢波 张建俊 郑冬生 卫保刚

展览推荐艺术家：张建俊、卫保刚

谈张建俊的作品

文/江铭

张建俊作品

张建俊的餐桌系列是对于中国社会日益腐败状况的隐寓性阐述。腐败是一切社会的毒瘤，也是以一切社会黑暗的、不公的、罪恶的始作俑者。中国曾经是一穷二白的国家，就在距今不远的20世纪六十年代初，中国还经历了食不果腹、民不聊生、被饥饿夺去千万人生命的灾害年代，但是仅仅不到半个世纪的时间，如今我们看到的，却到处都是浪费、挥霍的景象。

从普通百姓到政府高官，再也见不到几个人还在以勤俭节约为荣。如此现实，何以至此?这不得不引起我们的深思。我们国家现今的发展，的确改变了我们的物质基础，基本解决了温饱，但是一个忘记历史的名族是没有希望的，一个醉生梦死、挥霍无度、腐败堕落的国家其最终的结同不言而喻。历史上有多少王朝不是因为腐败、堕落而导致亡国呢?中国革命是从农民起义开始的，今天的高官显贵有几个不是当年的混腿子们的后代，可是，我们在现实的酒席宴桌所谈的却是是名牌、豪宅和美女，有谁能时刻想起当年父辈们勤勤恳恳、吃苦耐劳的情景？如今的中国是对于奢侈浪费、声色犬马的上行下效，因为我们骨子里的封建意识根本挡不住贪图享受和腐败之风的诱惑。然而，这种上行下效愈演愈烈的最后结局只有一个，那就是革命还要吃掉自己的孩子，这绝不是危言耸听。

卫保刚

卫保刚的作品是敏感而纤细的，即使他以粗犷的语言出场。他不以文化思考为主线，而是以个人化的生命感知来与画面相碰撞，萌生出独特的艺术面貌。

卫保刚作品

卫保刚的创作方向，以敏感和深度体验为主。他信笔涂抹，以高度本能性的笔法来让一个个“心象”产生和浮现，意在探寻和揭示在日常生活表层之下的真正精神状态。这些作品，首先是他个人经验的提纯；一个羸弱而坚强柔韧的孤魂。在一个没有保障、安全感可言的世界中的苦苦挣扎与寻觅，但他的作品所透露的文化认同，更是被离散化的孤独个体的怀乡与恋巢之感。在通过艺术自我表达和救赎的同时，传达出不归附于体制的人群的共同经验。灵魂在空旷苍茫的大地与天空之中飘荡与求索，悲凄与迷茫交织，但依然不离不弃地行走前进。（文／杜曦云）

《欲象》艺术展海报

“欲象”艺术展(II)

策展人：长风

展览时间：2008年10月8日—11月15日

展览地点：苏州本色美术馆

参展艺术家：陈科（装置）韩旭成 贺思恩（装置）黄文亚(图片) 廉学洺 刘海舟 刘瑾(图片) 吕顺 明可(图片) 庞宏伟(图片) 齐中华（图片 单竹兰（装置） 舒勇（图片）屠宏涛 王宝明（装置） 魏言 邢波 薛滔（装置） 杨文萍 张建俊 张兴旺（装置） 赵俊涛（装置）

“据说”——库雪明个展

展览时间：2008年10月10日—10月26日

展览地点：EM-ART画廊

群峰之上，浑然不觉

文/莫非

摘录：雪明绘画中的“头像系列”，有着石头一般的分量感。那分量感首先来自一个孤独遁世的艺术家观察历史和现实的奇异方式。

这些被挤掉了身子的“头”，仿佛就长在另一些沉思的头上。总有那么多人是没有力量思考自身和万物的。究竟是我们的身体失去了头绪，还是我们的头绪被身体放弃了？我们身处其中的宇宙，仅仅因为人的“在”，才是可以看可以想可以表达的宇宙。这样的想法如此朴素，甚至是用不着说的常识。然而在艺术家那里就不同了。雪明曾经说过：看是看不见“看”的。的确，世界总是更多留在观察者自身的死角里。倘若没有艺术的警觉和提醒，我们的四周一定是另外的情景。

这些交织在一起的头像，有着惊世骇俗的思想和视觉冲击力。它们的不同凡响或许主要不是来自画面的大尺度，而来自于不动声色的刻画与叙述。每个人都因为别的头脑在附近才是孤立无援的。每个头像都徽章似的，表达了自身的来历。他们甚至互相躲避，互相害怕。换个角度的话，这些貌似一样其实大不一样的头像，他们的神情和气息就隐藏在观众的眼神里。

不是我们看画，而是画在我们中间出声、漂浮、闪烁。

雪明是一个罕见的天真又腼腆的艺术家。他似乎只有在自己的绘画中才显得自由自在，无拘无束。也许绘画是他和世界对谈的最佳方式。他很少对自己的艺术直接发言。在他看来，所有要说的东西已经在点、线、面上都交代了。他更愿意躲避在画布后面，起草另一副巨作。惟有绘画才是他继续存在的理由。在当今中国的画家中，已经很少有他那样的画家了：只管艺术，不管其他。如果有观众问及他绘画是什么，他的回答恐怕就是：什么不是绘画？

库雪明作品

朱冥个展

展览时间： 2008年10月18日—11月26日

展览地点： 北京798艺术区的中国当代艺术画廊

朱冥个展
ZHU MING SOLO SHOW
OCTOBER 18th - NOVEMBER 26th 2008

朱冥个展海报

万力风景风情油画展

策展人：钟艺群

展览时间：2008年10月18日——10月30

展览地点：泽中画廊（北京朝阳区王四营乡观音堂文化大道50号）

主办单位：北京泽中文化发展有限公司

“别管是谁的！我怀上了就是我的”——萧昱个展

展览时间:2008年11月1日 ——1月15日

展览地点：北京aye画廊

眼见为实——萧昱艺术中的妊娠格式塔

文/胡凯尔

摘录：萧昱揭幕的一座惊人的新雕塑如是说。巨型的自由女神像化身为真人尺寸，在怡人的气氛和环境中去现场亲身体验，一见她就让人感到既熟悉又陌生。显而易见，她怀孕了。

这个惊人的发现把一个发人深思的谜题摆在了我们面前。如同过去萧昱那些令人难忘的作品一样，萧昱以其独特的手法精心筹划了这一震惊的瞬间。这件艺术品突如其来的造就了诸多可能的意义，善于思考的观赏者必须在意义的迷宫中开辟一条道路。要寻求其中的深意或者是合理地解释（比如用象征主义的某些术语）那摄人的一瞥所带来的本能的冲击，就必须悉心考虑妊娠状态；及其一系列含义。艺术家个展中的其他作品也同样沿用了母性主题。这些同一主题下形形色色的作品扩展了我们的视域。整个展览将我们逼入死角，无法脱身。愿意也好不愿意也罢，我们都必须去思量怀孕和妊娠体的情境。

现状（无畏的雕像那浑圆、隆起的腹部所生动表明的）预示着母亲生活中即将发生的变化。她满不在乎的一句“别管是谁的！”一下子把对父亲身份的追问巧妙地挡了回去。身怀六甲的言说者要让人们注意自己对现状的全然接受。毋庸赘言，眼见为实，她最终宣告“我怀上了就是我的”，声称胎儿归自己所有。

作品由两句话构成的标题引起了更深的思考。围绕着重要一方提出的解职，形成了一大堆异议。整个文明的结构、上溯至石器时代的人类文化遗产、社会化的种种进程、家庭、宗教、法律体系、命名的惯例、文学和电影（举例来说）中无处不在的繁荣昌盛的文化生活和心理体验，所有这一切（以及种种）可能统统与这个一意孤行的解释背道而驰。有谁在乎？谁都在乎孩子的父亲是谁。然而，然而，我们非得拘泥于字面意思吗？我们承认结合导致的观念。宽泛地来说，既成事实造成了不可否认的结果。标题中的第二句话强调了一种不计前因、全然接受的态度。是谁把它搞大了？是男女之间的共谋，东西方之间的共谋？还是自己搞大的？艺术家的作品暗示了今天的西方国家自己把自己搞大了！也只能是“我怀上了就是我的。”

让我们回到雕像本身（先不考虑标题中的言论）。在凝视作品时，我们获得了怎样的经验？首先可能意识到了新的挑战，其次领悟到了喜悦之情。这两种反应（由身体的变化引起的）作为动态平衡的因素在思想中浮现，让人感到皆源于她凝重的面容，好像它们同时赋予态度庄严的自由女神以生命。事实上，我们同样能够看到这些相关的特性（自我意识和狂喜）激发了这位有孕在身的“传奇女性”所说的话“别管是谁的！我怀上了就是我的。”在轻率唐突的外表之下，掩藏着喜悦的意识。不在乎对象是谁；不在乎来自东方或者西方；这才是我们面对新事物的文化态度。面对未来的想法和感受是同样的。妊娠体结出了果实，我们的沉思亦如是。如果转而通过一个变化中的社会来看，我们也会如此解读这座雕像。清醒地认识社会剧烈变化的状态，喜悦地接受变化即将带来的新的生命形式，这就是我们面前的作品助长的基本态度。正如她那鲜明的妊娠格式塔一样，这种态度是她与生俱来的。

作为一名中国艺术家，如果说萧昱首先考虑的是自己祖国的社会环境的剧变，那么对于一位外国观赏者来说，妊娠形象很可能引起不同的阐释或回应。这就是艺术。艺术品要在不同的层面上表达意义，一定程度上要靠观赏者的介入。

“空而不空”——大车个展

策展人：窦鸿

展览时间：2008年11月1日——12月1日

展览地点：798艺术区中二街当代源创画廊

China's Revision

策展人:Dr. Beate Reifenscheid

展览时间:2008年11月9 日——11月30 日

展览地点: 德国路德维希美术馆

参展艺术家:陈文骥、方力钧、高磊、季大纯、江大海、刘小东、牟柏岩、石冲、王光乐、夏小万、徐冰、严培明、杨起、岳敏君、张晓刚

“转折点”——新现实表现绘画展

策展人：江铭

展览时间：2008年11月15日——12月15日

展览地点：北京成乐轩（朝阳区酒仙桥驼房营南里甲6号东风艺术区）

参展艺术家：乌日金、李青、张学海、张建俊、赵志刚、

赵晓佳、郎小杞、杨少斌、殷阳、唐建英、崔国泰

展览推荐艺术家：唐建英

唐建英

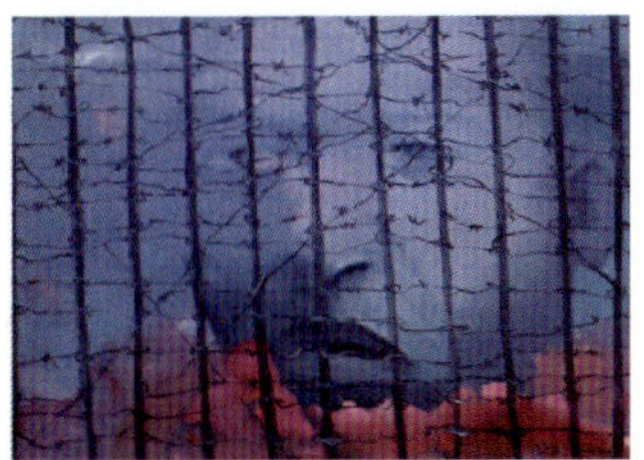

唐建英作品

唐建英的作品是通过对监狱、囚犯的描述揭示了这一特殊人群异样的内心与精神世界。那些被限制了人身自由的人具有特殊的社会学、心理学的研究价值。罪犯是社会结构中一个特殊的群体，就像长在一个人身体中的肿瘤一样。但是这个肿瘤也是一个生命体，它有一套自我发育、成长、毁灭的系统。这个系统其实是从另一个反面透视了一个社会的健康指数。

当代中国社会，由于转型的影响，整个社会的伦理、道德、精神、信仰都发生了天翻地覆的变化，在经历了一段长达30年的物质主义的统治之后，新中国所建立起来的新型社会主义伦理、道德体系彻底崩溃了，这种转变使得过去人们的精神、思想都发生了彻底的动摇。新的社会经济结构、政治秩序也使得新型的社会犯罪问题突显出来. 而犯罪类型的转移、犯罪心理、精神等等问题，对于研究当下社会的矛盾、冲突等问题具有重要的价值。

我们甚至可以说罪犯是人类另类文明之花。其实人类的那些美好词汇，譬如正义、高尚、信任、仁慈等等，如果不和罪犯联系在一起阐述，其内涵将显得很是空泛。而假如在一个官商勾结、警匪一家、黑白颠倒的时代，谁又是真正的罪犯呢?唐建英的作品是通过对罪犯的描述来让我们来反思这个社会的真实现实状况。（文/江铭）

“中国幻想”——铸造艺术馆开幕展

策展人:黄笃

展览时间：2008年11月15日——1月18日

展览地点：北京铸造艺术馆

参展艺术家:白宜洛、卜桦、苍鑫、曹晖、陈文令、从瓴萁、郭鸿蔚、黄铭哲、黄木、黄致阳、蒋志、金江波、兰丨、李青、李新建、刘沧海、刘韡、吕顺、繆晓春、牟柏岩、邵译农慕辰、史晶、孙建春、隋建国、他们、秦凤玲、王国锋、王鲁炎、吴高钟、辛云鹏、杨千、岳敏君、卓凡、赵能智、张伟、钟飙、朱金石、周金华

“政坛风雨”——庄保林个展

开幕时间：2008年11月15日

展览地点：北京798物波空间

“正在进行”——吴洋 姜靖作品展

展览时间：2008年11月29日——12月12日

展览地点：环铁时代画廊。北京朝阳区大山子环形铁路内

“历程”——伊灵、林春岩油画展

策 展 人： 黄泷

展览时间： 2008年12月5日——1月5 日

展览地点： 深圳格丰当代艺术馆

主办单位： 格丰当代艺术馆

“意象·城”——郎小杞个展

展览时间： 2008年12月7日——1月11 日

展览地点：仁画廊

画布里的新闻——郎小杞作品评述

文／江铭

郎小杞

摘录：郎小杞的作品大多选取具有重要新闻价值的场景进行描述，她创造性地运用了表现强烈的语言，而且在色彩学上，她的作品几乎放弃了使用黑白之外的色彩，而直接将黑白作为主要的语言来使用，从而使得其作品与她所选择的题材相当的吻合。因为在黑白现实主义时期，民众的生存、现实的矛盾、精神的焦虑都使得人们对虚幻的假象失去了想象，在一个被侮辱被损害者的生活中是没有绚丽的色彩的，底层民众在现实生活中所面临的生存压力、社会不公，而产生的内心愤怒绝不是那些开宝马、住豪宅、一掷千金的“资产者”所能够真正理解的。这些人群所积攒的社会性情绪在一个短时间内可能还不能够引起真正的重视，就像加缪《鼠疫》中贝尔纳·里厄医生在楼梯口踢到第一只死掉的老鼠时，并没有把它当一回事就

郎小杞作品

下楼了一样。然而，那些春天发生的小事件，正是此后一连串严重事件的征兆。譬如我们今天所爆发出来的全球性的金融危机，其实在几年前就由一些局部的问题显现出来了，早在2004年菲律宾就宣布陷入财政危机，而索罗斯当时也说："金融市场存在着测不准现象，决定金融产品的价格往往取决于人们认知的偏向，人们认知的偏向又反过来决定着金融产品的需求与供给"。当时正值全球经济强劲增长的时期，绝大多数的经济学家对于索罗斯的理论嗤之以鼻。我们今日社会所爆发出来的局部的事件、新闻、底层人民的内心情绪，有多少又会成为未来一系列事件的征兆呢?

郎小杞的那些具有场景的作品是对某些报纸新闻的重新叙述。在那些重要的新闻事件中透露着历史的重要信息。这些影响深刻的头版头条、重大案件、焦点事件深刻折射出了今日现实的种种问题。郎小杞用她特有的表现手法，使得整个画面传达出某种紧张、焦虑、严肃的感受。人们在面对这些作品时，不禁还想重新翻阅它们发生时的报纸，想获知那些事件的历史信息。更重要的是我们面对这些作品时不得不重新正视现实与历史，我们不禁要问：我们这个社会真的和谐吗？是什么使得这些事件不断在发生？这些事件不断发生的根源与症结究竟是什么？郎小杞最近发给我的作品，取名叫《城》，顾名思义即被伤害的城市，在那些城市建设的风景中，我们见到的不是欣欣向荣，而是繁华如梦，繁荣不过就像梦幻一样，它并不真实，而在繁华背后是危机四伏、矛盾日深的真正的阶级斗争的开端。今日的阶级斗争不是毛泽东时代想象的产物，而是现实的产物，是近三十年崛起的新兴资产阶级、新兴地主阶级（以大企业主、大房地产产商、官僚知识分子为代表、）与沦为"弱势群体"的工农阶级的斗争。这场斗争刚刚开始，因为我们曾经的革命已经被它的孩子们吞噬了。

"冬天里的幸福"——童振刚当代油画雕塑艺术展

策 展 人： 那日松

展览时间： 2008年12月12日——1月13 日

展览地点： 北京映画廊

“东方精神”——李铁军艺术·哈佛大学个展

展览时间：2008年12月15日

展览地点：美国哈佛大学费正清东亚研究中心（波士顿）

主办单位：美国哈佛大学费正清东亚研究中心、北京当代艺术馆

李铁军美国波士顿展览海报

“花好月圆”——余氏中国当代艺术典藏展

策展人：郭建超

展览时间： 2008年12月18日——2009年3月16日

展览地点：印尼雅加达余德耀美术馆

参展艺术家：陈墙、方力钧、俸正杰、卢昊、李晓静、潘德海、潘剑、祁志龙、石新宁、武明中、王广义、徐冰、杨少斌、杨劲松、叶永青、尹朝阳、岳敏君、曾梵志、张晓刚、郑德龙、周铁海、周金华、钟飙、邹操……

“少年游”——董炎油画作品展

展览时间： 2008年12月27日——1月25 日

展览地点：上海香地画廊

“多伦5年”——中国当代艺术回顾展

策展团队：马艳、何浦林、施勇、舒勇、黄岩

展览时间： 2008年12月28日——2月8日

展览地点：上海多伦现代美术馆

参展艺术家：岳敏君、丁乙、胡介鸣、李山、申凡、宋涛、孙逊、徐震、杨福东、杨振忠、余友涵、张恩利、周铁海、安迪、陈丹青、蔡元+奚建军、邸乃壮、高氏兄弟、黄岩、梁克刚、区志航、舒勇+舒杰、孙原+彭禹、王广义、温普林、吴高钟、张大力、张洹+苍鑫+马六明+左小+朱冥、赵半狄、周春芽、朱发东、THOMA RYSE（法）、陈文令、秦冲、单凡、苏珊娜•温特林（德）、unmask小组、尹朝阳等

艺术机构 | Five

宋庄艺术机构

凹凸空间

创立时间：2006年10月

面积：700平米

负责人：庞勇

地址：小堡螺院凹凸空间10—12号

北京当代艺术馆

创立时间：2006年

面积：9800平米

负责人：秦风

地址:宋庄大兴庄村委后

北京艺术110画廊

创立时间：2007年4月

面积：580平米

负责人：曾文锦 杨晋南

地址：宋庄美术馆西侧

大风画廊

创立时间：2006年9月

面积：120平米

负责人：高雷

地址：小堡北街241号

当代艺术文献馆

创立时间：2007年11月

面积：150平方米

负责人：沉沙

地址：小堡北街103号

东区艺术中心

创立时间：2006年10月

面积：6000平米

负责人：崔金铎

地址：小堡环岛向北400米

韩燕画廊

创立时间：2005年7月

面积：400平米

地址：靳东升

地址：小堡南街76号

和静园美术馆

创立时间：2007年11月

面积：3185平米

负责人：李冰

地址：宋庄美术馆西北

虹湾艺术馆

创立时间：2006年12月

面积：4000平米

负责人：宗昊 马建明

地址：小堡环岛向北800米

画家村画廊

创立时间：2002年3月

面积：1500平米

负责人：严宇

地址：任庄村北一号

京威画廊

创立时间：2007年12月

面积：150平米

负责人：孙威

地址：小堡商业街

境界画廊

创立时间：2006年10月

面积：300平米

负责人：刘金秋

地址：上上美术馆内

嫘苑画廊

创立时间：2008年

面积：6000平米

负责人：崔金和

地址：嫘苑内部

龙德轩当代艺术中心

创立时间：2007年5月

面积：3500平米

负责人：徐晖

地址：小堡文化艺术中心

偶·艺术空间

创立时间：2007年2月

面积：300平米

负责人：杨大味

地址：画家大院内

前哨画廊

创立时间：2005年1月

面积：600亩

负责人：刘楠

地址：小堡大街

任戎空间

创立时间：2007年5月

面积：500平米

负责人：任戎

地址：小堡北街224号

上上国际美术馆

创立时间：2007年

面积：3万多平米

负责人：李广明

地址：宋庄小堡环岛

尚东艺术车间

创立时间：2007年8月

面积：300平米

负责人：徐君

地址：宋庄东区艺术中心

尚上仁和画廊

创立时间：2007年5月

面积：400平米

负责人：陈卫国

地址：上上美术馆内

宋庄1号美术馆

创立时间：2005年11月

面积：4000平米

负责人：梁克刚

地址：宋庄镇六合村

宋庄A区美术馆

创立时间：2007年11月

面积：7400平米

负责人：王建军

地址：小堡警务站西100米

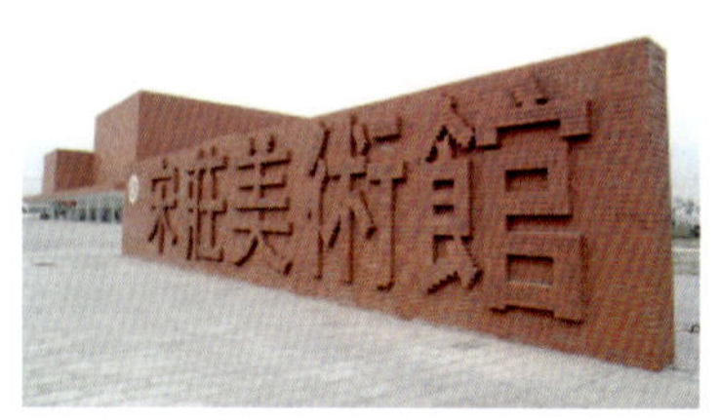

宋庄美术馆

创立时间：2006年10月

面积：5000平米

负责人：栗宪庭 李强

地址：宋庄小堡村

杨艺术中心

创立时间：2008年

面积：240平米

负责人：莊雨衫

地址：原创艺术博展中心内

苏蒙画廊

创立时间：2006年12月

面积：138平米

负责人：韩燕

地址：小堡南街66号

王强私人美术馆

创立时间：2006年9月

面积：200平米

负责人：王强

地址：宋庄镇任庄村

先觉画廊

创立时间：2007年11月

面积：100平米

负责人：

地址：小堡南街101号

小堡驿站

创立时间：2007年11月

面积：3000平米

负责人：周宝军

地址：小堡西街

中坝河艺术中心

创立时间：2007年11月

面积：680平米

负责人：崔光海

地址：艺术园区

ART18号

创立时间：2007年11月

面积：占地面积8.5亩，建筑面积11000平方米

负责人：黄永鸣

地址：宋庄小堡村艺术大道18号

北向阳光艺术区

创立时间：2007年4月

面积：占地面积15亩 建筑面积7000平米

负责人：崔大武

地址：宋庄美术馆南街

方舟艺术中心

创立时间：2007年11月

面积：4200平米

负责人：刘兴民

地址：宋庄小堡北街18号

国防工事艺术区

创立时间：2007年7月

面积：120亩

负责人：崔长宝

地址：小堡村

万盛园艺术区

创立时间：2008年

面积：三十亩

负责人：纪万海

地址：小堡画家村西南侧

原创艺术博展中心

创立时间：2007年11月

面积:20000平米

负责人：崔春雨

地址：小堡环岛向北500米

左右艺术区

创立时间：2006年

面积：占地面积：103812.80㎡

建筑面积：125803.00㎡

负责人：谢四祥、孙承铨

环岛艺术区

创立时间：2008年

负责人：李晓争

地址：小堡环岛

吉祥伯乐艺术区

创立时间：2008年

负责人：高嗣

地址：小堡环岛

宋庄8号

创立时间：2008年

负责人：苏建军

地址：宋庄小堡

宋庄9号

创立时间：2008年

负责人：陈先亮

地址：宋庄小堡

糖厂艺术区

创立时间：2008年

负责人：陈先银

地址：小堡

宋庄艺术工厂区

创立时间：2005年3月

面积：30000平方米

负责人：王志诚

地址：小堡街

王小丫宣布宋庄音乐成立

宋庄音乐

成立时间：2008年7月

负责人：宋庄艺术促进会、北京宋庄文化创意发展有限公司

地址：宋庄原创艺术博展中心

功能：组织艺人入驻宋庄，不断发展壮大，形成产业规模。为音乐人搭建平台，组织建设排练、录音、演出等交流场所。建设音乐博物馆（现代音乐的起源发展，乐器的收藏展示，珍贵图片、书籍、唱片的收藏展示，著名音乐人生活用品、饰品收藏展示等）。建设户外大型演出场地，为来自世界各地的演出公司、音乐人提供相互学习交流的场所。提高知名度，签约音乐人。最终发展成为音乐人群的聚集地，音乐生产制作的发源地，现代音乐的交流中心，创意产业的组成部分。

2008年宋庄报道 | Six

日期	媒体名称	报道题目	形式
1月4日	京华时报	艺术家索要48万房屋差价（宋庄画家村小产权房追踪）	报道
1月4日	上海证券报	宋庄艺术区不会消失	报道
1月10日	北京青年报	宋庄将建4个文化会展中心	报道
1月10日	中国文化报	宋庄房产纠纷再起波澜	报道
1月14日	经济观察报	宋庄：谁的家园？	报道
1月24日	新京报	宋庄房产纠纷事件系列报道	专题
1月30日	中新社	新加坡和印尼在京宋庄合建艺术中心	报道
2月13日	新京报	宋庄画家：“相信政府不会让我们没房住”	报道
3月3日	东方早报	北京“画家村”小产权房案再调查	报道
3月3日	北京日报	“宋庄房讼”又起风波　画家向房主提出48万元索赔上午开庭	报道
3月4日	京郊日报	宋庄画家反诉村民索赔48万元	报道
3月4日	京华时报	画家反诉小产权房主讨补偿	报道
3月4日	北京青年报	画家反诉村民索赔48万补偿款	报道
3月4日	竞报	宋庄画家索赔48万　小产权房官司受关注	报道
3月4日	新京报	宋庄艺术家索赔成样板	报道
3月5日	中国宋庄网	蓬皮杜艺术中心于宋庄拟建姊妹馆	报道
3月6日	京华时报	画家部落小堡村（报告解读•五年变迁•村庄）	报道
3月12日	北京日报	宋庄纪念王洛宾	简讯
3月14日	新京报	宋庄艺术家房屋评估启动	报道
3月17日	北京日报	宋庄李玉兰搬还是不搬？	简讯
3月18日	东方早报	艺术家能够在哪里栖息？	报道
3月19日	东方早报	宋庄纠纷	报道
3月25日	新京报	画家方力钧卷入宋庄房产案	报道
3月25日	中华建筑报	画家村中无关艺术的“纷争”	报道
3月27日	中国文化报	宋庄房产案启动“评估”程序	报道
3月28日	新京报	艺术家房产案关乎“中国宋庄”的未来	报道
4月16日	新京报	两例宋庄房产案调解成功	报道
4月21日	经济观察报	宋庄的和解之途	报道
6月19日	新华社	北京宋庄・中国当代艺术博物馆奠基	报道
6月20日	北京青年报	首座当代艺术博物馆奠基宋庄	报道
6月25日	北京晨报	我国首座当代艺术博物馆落户宋庄	报道
6月30日	北京青年报	宋庄画家村“升格”文化创意产业中心	报道
7月29日	京郊日报	宋庄海报栏“变脸”	简讯
8月8日	京华时报	“宋庄音乐”打造乐坛品牌	报道
8月14日	人民日报海外版	奥运记者参观宋庄创意区	简讯
8月14日	北京青年报	宋庄天天办“画展”	报道
8月14日	新京报	奥运记者参观宋庄创意区	报道
8月26日	京郊日报	宋庄艺术家荣获奥林匹克艺术奖	报道
9月19日	法制晚报	通州宋庄已建成全国最大美术馆	报道
9月27日	京华时报	画家继续居住提议遭房主反对	报道
10月9日	京华时报	宋庄艺术节可淘低价艺术品	简讯
10月9日	北京青年报	原创艺术品　力争百姓买得起	报道

10月9日	北京晨报	第四届宋庄艺术节25日开幕	报道
10月9日	新京报	宋庄艺术节跨入“进行时”	报道
10月10日	人民日报海外版	宋庄文化艺术节将举办	简讯
10月10日	法制晚报	宋庄艺术节增设音乐专场	报道
10月18日	京华时报	摩登天空进入宋庄艺术节	报道
10月19日	北京青年报	宋庄艺术节　联手摩登天空	报道
10月21日	京华时报	宋庄农民须再赔画家18.5万	报道
10月21日	法制晚报	宋庄房讼案农民赔画家18.5万元	报道
10月21日	北京青年报	讨房农民被判赔偿画家１８．５万	报道
10月21日	第一财经日报	北京画家村“农宅买卖第一案”宣判	报道
10月24日	法制晚报	到宋庄赶艺术集市	报道
10月25日	法制晚报	百辆自行车被轧扁这是艺术	报道
10月26日	北京青年报	宋庄艺术节　满眼稀奇创意	报道
10月26日	新京报	400艺术家宋庄“卖艺”	报道
10月27日	北京青年报	宋庄艺术集市:看的多买的少	报道
10月27日	北京日报	宋庄艺术节办艺术集市	报道
10月28日	北京青年报	艺术教育	报道
10月29日	北京青年报	通州保护“画家村”宋庄小堡村不拆迁	报道
10月29日	新京报	宋庄将建最大文化产业区	报道
10月29日	京郊日报	宋庄创意产业区签约韩国动漫业	报道
10月30日	新京报	“宋庄”产业化成当务之急	报道
10月31日	北京商报	宋庄之路还很长	报道
11月1日	上海证券报	宋庄艺术节进行到何时？	报道
11月3日	法制晚报	“蓝猫”进通州名气要赛米老鼠	报道
11月1日	北京科技报	宋庄艺术节：自由创作的桃源	报道
11月7日	京郊日报	非洲城镇考察团访问通州宋庄	报道
11月7日	中国文化报	宋庄艺术节	报道
11月10日	光明日报	第四届宋庄文化艺术节举行	报道
11月19日	第一财经日报	降价甩卖促艺术冷静回归？	报道
11月27日	新京报	宋庄艺术集市成交468万	报道
12月19日	广州日报	“老村民”眼里的宋庄30年	报道
12月22日	广州日报	离开宋庄的大多不算职业画家	报道
12月27日	广州日报	栗宪庭：不关心F4，关心穷艺术家	报道

宋庄来访记录 | Seven

编号	来访日期	来访人或来访单位	来访目的
1	2008-2-3	北京市委宣传部副部长陈东	调研、考察
2	2008-3-3	法国驻中国大使馆文化参赞齐安杰一行人员	考察，参观
3	2008-3-18	原最高检察院院长贾春旺	视察、参观
4	2008-3-19	北京市文创产业促进中心主任杨淦	调研、考察
5	2008-4-10	非洲国家城镇发展一行人员	考察，参观
6	2008-5-10	著名明星张铁林	参观
7	2008-6-13	上海市发展改革系统考察团成员	考察、参观
8	2008-8-10	奥运期间境外非注册记者	参观
9	2008-8-22	全国政协刘江主任等一行领导	调研、参观
10	2008-9-8	通州区委书记王云峰	考察
11	2008-10-9	张大千美术学院	学习、参观
12	2008-10-15	清华大学进修班	学习、参观
13	2008-10-18	中国移动一行人员	参观、学习
15	2008-11-6	无锡市相关领导	考察、参观
14	2008-11-6	北京老龄协会	考察
16	2008-11-7	国家广电总局副总编辑、宣传管理司司长金德龙等一行人员	调研、参观
17	2008-11-8	成都规划局、财政局、建设局、土地局	考察、参观
18	2008-11-9	四川大地实业集团有限公司	参观
19	2008-11-10	农商行领导	参观
20	2008-11-11	西城区及广西领导	考察、参观
21	2008-11-12	上海嘉定区委宣传部组织全区宣传文化干部一行人员	考察、参观
22	2008-11-14	北京市投资促进局相关人员	调研、参观
23	2008-11-21	师范大学院长、物资学院书记、主任一行人员	考察、参观
24	2008-11-25	安全局领导一行	考察、参观
26	2008-11-25	怀柔区领导一行人员	考察，参观
25	2008-11-25	广东国土局	考察、参观
27	2008-12-3	烟草局老干部	参观
28	2008-12-12	厦门文化局	考察、参观
29	2008-12-19	台湾交流团一行17人	考察，参观
30	2008-12-23	香港新世纪论坛访问团人员	考察，参观
31	2008-12-23	香港新世纪论坛访问团一行人员	考察，参观

陪同人	备注
胡介报、裴志刚、洪峰	裴志刚：宋庄镇镇长
邓乃平、潘公凯、胡介报	邓乃平：通州区区委副书记、区长，潘公凯：中央美术学院院长
胡介报、崔大柏	崔大柏：宋庄小堡村委书记
李军、洪峰	李军：宋庄文化创意集聚区管委会主任
胡介报	胡介报：宋庄镇党委书记
刘险峰	原宋庄艺术促进会工作人员
李军	李军：宋庄文化创意集聚区管委会主任
胡介报	胡介报：宋庄镇党委书记
张华	张华：通州区副区长
胡介报、洪峰	胡介报：宋庄镇党委书记　洪峰：宋庄艺术促进会会长
王婉婷	王婉婷：宋庄艺术家群落接待中心主任
王婉婷	王婉婷：宋庄艺术家群落接待中心主任
王婉婷	王婉婷：宋庄艺术家群落接待中心主任
胡介报	胡介报：宋庄镇党委书记
王婉婷	王婉婷：宋庄艺术家群落接待中心主任
邓乃平、张华	邓乃平：通州区区委副书记、区长，张华：通州区副区长
北京大栅栏永兴置业有限公陪同	
洪峰	洪峰：宋庄艺术促进会会长
区宣传部	
李军	李军：宋庄文化创意集聚区管委会主任
胡介报	胡介报：宋庄镇党委书记
刘长江	宋庄艺术促进会办公室主任
王云峰、胡介报	王云峰：通州区委书记
王东海	王东海：宋庄镇镇长
胡介报	胡介报：宋庄镇党委书记
胡介报	胡介报：宋庄镇党委书记
洪峰	洪峰：宋庄艺术促进会会长
洪峰	洪峰：宋庄艺术促进会会长

宋庄二会 | Eight

北京市通州区宋庄艺术促进会

北京市通州区宋庄艺术促进会

北京市通州区宋庄艺术促进会是在北京市通州区民政局注册登记的社会团体。宋庄艺术促进会是一个为宋庄镇域内艺术家服务的民间团体，将会永远保持这个组织的民间性与民主性，致力于艺术家在艺术创作上保持自由性和独立性，为艺术家的艺术创作和艺术活动搭建展示与交流平台。

宋庄艺术促进会是起着一个桥梁的作用，他是宋庄艺术家与其它艺术团体之间的桥梁，也是艺术家与政府之间的桥梁，亦是艺术家和宋庄镇域内村民之间的桥梁。促进会将为各方的理解、交流和沟通提供支持与帮助，让艺术家们在宋庄更好的生活和创作。

会长：洪峰　副会长：栗宪庭　李学来　理事长：洪峰　理事：马越　杨少斌　方力钧　岳敏君　监事长：崔大柏　秘书长：曹维　副秘书长：刘长江

宋庄艺术促进会地址：北京市通州区宋庄镇小堡文化广场A座

电话：010－69598282

传真：010－89579400

网址：www.chinasongzhuang.cn

宋庄文化创意产业集聚区管委会

2008年2月，经通州区委、区政府批准成立北京市通州区宋庄当代原创艺术与卡通产业集聚区管理委员会，现更名为北京市宋庄文化创意产业集聚区管理委员会。经区政府授权，纳入通州区人民政府园区管理委员会监管的科级全额拨款事业单位，核定编制15名，相当科级领导职数1正2副，人、财、物交由各镇管理。镇党委、政府是开发、建设、管理的责任主体。园区管委会和开发建设公司在镇党委政府的领导下开展工作。园区管委会主要负责组织编制并落实集聚区产业发展规划、空间规划、土地利用规划；负责落实、区关于促进文化创意产业的各项扶持政策和措施；负责制定集聚区项目准入标准，负责集聚区的整体包装和宣传推介工作，负责集聚区项目招商引进和相关服务工作；负责争取政策支持和专项建设资金的申报工作，负责管理市、区支持资金，并协调有关部门监督专项资金使用；负责组织、协调和监督集聚区道路、水电气热供应等基础设施和公共服务设施建设；负责代表区、镇政府对集聚区国有资产进行监督管理。

2008年4月，由北京市宋庄文化创意产业集聚区管理委员会全权出资设立法人独资公司北京宋庄文化创意产业集聚区投资开发有限公司。公司经营范围包括投资管理、当地产开发、投资咨询等。2008年7月公司取得北京市建委颁发的房地产开发企业资质证书。作为集聚区一级开发建设主体，编制集聚区一期土地的一级开发实施方案、一级开发配套建设和集聚区整个区域内的道路综合等。